아이엘츠
실전모의고사

ACADEMIC

Vol.2

ed:m 어학연구소

아이엘츠 실전모의고사

ACADEMIC   Vol.2

지은이	ed:m 어학연구소
펴낸이	서동성
펴낸곳	㈜ ed:m education 서울특별시 서초구 서초대로 77길 55
총괄	최원혁
연구	민지아 김수현 문희찬
검수	Heather Cho, Sophia Lee, Christine Lee, Johnny Carroll
디자인	유병현
마케팅	오길훈
동영상 강의	www.edmclass.com
고객센터 (교재관련문의)	02-562-5091

목차 Contents

아이엘츠 소개

IELTS(International English Language Testing System)란?

캠브리지 ESOL과 영국문화원, 호주IDP가 공동 주체하는 국제공인인증 영어시험으로서
매년 백만 명이 넘는 수험생들이 영연방 국가(영국, 호주, 뉴질랜드 등)로의 이민과 유학을 위해서 응시하고 있는
영어시험입니다.
IELTS는 대학, 대학원 과정 지원 시 필요한 Academic 모듈과 이민 준비 시 필요한 General Training 모듈이 있습니다.

온라인 접수 방법

응시료 : 260,000원 (IELTS for UKVI는 304,000원) - 20년 8월, paper-based 기준

　　　※ 신용카드, 온라인 결제 가능 접수 완료 후 시험날짜 및 장소를 확인합니다.

방 법 : 인터넷접수는 영국문화원 또는 IDP에듀케이션 사이트에 방문(회원가입 필요)

　　　※ 연기 및 취소는 지원하신 문화원에서만 가능하고 5주 안에 해야 합니다.

　　　※ 시험 당일 준비물은 신분증과 연필(샤프, 연필 가능), 지우개 - 반드시 신분증 지참하여야 합니다.

방문 접수방법 및 준비물

방문 시 준비물 : 여권 사진 2매, 신분증 (원서에 기재한 신분증), 신분증 복사본 1장, 응시료 카드 결제 가능

　　　※ Academic, General Training 모듈을 확인 후 정확한 시험일정을 확인합니다.

　　　※ 선착순 접수이므로 마감현황을 잘 확인합니다.

아이엘츠 시험유형

Listening　(40문항, 30분+10분)

· 총 40분(30분 시험과 10분 답안지 적을 시간을 줌)
· PART 1, 2, 3, 4로 나누어진다.

문제유형　① Multiple Choice(객관식)
　　　　　② Short-Answer(단답형)
　　　　　③ Sentence-Completion(문장완성)
　　　　　④ Summary(요약:Blank 채우기)
　　　　　⑤ Labeling a diagram(도형 빈칸 채우기)
　　　　　⑥ Matching(연결하기)

Reading　(40문항, 60분)

· Academic의 경우 총 3 passages 구성되어 있으며,
　각 passages 당 13~14개 문제가 있다. 총 1시간 동안
　40문제를 풀어야 한다.
· General의 경우 4~7개 passages 나뉘며, 총 40문제를
　한 시간 안에 풀어야 한다. 2009년 5월 이후 바뀐 형태의
　경우 Academic module과 비슷한 형태이다.

문제유형　① Multiple choice(객관식)
　　　　　② Gap-filling(빈칸 채우기 : 보통 3단어 이하로 쓰임)
　　　　　③ Short answer(단답형)
　　　　　④ True/False/Not-given(사실, 오류, 내용 없음 문제)
　　　　　⑤ Summary(요약 : 빈칸 채우기)

Writing　(Task1+Task2, 60분)

· 1시간 안에 Writing Task 1(150단어), Task 2(250단어) 작성한다.

Task 1　· Academic module : line, pie, bar, table, diagram 분석
　　　　· General module : writing letters

Task 2　· Write an essay on academic topics
　　　　· 문제유형 : 장/단점, 찬/반, 문제점/해결책
　　　　　(크게 3가지 유형)

Speaking　(1:1인터뷰, 녹음, 10~15분)

· 총 3 파트로 구성되어 있으며 총 12~15분가량 examiner과
　함께 One to One 형식으로 진행된다.
· Part 1 에서는 간단한 일상생활의 정보를 물어본다.
　(직업, 날씨 등)
· Part 2 에서는 examiner가 topic이 적혀 있는 쪽지를
　건네주며 약 1분간 생각할 시간을 주고 1분 30초에서 2분
　가량 그 Topic에 대해 이야기한다.(좋아하는 영화, 친구,
　재미있는 법 등의 다양한 주제)

이렇게 활용해보세요!

STEP 01 MP3 다운

아이엘츠의 명가(名家), edm 아이엘츠 사이트 (www.edmclass.com) 의 교재/MP3 메뉴에서
본 교재의 MP3 자료를 다운 받아보세요.

STEP 02 실제 시험을 치르듯 문제 풀기

교재에 수록된 Answer Sheet를 활용해서 실제 IELTS 시험을 치는 마음으로 문제를 풀어보세요.
실전 감각이 쑥쑥 오른답니다!

STEP 03 정답 및 Sample Answer 확인

교재 뒷부분에 제공해드리는 Listening & Reading 정답과 Speaking & Writing Sample Answer를
본인의 답과 비교 확인해보세요! 특별히 Speaking 시험의 Sample Answer는 MP3로도 제공되니
시험 전에 꼭 확인해보세요!

STEP 04 한국어 해석으로 복습

타 교재와는 다르게 edm 아이엘츠 실전모의고사에는 한국어 해석본이 수록되어 있습니다.
틀린 문제를 다시 한번 확인해서 똑 같은 실수를 하지 않게 복습해보세요!

STEP 05 온라인 해설 강의

edm 아이엘츠 홈페이지(www.edmclass.com)에서 친절한 유료 해설 강의를
들으실 수 있습니다! (추후 제공 예정)

이제, ed:m 아이엘츠 실전모의고사로 당신의 꿈을 이뤄보세요!

Test 1

PART 1   *Questions 1-10*

Complete the notes below. Write **ONE WORD AND/OR A NUMBER** for each answer.

COMPLAINT FORM

Order number: *254 8066 94X*

Postcode	**1** _____
Surname	**2** _____
Item name	**3** _____ Vintage
Colour	**4** _____
Delivery date	**5** _____
Issue	Black **6** _____ on cupboard
	Door does not **7** _____ properly
	8 _____ handle came off
Day of visit	**9** _____
Time of visit	**10** _____

Questions 11–15

Complete the diagram below by matching the numbers with the letters.

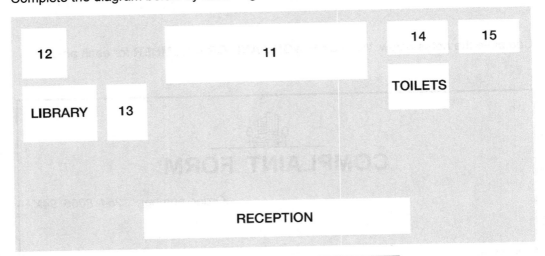

A	Self-study	
B	Accounts Department	
C	Gym	
D	Laboratory	
E	Café	
F	Lounge	
G	Refectory	
H	Student Services Office	

11

12

13

14

15

Questions 16–20

Answer the questions. Write **NO MORE THAN THREE WORDS** for each answer.

16   What might you have to do if you have less than 90% attendance?

17   How often is it suggested you do self-study in the library?

18   In addition to joining a club, what other extra-curricular activities are run by the college?

19   What are you not permitted to do in the lecture theatres?

20   What time is the tour of the university and its grounds?

PART 3   *Questions 21-30*

Questions 21–25

Choose the correct letter, **A**, **B**, or **C** next to **Questions 21-25**. You may choose any letter more than once.

A	The Professor, Kevin and Louisa think this.
B	The Professor and Kevin think this.
C	The Professor and Louisa think this.

21   The attendees were attentive and involved   _____

22   There was too much written information on the slides   _____

23   Kevin was really nervous   _____

24   Louisa could have spoken more clearly   _____

25   They had issues with the technology   _____

Questions 26–28

Choose three letters from **A-F**. Which **THREE** aspects were mentioned in the presentation on epidemics?

A A definition of flu

B Some examples of communicable diseases

C A detailed account of how animals spread diseases

D Prevention methods

E Causes for the rapid spread of disease epidemics

F How to treat these diseases

Questions 29 and 30

Choose two letters from **A-E**. Which **TWO** risk factors mentioned in the last section of the presentation are correct?

A Over-eating and obesity

B A lack of sufficient food supply

C A shortage of doctors and medical equipment

D Contact with unhygienic and poisonous food

E The spread of the Ebola virus

PART 4   *Questions 31-40*

Complete the notes below. Write **ONE WORD ONLY** for each answer.

Wolves

General Facts
- Size – up to 1.8 metres long
- Weight – up to 86 kilos
- Fur – two **31** _____
- Top one – dirt resistant
- Water resistant layer **32** _____

Features
- Pack animals and hunters
- Work together when **33** _____
- Carnivores, eating deer, elk and **34** _____
- Also eat rodents.
- Hierarchy when eating, alpha **35** _____ eats first
- Chew, **36** _____ and regurgitate food for their offspring

Pack of wolves
- Pack consists of one family – others may join them if alone
- Can be up to 25 wolves, usually ten
- Denote domain with **37** _____ and howling
- Fast and can travel 15 miles in a day

Habitat
- Habitat in Europe, Asia, and North America.
- Live in forests, **38** _____ mountains and deserts
- Also near towns and cities
- **39** _____ in Britain due to hunting

Attacking humans
- Attacks on humans rare
- Don't run or turn around
- Don't look scared
- Attempt to look **40** _____

READING PASSAGE 1

You should spend about 20 minutes on **Questions 1–13**, which are based on Reading Passage 1 below.

Göbekli Tepe and the Worst Day in History

Technological advances are revolutionizing the field of archaeology, resulting in new discoveries that are upending our previous understanding of the birth of civilization. Many scholars believe that few will be as consequential as Göbekli Tepe.

In 1963, anthropologists from the University of Chicago and the University of Istanbul surveyed ruins atop a hill in Southern Turkey that the locals called Göbekli Tepe ('potbelly hill' in Turkish). Examining the broken limestone slabs dotting the site, the anthropologists concluded that the mound was nothing more than a Byzantine cemetery—a dime a dozen in the ruin-rich Levant region.

Three decades later, German archaeologist Klaus Schmidt made a startling claim: Göbekli Tepe was the site of the world's oldest temple. Geomagnetic surveys of the site revealed circles of limestone megaliths dating back 11,600 years—seven millennia before the construction of Stonehenge and the Great Pyramids of Giza, six millennia before the invention of writing, and five centuries before the development of agriculture.

The implications of Schmidt's discoveries were profound and called into question previous archaeological and scientific understandings about the Neolithic Revolution, the key event in human development pointed to as the birth of human civilization. "We used to think agriculture gave rise to cities and later, to civilization," journalist Charles Mann wrote in a 2011 National Geographic cover story on the site. "[Göbekli Tepe] suggests the urge to worship sparked civilization." As Andrew Curry of The Smithsonian put it after a visit to Göbekli Tepe with Schmidt:

"Scholars have long believed that only after people learned to farm and live in settled communities did they have the time, organization and resources to construct temples and support complicated social structures. But Schmidt argues it was the other way around: the extensive, coordinated effort to build the monoliths literally laid the groundwork for the development of complex societies."

Schmidt believed that humans made pilgrimages to Göbekli Tepe from as far away as 90 miles. But then there's the question of what, exactly, these pilgrims were worshipping. As Curry mused after his visit to Göbekli Tepe:

"What was so important to these early people that they gathered to build (and bury) the stone rings? The gulf that separates us from Göbekli Tepe's builders is almost unimaginable. Indeed, though I stood among the looming megaliths eager to take in their meaning, they didn't speak to me. They were utterly foreign, placed there by people who saw the world in a way I will never comprehend. There are no sources to explain what the symbols might mean."

In a March 2017 article in the Journal of Mediterranean Archaeology and Archaeometry, Martin B. Sweatman and Dimitrios Tsikritsis proposed a bold theory: the pillars are telling the story of a comet hitting the earth and triggering an ice age some 13,000 years ago. The comet strike, known as the Younger Dryas Impact Event, is hypothesized to have set off a global cooling period that depleted hunter-gatherer resources and forced humans to settle into areas where they could cultivate crops.

Combining the approaches of astronomy and archaeology, Sweatman and Tsikritsis claim that the animals carved on the pillars depict constellations, with the famous vulture stone indicating a time stamp of the night sky at the time of the catastrophe. Using computer software, Sweatman and Tsikritsis matched the animal carving to patterns of the stars, yielding three possibilities that synced up to their astronomical interpretations, plus or minus 250 years: 4350 BCE, 10,950 BCE, and 18,000 BCE.

The date of 10,950 BCE aligns with the latest hypotheses as to when the Younger Dryas Impact Event occurred, lending credence to Sweatman and Tsikritsis' interpretation that the Vulture Stone depicts what Sweatman calls "probably the worst day in history since the end of the Ice Age."

But, as Becky Ferreira of Motherboard reports, there's reason to regard Sweatman and Tsikritsis' claims with skepticism. For one, many scholars do not accept the Younger Dryas Impact Hypothesis that a comet strike served as the catalyst for the Ice Age that followed. Some have also criticized Sweatman and Tsikritsis' study for omitting crucial information to make their case. Archaeologist Jens Notroff, a researcher at the Göbekli Tepe site, takes Sweatman and Tsikritsis to task for failing to mention that the headless man on the vulture stone, which they claim symbolizes the devastating loss of human life after the comet, also possesses an erect phallus—hardly a robust indicator of loss of life.

"There's more time between Göbekli Tepe and the Sumerian clay tablets [etched in 3300 B.C.] than from Sumer to today," says Gary Rollefson, an archaeologist at Whitman College in Walla Walla, Washington. "Trying to pick out symbolism from prehistoric context is an exercise in futility."

Perhaps. But if the recent archaeological discoveries are any indication, we are often mistaken in our assumptions about the complexity and historic trajectory of ancient civilizations. Time will tell. And technology will help.

Questions 1–5

Choose **NO MORE THAN THREE WORDS AND/OR A NUMBER** from the passage for each answer.

1 What does the name Göbekli Tepe mean?

2 How old are the limestone structures at Göbekli Tepe?

3 How far did worshippers to the site travel?

4 What name is given to the event that occurred approximately 13,000 years ago?

5 When were the Sumerian clay tablets created?

Questions 6–9

Look at the following statements about Göbekli Tepe (Questions 6 to 9) and the list of archaeologists below. Match each statement with the correct archaeologist, **A-E**.

6 Any attempt to identify the meaning of the pillars is pointless because they are so old.

7 The vulture stone might not indicate a catastrophe.

8 The images on the pillars portray a global event.

9 A long-held theory about the origins of civilization is wrong.

List of archaeologists	
A	Klaus Schmidt
B	Andrew Curry
C	Sweatman and Tsikritsis
D	Jens Notroff
E	Gary Rollefson

Questions 10-13

Do the following statements agree with the information given in **Reading Passage 1**?
Write

TRUE	if the statement agrees with the information
FALSE	if the statement contradicts the information
NOT GIVEN	if there is no information on this

10   Byzantine cemeteries are a common occurrence in the Levant region.

11   The Great Pyramids of Giza were built one thousand years after the invention of writing.

12   The pilgrimage to Göbekli Tepe took more than one week.

13   The Younger Dryas Impact Event may have caused global temperatures to rise.

READING PASSAGE 2

You should spend about 20 minutes on **Questions 14–26**, which are based on Reading Passage 2 below.

Apps Are Helping Keep Indigenous Languages Alive Online

A multilingual web means finding digital homes for as many of the world's 7,000 languages as possible

In a globalized world, "global languages" have come increasingly to the fore, often at the expense of smaller, regional tongues and dialects. Of all the world's languages—around 7,000, by best estimates—only a few hundred are represented online, and a very small number predominate.

English—long dubbed the "language of business" and latterly known as the lingua franca of the web—has seen its influence diminish but is still thought to account for 30 to 40 percent of all webpages on the Internet. Mandarin has been steadily growing in its online presence, which impacts its offline influence, too; so, have fellow linguistic giant's Arabic, Spanish, and Russian.

But what of the languages that remain undigitized? Can smaller, culturally specific languages stay relevant in a modern age? UNESCO, the United Nations' world heritage agency, warns that smaller languages are being crowded out—a serious cultural issue, as languages are thought to be dying at a rate of one every two months.

Here, technology may offer a possible solution. Minority groups around the world have been working hard to keep their traditional languages alive—that is, in regular use—and, in many cases, mobile apps have come to the fore as a method of increasing their use in a modern context.

"The preservation and revitalization of languages are more important than ever. In fact, we're seeing endangered languages making a comeback," says Darrick Baxter, a Canadian tech entrepreneur who belongs to the Ojibway people, an Indigenous group native to a large region to the north of North America's Great Lakes. His company, the Winnipeg-based Ogoki Learning Inc., has created 140 apps, 30 of them aimed at Native American languages. Their Ojibway People and Languages has been downloaded around a million times on iPhone, iPad, Android, Windows, and Apple TV. Baxter says that the apps are popular among the younger generation but are supported by elders. "We also train staff from the tribes to update and add more words, building on those included in the app," he adds.

Elsewhere in Canada, the First People's Cultural Council works to help the revitalization of Indigenous language and culture in British Columbia. To this end, they have launched a range of phone apps to support the use of thirteen languages, including Ehattesaht (a language that UNESCO considers highly endangered, as it's spoken by only 200 individuals on Vancouver Island) and Secwepemc, which has around 1,300 speakers of varying abilities in the state's interior.

There are two apps for each language: a specialized keyboard, which allows speakers to communicate via social media, email, and text message in their native language; and a dictionary app, which allow members of First Nations communities to record or learn vocabulary—in both written and audio form—which might otherwise be forgotten.

"Most Indigenous writing systems use unique characters previously unavailable in mobile technologies," explains the Cultural Council's Emmy McMillan. "The keyboard app allows people to use their ancestral languages in their everyday lives in the digital realm, and provides a public presence and visibility for Indigenous languages."

Apps like these are likely playing a part in an increase in the number of those who speak Aboriginal languages, as shown in Canadian census data: 260,550 people now speak one or more of these languages, more than the 208,720 who report one or more Indigenous languages as their mother tongues. At the same time, the median age for the population that speaks Aboriginal languages is skewing younger and younger, indicating that new generations of speakers are choosing to learn them.

In Western Australia, the Yawuru Aboriginal group, native to the northwestern coast of the continent, have seen the number of native speakers of their language slip into the single digits. To prevent this invaluable cultural knowledge from being lost, the local language center, Mabu Yawuru Ngan-ga, worked with software firm Thoughtworks to create an award-winning open source app to preserve the language for future generations. It uses "gamification" techniques to appeal to a younger generation, and to incentivize its users to develop their skills.

The intention was that the app's framework should be easily "reskinned" and redeployed by other language groups. A second app, created for the Miriwoong community of Kununurra, farther north than Broome, whose language is also critically endangered, has already been launched. Thoughtworks says that five other apps are in the works.

A similar approach has been taken by the Sami people of Arctic Scandinavia. Language usage varies widely by dialect in this region—Northern Sami has around 20,000 speakers, but some languages (such as Ume and Pite Sami) are creeping ever closer to extinction, as the last native speakers age and die out. Campaigners there have piggybacked on the infrastructure of the well-known Memrise app, which now offers courses in Lule, Northern, Southern, and Ume dialects.

In the U.K., the last native speaker of Manx, the local language of the Isle of Man, died in 1974, and UNESCO declared the ancient tongue officially extinct in 2009. But since then it has made a remarkable revival and has been reclassified as critically endangered. It is back from the dead: at least a thousand people are now estimated to have some knowledge of the language. Heritage body Culture Vannin has developed two phone apps as teaching resources: a language course and a collection of songs and rhymes using karaoke-style text highlighting. They are, says Culture Vannin's language officer, just "another example of how dynamic and cutting-edge the language movement is at present."

Modern technology is not just for modern languages. Hundreds of ancient tongues have survived against the odds, enduring as their speakers withstood the agonies of colonialism and centuries of persecution. Today, a new generation is turning to contemporary tools to keep the languages of their ancestors alive.

Questions 14–21

Complete the table below. Write **NO MORE THAN THREE WORDS AND/OR A NUMBER** for each answer.

Name of language	Where spoken	No. of speakers	App details
14 _____	Vancouver Island	15 _____	Keyboard and dictionary apps
Yawuru	16 _____	Single digits	Uses 17 _____ techniques to attract younger people
Northern Sami	18 _____	Around 19 _____	Based on infrastructure of Memrise app
20 _____	Isle of Man	At least 1,000	Two phone apps: a language course and a collection of 21 _____

Questions 22–26

Complete each sentence with the correct ending, **A-G**, below.
Write the correct letter, **A-G**.

22 The indigenous people of British Columbia can use apps

23 The average age of Aboriginal language speakers

24 A software company in Australia

25 The Sami people of Arctic Scandinavia

26 According to UNESCO, the Manx language

A	speak a variety of regional dialects.
B	has already created seven language apps.
C	has been extinct since 2009.
D	collaborated with the local community.
E	is currently critically endangered.
F	to read and hear new vocabulary.
G	is decreasing.

READING PASSAGE 3

You should spend about 20 minutes on **Questions 27–40**, which are based on Reading Passage 3 below.

FALSE LABELLING HIDES THE TRUTH ABOUT SUPERFOODS

Australia needs a better-resourced food regulation system to protect consumers from misleading health claims

A Can a little purple berry from the depths of the Amazon really lower our cholesterol, make our brains work faster, and fix our hair, skin, and nails, all the while protecting us from the perils of ageing? According to the marketers of acai berry products, it can. Food products featuring this little berry promise the world, but can these claims, and those on many other so-called 'superfoods', really be trusted?

B Sadly not. The science shows that these claims are at best overreaching and at worst downright misleading or false. Recent research shows that Australia's current food regulation system is not adequately protecting consumers from 'food fraud' – misleading or false statements made about a product for economic gain. At a time when obesity and diabetes are on the rise, consumers are increasingly anxious to make 'healthy' food choices. We like to think we are armed with the best possible information, yet compared with regulations in the European Union, our food regulation system may struggle to manage misleading or false health claims that have the potential to distort our choices.

C Using acai berry products as their case study, a team from The University of Melbourne led by Professor Christine Parker examined the health statements made on various products and how these stacked up. When they compared the promises made on the labelling with proven, accepted scientific evidence, they found that many of the claims made in product labelling exaggerated the health benefits of the products. Acai berries are a small purple 'super powered' 'wonder berry' from the Amazon. They are sold as frozen pulp and freeze-dried powder for smoothies and breakfast bowls – and sometimes as capsules or teas.

D Of the 38 acai products that Parker and her team analysed, almost all referred to the large concentration of antioxidants in the acai berry and made various health claims about the antioxidants and various other scientific-sounding substances (such as polyphenols and anthocyanins) in the berry. About a third of the products claimed that acai berries could help with serious diseases like cancer or heart disease, and a third claimed that consuming acai berry products would help with anti-ageing. Many of the labels used a mixture of proven science, speculative or ambiguous science and mystical appeals to the exotic origins of the acai berry to suggest that superfoods have better health impacts than a range of other fruit and vegetables. This is simply not true and such claims may lead people to make expensive, unnecessary food choices, while also confusing important public health messaging about healthy eating. Parker argues that Australia needs a better resourced and more proactive food regulatory system to better protect consumers.

E Australia's food labelling and marketing standards are set by the Australia and New Zealand Food Standards Code. The implementation, monitoring and enforcement of the Code is managed by state food authorities. Food Standards Australia and New Zealand (FSANZ) recently introduced a new standard in the Code outlining rules for health claims made in food labelling and marketing. In theory, this standard is well designed to protect against 'food fraud', demanding a high threshold of scientific evidence to support all health claims. For most general health claims however, it does permit industry to 'self-substantiate' evidence as long as businesses do not make claims about serious diseases. This is in contrast to the European system, where strong regulations require government agencies to pre-authorise all health claims used in food promotion. Indeed, the European Union food regulator has since 2010 rejected all 149 claims submitted to it by food businesses that claimed a relationship between foods that contain antioxidants and specific health effects in preventing diseases and ageing.

F While claims that superfoods help in addressing serious diseases like cancer and heart disease have always been prohibited unless pre-approved by FSANZ, unless our state-based food regulators can proactively and consistently monitor compliance with the food standard, many of the other self-substantiated, but false or misleading, health claims identified in the case study may remain in the market. Australia needs a better resourced and more proactive food regulatory system to prevent this kind of food fraud. The effectiveness of the new health claims standard relies on state food regulators to actively monitor compliance and take enforcement action where unsubstantiated or inadequately substantiated claims are used to sell food.

G It is unclear whether these state food authorities are adequately resourced to monitor the compliance of labels and advertising, undertake investigations, identify breaches accurately and enforce the requirements. Like in the EU, FSANZ should work with independent scientists to check and approve claims such as those found on acai berry products before they are allowed to go out in the marketplace. In the meantime, it seems those claims on the superfood label may not be so super after all.

Questions 27–32

Reading Passage 3 has seven paragraphs, **A-G**.

Which paragraph contains the following information?

Write the correct letter, **A-G**, in boxes 27-32 on your answer sheet.

NB You may use any letter more than once.

27 a description of the ways in which acai is processed for sale

28 an example of the difference between two food regulation systems

29 a reference to the negative consequences of untruthful claims

30 an outline of the food regulatory structure in Australia

31 a list of proposed health benefits of the acai berry

32 detailed results of a piece of research

Questions 33-40

Complete the summary below.

Choose **NO MORE THAN TWO WORDS** from the passage for each answer.

Write your answers in boxes 33-40 on your answer sheet.

Despite the many varied health benefits attributed to acai berries by marketers, research by a team of Australian scientists has shown that these claims are often **33** _____ or incorrect. Virtually all of the products examined by the team made reference to the presence of **34** _____, while equal proportions of products claimed to either help combat **35** _____ such as cancer, or to aid **36** _____. The team's leader, Professor Parker, argues that Australia needs a more **37** _____ system of laws to better protect consumers against **38** _____. However, the effectiveness of any new system depends on local authorities to **39** _____ and enforce the rules, as well as collaborate with **40** _____.

WRITING TASK 1

You should spend about 20 minutes on this task.

> *The chart below shows student numbers attending a language school in London between 1987 and 2017.*
>
> *Summarise the information by selecting and reporting the main features and make comparisons where relevant.*

Write at least 150 words.

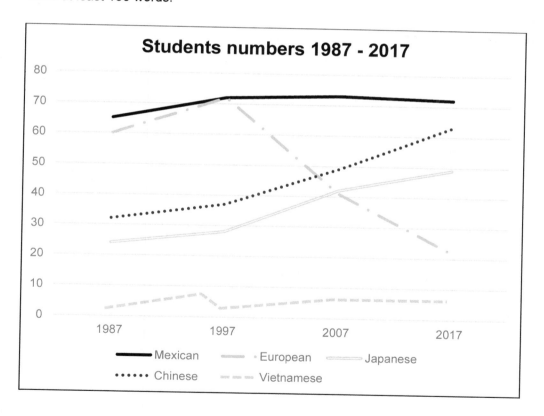

WRITING TASK 2

You should spend about 40 minutes on this task.

Write about the following topic:

> **Some people believe that it is better to have a monotonous but well-paid job rather than an enjoyable but badly paid one.**
> **Others believe that the opposite is true.**
>
> **Discuss both views and give your own opinion.**

Give reasons for your answer and include any relevant examples from your own knowledge or experience.

Write at least 250 words.

PART 1

The examiner asks the candidate about him/herself, his/her home, work of studies and other familiar topics.

EXAMPLE

- **Home**

Tell me about where you live. Is it a flat or a house?

What is your favourite room? [Why?]

What are the advantages and disadvantages of living in your home?

- **Birthdays and celebrations**

Do you usually celebrate your birthday?

What did you do on your last birthday?

Do most people celebrate their birthdays with a party in your country?

PART 2

> **Describe a holiday that you have taken that is memorable:**
>
> **You should say:**
> > **where and when you went**
> > **who you went with**
> > **what you saw and did on this holiday**
>
> **and explain why you think you will never forget**

You will have to talk about the topic for 1 to 2 minutes. You have one minute to think about what you're going to say. You can make some notes to help you if you wish.

PART 3

Discussion topics:

Travelling

Do people in your country like to go travelling?

How do people tend to choose their holiday destinations?

Why do some people prefer to stay at home than travel abroad for their holidays?

How has travel changed these days, compared to several decades ago?

Tourism

Do you think the tourist industry is important?

What would you suggest that people should or should not do when they travel to a foreign country as a tourist?

Test 2

PART 1   *Questions 1-10*

Questions 1–8

Complete the form below. Write **ONE WORD AND/OR A NUMBER** for each answer.

Good Bank
Customer change of address form

Surname   1 _____

First name   2 _____

Title   Ms.

Date of birth   3 _____ 1999

Old postcode   BN7 **4** _____

Bank account number   5 _____

New address   6 91A _____ Drive, Bridgeton

New postcode   7 BN8 _____

Email address   8 _____ @quickmail.com

Questions 9 and 10

Choose the correct letter, **A**, **B**, or **C**.

9 How much money does the customer have in her bank account?

    A   £247.63

    B   £274.36

    C   £237.46

10 The customer will receive her new bank card

    A   at the end of this week

    B   next month

    C   before the middle of next week.

PART 2   *Questions 11-20*

Questions 11–15

Complete the sentences below.

Write **NO MORE THAN TWO WORDS AND/OR A NUMBER** for each answer.

The Island of Billayorca

11 Children are not allowed to play _____ or use floating toys in the pool.

12 Umbrellas and _____ are available to rent on the beach for 5 Euros.

13 The number _____ bus goes into town.

14 Bus tickets are on sale in _____, buy them before getting on the bus.

15 It takes approximately _____ minutes to get into town on the bus.

Questions 16–18

Choose **THREE** letters, **A-G**.

Which **THREE** organised activities can guests enjoy?

A   swimming competition

B   island hopping tours

C   a boat tour from sunrise to sunset

D   a cultural tour of religious buildings

E   wine tasting

F   a half-day walking tour of two islands

G   a photography course

Questions 19 and 20

Choose two letters from **A-E**.

Which **TWO** pieces of information about checkout are mentioned?

A   Leave your bags in your room

B   Wait by the swimming pool at 10am

C   You will be collected from the hotel at 10.30am

D   Leave your rooms before 9am

E   Put your bags next to the swimming pool

Questions 21–24

Complete the flow-chart below. Choose **FOUR** answers from the box and write the correct letter, **A-G**, next to Questions 21-24.

A bar	**B** bibliography	**C** method	**D** colours
E type in	**F** collate	**G** questionnaires	

Advice on writing a dissertation

Organise the contents.

⬇

Discuss the chapters with a professor.

⬇

Use different **21** _____ to highlight your notes in relation to the chapters.

⬇

22 _____ the information and results from any surveys you carried out.

⬇

Use the computer to create **23** _____ and pie charts from the data.

⬇

Look into other research that has been done externally.

⬇

Don't forget to write a **24** _____ as you go or it will take a long time at the end.

Questions 25–30

Complete the summary below.

Write **NO MORE THAN TWO WORDS AND/OR A NUMBER** for each answer.

Household waste and recycling research

Maria discovered that over 30% of respondents recycled plastic and
25 _____ although the percentage of those who threw away food rubbish was much lower. However, litter **26** _____ was something that many of the participants reported they were unhappy with. It is also very important for **27** _____ to be made aware of green issues and the value of recycling.

About **28** _____ of greenhouse gas is released through over-production of food and the necessity of reducing food waste is an increasing concern, as it emits **29** _____, which is 25 times more harmful than carbon dioxide. Some countries have initiated advertising drives as well as imposing **30** _____ to try to encourage people to recycle more.

Complete the notes below. Write **ONE WORD ONLY** for each answer.

Happiness at work

Reasons for having happy employees:

- Better staff performance and output.
- High level of worker **31** _____
- Leads to efficiency and experienced workforce.

Functional aspects

- Sufficient desk **32** _____ for paperwork and user's belongings.
- It is important to have windows that allow natural **33** _____ through.
- Ensure the office space has a **34** _____ area for people who prefer to work in peace.

Valuing employees

- If employees share the company's values they will work harder, and it will make a knock-on **35** _____.
- Offering the potential for career **36** _____.
- Providing training and regularly reviewing goals.

Interaction and openness

- Employers should provide employees a safe space to talk about their **37**_____ and respond appropriately.
- Always advise staff members of any **38** _____ and the reasons for them.
- Assign responsibilities to team members to heighten **39** _____ and efficiency.
- Make sure that employees take all of their **40** _____ leave `to promote a good work-life balance.

READING PASSAGE 1

You should spend about 20 minutes on **Questions 1–13**, which are based on Reading Passage 1 below.

Two children's milk teeth buried deep in a remote archaeological site in northeastern Siberia have revealed a previously unknown group of people lived there during the last Ice Age.

A The finding was part of a wider study that also discovered that 10,000-year-old human remains in another site in Siberia are genetically related to Native Americans – the first time such close genetic links have been discovered outside of the US. The international team of scientists, led by Professor Eske Willerslev, who holds positions at St John's College, University of Cambridge, and is director of The Lundbeck Foundation Centre for GeoGenetics at the University of Copenhagen, have named the new people group the 'Ancient North Siberians' and described their existence as 'a significant part of human history'.

B The DNA was recovered from the only human remains discovered from the era – two tiny milk teeth – that were found in a large archaeological site found in Russia near the Yana River. The site, known as Yana Rhinoceros Horn Site (RHS), was found in 2001 and features more than 2,500 artefacts of animal bones and ivory along with stone tools and evidence of human habitation. The discovery has been published as part of a wider study in Nature and shows the Ancient North Siberians endured extreme conditions in the region 31,000 years ago and survived by hunting woolly mammoths, woolly rhinoceroses, and bison.

C Professor Willerslev said, "These people were a significant part of human history, they diversified almost at the same time as the ancestors of modern-day Asians and Europeans and it's likely that at one point they occupied large regions of the northern hemisphere." Dr Martin Sikora, of The Lundbeck Foundation Centre for GeoGenetics and first author of the study, added, "They adapted to extreme environments very quickly, and were highly mobile. These findings have changed a lot of what we thought we knew about the population history of northeastern Siberia, but also what we know about the history of human migration as a whole."

D Researchers estimate that the population numbers at the site would have been around 40 people, with a wider population of around 500. Genetic analysis of the milk teeth revealed the two individuals sequenced showed no evidence of inbreeding, which was occurring in the declining Neanderthal populations at the time. The complex population dynamics during this period and genetic comparisons to other people groups, both ancient and recent, are documented as part of the wider study, which analysed 34 samples of human genomes found in ancient archaeological sites across northern Siberia and central Russia.

E Professor Laurent Excoffier from the University of Bern, Switzerland, said, "Remarkably, the Ancient North Siberians people are more closely related to Europeans than Asians and seem to have migrated all the way from Western Eurasia soon after the divergence between Europeans and Asians." Scientists found the Ancient North Siberians generated the mosaic genetic make-up of contemporary people who inhabit a vast area across northern Eurasia and the Americas – providing the 'missing link' of understanding the genetics of Native American ancestry. It is widely accepted that humans first made their way to the Americas from Siberia into Alaska via a land bridge spanning the Bering Strait, which was submerged at the end of the last Ice Age. The researchers were able to pinpoint some of these ancestors as Asian people groups who mixed with the Ancient North Siberians.

F Professor David Meltzer, of Southern Methodist University, Dallas, one of the paper's authors, explained, "We gained important insight into population isolation and admixture that took place during the depths of the Last Glacial Maximum – the coldest and harshest time of the Ice Age - and ultimately the ancestry of the peoples who would emerge from that time as the ancestors of the indigenous people of the Americas."

G This discovery was based on the DNA analysis of a 10,000-year-old male whose remains were found at a site near the Kolyma River in Siberia. The individual derives his ancestry from a mixture of Ancient North Siberian DNA and East Asian DNA, which is very similar to that found in Native Americans. It is the first time human remains this closely related to the Native American populations have been discovered outside of the US. Professor Willerslev concluded, "The remains are genetically very close to the ancestors of Paleo-Siberian speakers and close to the ancestors of Native Americans. It is an important piece in the puzzle of understanding the ancestry of Native Americans as you can see the Kolyma signature in the Native Americans and Paleo-Siberians. This individual is the missing link of Native American ancestry."

Questions 1–5

Do the following statements agree with the information given in **Reading Passage 1**?
Write

YES	if the statement agrees with the information
NO	if the statement contradicts the information
NOT GIVEN	if there is no information on this

1   Ancient North Siberians appeared much later than the earliest European and Asian
peoples.

2   Ancient North Siberians may have been present across a wide territory throughout
Eurasia and North America.

3   Ancient North Siberians preferred to live in extreme environments.

4   Inbreeding was common among early human populations.

5   Asian people share fewer genetic links with Ancient North Siberians than
Europeans do.

Questions 6–9

Complete the sentences below. Choose **NO MORE THAN TWO WORDS** from the passage for each answer.

6   Excavation of the Yana Rhinceros Horn Site not only yielded thousands of animal remains, but also ivory and _____.

7   The study compared _____ from sites throughout Russia and Siberia.

8   The first people to reach America travelled across a _____ between Siberia and Alaska.

9   Scientists used _____ analysis to identify the genetic links between Siberian and Native American people.

Questions 10-13

Complete the summary using the list of words, **A-H**, below. Write the correct letter, **A-H**, in boxes 10-13 on your answer sheet.

The discovery of 10,000-year-old human **10** _____ near Siberia's Kolyma River has helped scientists to solve the mystery of the **11** _____ of indigenous Americans. Although it was already generally accepted that early humans had migrated from Siberia to Alaska, DNA analysis of the Kolyma individual has shown how Ancient North Siberian and East Asian human populations mixed in Eurasia during the most **12** _____ period of the last Ice Age, before the land bridge across the Bering Strait **13** _____.

A male	**B** sank	**C** spanning	**D** severe
E ancestry	**F** parts of the bodies	**G** ancestor	**H** harshest

You should spend about 20 minutes on **Questions 14–26**, which are based on Reading Passage 2 below.

The 10,000-Year Genealogy of Myths

One of the most famous scenes in the Palaeolithic cave paintings in Lascaux, France depicts a confrontation between a man and a bison. The bison appears fixed in place, stabbed by a spear. The man has a bird's head and is lying prone on the ground. Scholars have long puzzled over the pictograph's meaning, as the narrative scene it depicts is one of the most complex yet discovered in Palaeolithic art. To understand what is going on in these scenes, some have started to re-examine myths passed down through oral traditions, which some evidence suggest may be far older than previously thought.

Historian Julien d'Huy recently proposed an intriguing hypothesis: the cave painting of the man and bison could be telling the tale of the Cosmic Hunt, a myth that has surfaced with the same basic story structure in cultures across the world, from the Chukchi of Siberia to the Iroquois of the northeastern United States. D'Huy uses comparative mythology combined with new computational modelling technologies to reconstruct a version of the myth that predates humans' migration across the Bering Strait. If d'Huy is correct, the Lascaux painting would be one of the earliest depictions of the myth, dating back an estimated 20,000 years ago.

The Greek telling of the Cosmic Hunt is likely most familiar to today's audiences. It recounts how the Gods transformed the chaste and beautiful Callisto into a bear, and later, into the constellation Ursa Major. D'Huy suggests that in the Lascaux painting, the bison is fixed in place not because it has been killed, as many experts have proposed, but because it is a constellation.

Comparative mythologists have spilled much ink over how myths like Cosmic Hunt can recur in civilizations separated by thousands of miles and thousands of years with many aspects of their stories intact. D'huy's analysis is based on the work of anthropologist Claude Levi-Strauss, who posited that these myths are similar because they have a common origin. Levi-Strauss traced the evolution of myths by applying the same techniques that linguists used to trace the evolution of words. D'Huy provides new evidence for this approach by borrowing recently developed computational statistical tools from evolutionary biology. The method, called phylogenetic analysis, constructs a family tree of a myth's discrete elements, or "mythemes," and its evolution over time.

"Mythical stories are excellent targets for such analysis because, like biological species, they evolve gradually, with new parts of a core story added and others lost over time as it spreads from region to region", said d'Huy. "Like genes, mythemes are heritable characteristics of 'species' of stories, which pass from one generation to the next and change slowly."

This new evidence suggests that the Cosmic Hunt has followed the migration of humans across the world. The Cosmic Hunt's phylogenetic tree shows that the myth arrived in the Americas at different times over the course of several millennia. One branch of the tree connects Greek and Algonquin versions of the myth. Another branch indicates passage through the Bering Strait, which then continued into Eskimo country and to the northeastern Americas, possibly in two different waves. Other branches suggest that some versions of the myth spread later than the others from Asia toward Africa and the Americas.

Myths may evolve gradually like biological species but can also be subject to the same sudden bursts of evolutionary change, or punctuated equilibrium. Two structurally similar myths can diverge rapidly, d'Huy found, because of "migration bottlenecks, challenges from rival populations, or new environmental and cultural inputs."

Author Neil Gaiman imagines stories in similarly biological terms—as living things that evolve over time and across mediums. The ones that persist are the ones that outcompete other stories by changing. "Do stories grow? Pretty obviously — anybody who has ever heard a joke being passed on from one person to another knows that they can grow, they can change. Can stories reproduce? Well, yes. Not spontaneously, obviously — they tend to need people as vectors. We are the media in which they reproduce; we are their petri dishes… Stories grow, sometimes they shrink. And they reproduce — they inspire other stories. And, of course, if they do not change, stories die."

Throughout human history, myths have functioned to transmit important cultural information from generation to generation about shared beliefs and knowledge. "They teach us how the world is put together," said Gaiman, "and the rules of living in the world." If the information is not clothed in a compelling narrative garb—a tale of unrequited love, say, or a cunning escape from powerful monsters— the story will not last, and the shared knowledge dies along with it. The stories that last "come in an attractive enough package that we take pleasure from them and want them to propagate," said Gaiman.

Sometimes, these stories serve as warnings to future generations about calamitous events. Along Australia's south coast, a myth persists in an aboriginal community about an enraged ancestor called Ngurunderi who chased his wives on foot to what is today known as Kangaroo Island. In his anger, Ngurunderi made the sea levels rise and turned his wives into rocks.

Linguist Nicholas Reid and geologist Patrick Nunn believe this myth refers to a shift in sea levels that occurred thousands of years ago. Through scientifically reconstructing prehistoric sea levels, Reid and Nunn dated the myth to 9,800 to 10,650 years ago, when a post-glacial event caused sea levels to rise 100 feet and submerged the land bridge to Kangaroo Island. "It's quite gobsmacking to think that a story could be told for 10,000 years," Reid said. "It's almost unimaginable that people would transmit stories about things like islands that are currently underwater accurately across 400 generations."

Questions 14–17

Look at the following statements (Questions 14 to 17) and the list of people below.
Match each statement with the correct person, **A-D**.
Write the correct letter, **A-D**, in boxes 14-17 on your answer sheet.
NB You may use any letter more than once.

14 Myths endure only when people enjoy sharing them with others.

15 Similarities in stories from different places and times may be due to their shared ancestry.

16 Myths share certain characteristics with biological organisms.

17 One well-known myth may be even older than previously thought.

List of people
A   Julien d'Huy
B   Claude Levi-Strauss
C   Neil Gaiman
D   Nicholas Reid

Questions 18–21

Choose the correct letter, **A**, **B**, **C** or **D**.

18 A Palaeolithic cave painting in Lascaux, France
    A is the most famous of its type in the world.
    B depicts a man being killed by a bison.
    C may portray a myth told in many cultures.
    D has been fixed by scholars.

19 Comparative mythologists
    A have devised new mathematical tools.
    B tend to make a mess when writing.
    C need qualifications in linguistics and biology.
    D aim to discover how similar myths reappear in different societies.

20 According to the seventh paragraph, myths
    A need to be punctuated correctly.
    B always share similar structures.
    C sometimes change slowly over time.
    D can be compared to a bottleneck.

21 The word 'gobsmacking' is used in the last paragraph to convey
    A amazement at the longevity of a myth.
    B disbelief at a claim made about a myth.
    C scepticism regarding the accuracy of a myth.
    D anger over the content of a myth.

Questions 22-26

Complete the summary below. Choose **ONE WORD ONLY** from the passage for each answer. Write your answers in boxes 21-26 on your answer sheet.

The Cosmic Hunt

Cave paintings from Lascaux, France dating as far back as 20,000 years ago, portraying a scene with a man and a **22** _____ may in fact be the earliest known depiction of the Cosmic Hunt. A more **23** _____ version of the story from ancient Greece relates the tale of a woman **24** _____ first into a bear, and subsequently into a constellation. Drawing on techniques used by **25** _____ and biologists, scholars have compared myths told in cultures across the world and suggested that the Cosmic Hunt myth was dispersed from Asia to Africa and the Americas through human **26** _____.

READING   PASSAGE   3

You should spend about 20 minutes on **Questions 27–40**, which are based on Reading Passage 3 below.

Questions 27–35

Reading Passage 3 has ten paragraphs, **A-J**. Choose the correct headings for paragraphs **A-J** from the list of headings below.

List of Headings

i	Tools no longer useful?
ii	Change as an indicator of intelligence
iii	Why crows are intelligent
iv	An alternative way of gauging animal intelligence
v	The need for a new definition
vi	Problems arising from creative animal species
vii	Examples of tool use in nature
viii	Contrasting examples of tool use
ix	Complexity arising from hardwired behaviour
x	Tool use as a window to animal behaviour
xi	The importance of problem-solving skills
xii	Tool use no guarantee of understanding

Example	Answer
Paragraph A	**v**

27	Paragraph B	_____
28	Paragraph C	_____
29	Paragraph D	_____
30	Paragraph E	_____
31	Paragraph F	_____
32	Paragraph G	_____
33	Paragraph H	_____
34	Paragraph I	_____
35	Paragraph J	_____

What makes an animal clever?

A Humans set themselves apart from other animals in a number of ways, including our ability to make tools. When the anthropologist Jane Goodall discovered that wild chimpanzees frequently make and use tools, her advisor Louis Leakey famously quipped that "now we must redefine tool, redefine man, or accept chimpanzees as humans."

B Numerous other species have joined chimpanzees in knocking humans off their pedestal. Boxer crabs use stinging anemones as defensive weapons. American alligators place sticks on top of their snouts to catch egrets during their nesting season, when sticks become a valuable resource. Parrots frequently use a variety of objects to scratch themselves. A jay and a crow were once observed to use sticks as weapons to jab at each other. Elephant bulls even sometimes throw young elephants at fences to create a passage. The list goes on, and continues to grow with new research. For example, we recently discovered that New Caledonian crows use tools to transport objects and that greater vasa parrots use pebbles to grind calcium powder from seashells for ingestion.

C Despite the large variation in which species use tools and how, this behaviour still has special significance. New reports of tool use in animals often feature words such as "intelligent", "smart" or "clever". But is this really the case or is it time to abandon tool use as a measure of intelligence?

D Termites build extraordinary structures that perfectly fit their needs. Their mounds have chambers that suit specific functions, connecting tunnels that allow large crowds to pass in both directions, and airflow that keeps the nest cool during the day and warm during the night. Designing such structures out of simple materials proves difficult even for human architects, yet it appears effortless for the tiny-brained termite. This is because building behaviour in termites is genetically encoded and often follows a fixed set of rules.

E The same line of reasoning can apply to tool use. Simple rules and processes can lead to complex behaviours. Egyptian vultures can't break ostrich eggs with their beaks, so they throw stones at the eggs to crack them. Young birds are not picky in what tools they use – they also try small stones, soft wood and even dung. They quickly learn what works and what doesn't, but this doesn't necessarily mean that the animal understands the physical properties of objects simply because it can successfully use them as tools. Humans don't always reason about their tool use either. Or have you often thought about how a ballpoint pen actually works?

F Finding a single measure of intelligence for species as different as fish and elephants is extremely difficult. However, one place to start is by looking at how flexibly animals can solve problems or, in other words, if they can learn more general rules and use these to solve new problems. For example, if an animal usually uses a stone to crack open a nut but there are no stones around, will they choose another heavy, hard object to crack open the nut? This would suggest a more abstract understanding about the type of object needed.

G In the case of the Egyptian vulture and many other species, tool use occurs in one very specific context and is relatively inflexible. On the other hand, some species use a range of different tools to solve different problems. Chimpanzees, for example, have a broad toolkit: they use stones to crack nuts, leaf stems to fish for termites, stick tools to probe for honey and leaves to soak up water for drinking. Similarly, New Caledonian crows make and use several different tools from different materials to probe for insects, and also use tools to explore new and potentially threatening objects.

H This type of flexible tool use may allow individuals to innovate new and creative solutions to difficult problems. But even so, tool-using species aren't necessarily better at solving problems than species that don't use tools. Not surprisingly, New Caledonian crows excel in experiments that require them to use tools. What is surprising, however, is the performance of their close relatives that are not natural tool users. For example, researchers have shown that rooks, which do not habitually use tools in the wild, can select tools of an appropriate size and even bend a piece of wire into a hook to retrieve food in experiments when there's a reward at stake – their problem-solving skills help them work out how to use tools. In the same way, tool-using finches and apes are not necessarily better at problem-solving tasks, whether they involve tools or not, than species of finches and apes which do not typically use tools in the wild.

I In addition to using problem-solving tasks, scientists can also compare species by calculating innovation rates, or how often members of different species adapt to new challenges. For example, blue tits invented a creative way to get food by pecking open the caps of milk bottles left on porches – a behaviour which spread quickly across the population.

J With continued research on animal behaviour, scientists are constantly forced to reconsider what makes humans unique. Animals continue to surprise us, leading one researcher to ask: are we even smart enough to know how smart animals are? Humans are clearly not the only animals to use tools for a wide variety of purposes. And while tool use may not always reflect the spark of a bright mind, it still provides a fascinating glimpse into how different species interact with their environments. Case in point: wild chimpanzees use leafy sponges to obtain fermenting sap from palms. Tools to tipple – another sign of intelligence?

Questions 36-40

Complete the notes below. Choose **NO MORE THAN TWO WORDS** from the passage for each answer.

Animal Behaviours

- Genetically hardwired behaviours e.g. Termites build complex, multi-functional structures that fully meet **36** _____.

- Tool use in restricted contexts e.g. **37** _____ employ rocks to smash open Ostrich eggs.

- Tools use in varied contexts e.g. Chimpanzees utilise rocks and plants to obtain food and drinking water.

- **38** _____ skills e.g. Rooks able to choose and even create tools in order to **39** _____.

- Innovation e.g. rapid spread of Blue Tits **40** _____ milk bottle lids outside people's homes.

WRITING TASK 1

You should spend about 20 minutes on this task.

The chart below shows the percentage of males and females who regularly participate in sport on a weekly basis.

Summarise the information by selecting and reporting the main features and make comparisons where relevant.

Write at least 150 words.

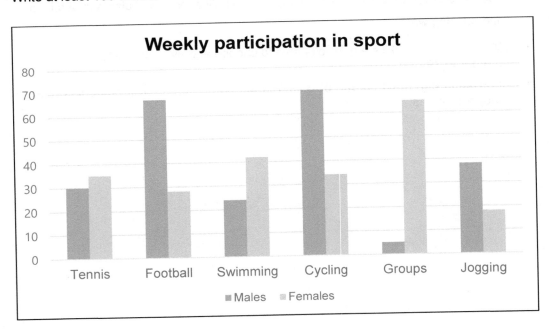

WRITING TASK 2

You should spend about 40 minutes on this task.

Write about the following topic:

Global warming is an issue that governments all over the world should prioritise and deal with immediately.

To what extent do you agree or disagree?

Give reasons for your answer and include any relevant examples from your own knowledge or experience.

Write at least 250 words.

SPEAKING

PART 1

The examiner asks the candidate about him/herself, his/her home, work of studies and other familiar topics.

EXAMPLE

- **Hobbies**

What hobbies do you have?
Do you think it's important for people to have a hobby? [Why?]
Do you have different hobbies now from when you were a child?
What hobbies are popular in your country?

- **Shopping**

Do you like shopping? [Why?]
Do you prefer shopping on your own or with other people? [Why?]

PART 2

Describe your favourite meal:
 	
You should say:
    what kind of meal it is
    what ingredients were used
    how it is eaten
 	
and explain why you like this meal.

You will have to talk about the topic for 1 to 2 minutes. You have one minute to think about what you're going to say. You can make some notes to help you if you wish.

PART 3

Discussion topics:

Cooking

Do you think fewer people cook their own food now than in the past?
How do you think cooking is different now than in the past?
Some people argue that cooking shows on TV have had a positive impact on society while others disagree. What is your opinion?
Do you think eating habits will change in the future?

Eating

What do you think can be done to improve young people's attitudes to food and healthy eating?
Do you think people receive enough education about healthy eating in your country?

Test 3

PART 1   *Questions 1-10*

Questions 1–5

Complete the sentences below. Write **NO MORE THAN ONE WORD AND/OR A NUMBER** for each answer.

1   The _____ membership price for group classes is £5.99.

2   Off peak times are 10am-3pm Monday to Friday, before _____ and after 8pm seven days a week.

3   Premium membership costs £18.99. You get _____ access to the pool.

4   The introduction to the gym with Gold membership is _____.

5   Pay as you go costs £_____ per month.

Questions 6–10

Complete the notes below. Write **ONE WORD AND/OR A NUMBER** for each answer.

MEMBERSHIP FORM

Member number: 95647

First name	Gary
Surname	**6** _____
Address	61 Wells Crescent, North **7** _____
Postcode	**8** LN7 _____
Card number	5931 2527 **9** _____ 1058
Expiry date	12/21
Reference Number	**10** _____ 763 41

PART 2   *Questions 11-20*

Questions 11 and 12

Choose **TWO** letters, **A-E**. Which **TWO** things does the speaker say about the bamboo crop?

A   Bamboo requires extensive irrigation

B   Bamboo is carbon neutral

C   Bamboo has antibacterial properties

D   Bamboo is affected by some pests

E   Bamboo is labour intensive

Questions 13-15

Choose **THREE** letters, **A-E**. Which **THREE** things are made out of bamboo at Bamboo World?

A   Socks

B   Jewellery

C   Shoots

D   T-shirts

E   Toothbrushes

Questions 16–20

Label the map below. Write the correct letter **A-K**, next to Questions **16-20**.

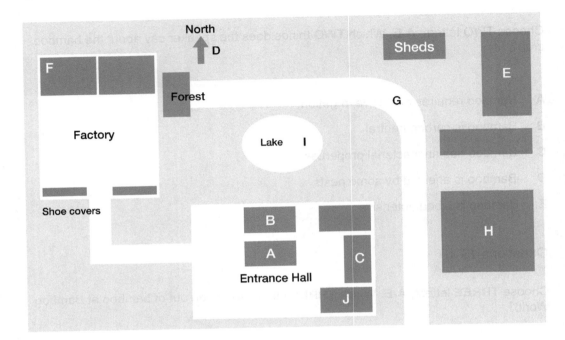

16 History of Bamboo World   _____

17 Future of Bamboo World   _____

18 Necklaces and rings   _____

19 Nursery   _____

20 Snack Shack   _____

SECTION 3   *Questions 21-30*

Questions 21–25

Complete the sentences below. Write **NO MORE THAN TWO WORDS AND/OR A NUMBER** for each answer.

21   The students in the class have _____ needs and challenges.

22   The teacher should speak to the _____ and the other teachers about the class.

23   Strong-weak pairs might allow students to _____ each other.

24   Being corrected by their peers might help students to _____ their mistakes better.

25   It is more important to find out if the students have any problems in their _____ that are affecting their work.

Questions 26–30

Answer the questions. Write **NO MORE THAN TWO WORDS AND/OR A NUMBER** for each answer.

26   What do the students think about working in strong-weak pairs?

27   What band would the students achieve if they could do the exam together?

28   What is peer marking good for?

29   What has happened to the shy, quiet student now?

30   How did the student that was always staring out of the window feel after taking the test?

SECTION 4 *Questions 31-40*

Complete the notes below. Write **ONE WORD OR A NUMBER ONLY** for each answer.

Is Global History possible only after 1800?

Introduction
- Songhay Empire – commander of the faithful – West Africa.
- Cultural imitation, mosques in Timbuktu, Bibur
- Timbuktu = remote but on Catalan Map made in 1374.
- Eurocentric – inevitable rise of the West.
- Connectivity seen in 3 different ways: movement of **31** _____, people and ideas.
- Ideas: religion, scholarship and innovation, culture.

Global Networks
- Evidence from 4,000 BC – horse-riding.
- 'Silk Road' inter-Asian and trans-Eurasian roads/sea.
- Written records from the Roman Empire show that Silk went west, while gold, silver and **32** _____ went east.
- Localised trade networks moved staples between different **33** _____ zones.

Trans-Saharan Trade Route
- Linking existing local networks.
- Traded **34** _____, slaves, gold, and dates.
- Peaked in 13th and 14th Centuries.
- Caravans of up to 100,000 camels.
- Transported **35** _____ of the world's gold.

Precious Metals
- Gold and silver vital to world economy.
- **36** _____ only accepted payment in silver.
- Abbasid silver was found in **37** _____.
- Arabic-inscribed coin from the reign of King Offa in **38** _____.

New World
- Discovery of **39** _____ in Potosí contributed to boosting the economy.
- Trade with China was started for **40** _____
- Chinese population boom led to colonisation of the Philippines.
- Links in Pacific and Atlantic Sea trade.

READING PASSAGE 1

You should spend about 20 minutes on **Questions 1–13**, which are based on Reading Passage 1 below.

Questions 1–6

The Reading Passage has six labelled sections, **A-F**. Choose the correct heading for each section from the list of headings below.

Write the correct number **i-ix** in boxes 1-6 on your answer sheet.

List of Headings
i.   Urban forests cool urban heat islands
ii.   The wider health benefits of urban forests
iii.   Forests and outside spaces contribute to flood management
iv.   Forests can lower noise levels
v.   Global warming increases health risks
vi.   Rising temperatures in many cities
vii.   The way forward: more trees and urban forests?
viii.   Declining mortality rates in England
ix.   Forests improve air quality

1   Section A   _____

2   Section B   _____

3   Section C   _____

4   Section D   _____

5   Section E   _____

6   Section F   _____

Forests, health, and climate change

Forests are essential to our survival and well-being. Forests clean our air, our water, our soil, and they regulate our climate, amongst many other things. Trees and forests are not always associated with urban landscapes; however, there too they provide invaluable, often invisible, services. Simply by acting as 'green oases' in our concrete jungles, they offer recreation and health services for many European citizens.

How many of us love strolling through parks and green spaces in cities, tending our gardens and filling our homes with green plants? Access to green environments makes us happier and our bodies healthier. Scientific studies show that urban forests and green spaces help improve physical health and mental well-being. With more than three quarters of Europeans living in urban areas, trees, forests, and green spaces mean more than ever before.

A Climate change projections foresee an increase of 2°C to 5°C by 2100 in mean annual temperatures in Europe. The greatest warming is expected in eastern and northern Europe in winter and in southern Europe in summer. Heat waves pose particular risks for the elderly and people suffering from respiratory and cardiovascular diseases. During the severe heat wave of 2003, over 70,000 excess deaths were reported in twelve European countries. Air quality often deteriorates during heat waves and thus aggravates health problems.

The elderly are particularly vulnerable to the health impacts of climate change. In Europe, the proportion of the population aged 65 years and above has increased from 10% in 1960 to 16% in 2010 and is projected to increase to 30% by 2060. At the same time, the number of Europeans living in urban areas is also increasing. Today, the majority of the European Union population lives in urban areas. In this increasingly ageing and urbanising society, forests and green spaces in urban areas can help protect people from the health-related impacts of climate change.

B Trees and shrubs cool surrounding areas by several mechanisms. Their leaves reflect light and heat back upwards and provide shade, while transpiration releases water into the air, resulting in lower temperatures around them. These natural processes can thus partly reduce the negative impacts of heat waves in urban areas.

Modelling studies for urban temperatures over the next 70 years project that in urban areas where the green cover is reduced by 10%, urban temperatures could increase by 8.2°C above current levels. On the other hand, increasing the urban green cover by 10% could restrict the temperature increase to only 1°C.

C Forests and green spaces help improve air quality in urban and rural areas. They extract a wide range of air pollutants from the air such as particles and carbon oxides, emitted, for example, by traffic and industry. Trees also help tackle climate change — over one year a mature tree will take up about 22 kilograms of carbon dioxide from the atmosphere, and in exchange release oxygen. Each year, 1.3 million trees are estimated to remove more than 2,500 tonnes of pollutants from the air.

D Trees and urban green spaces facilitate the infiltration of rainwater into the ground. Planting trees and developing green spaces are essential steps towards strengthening Europe's green infrastructure and contributing to flood management.

E Giving urban residents the opportunity and the possibility to enjoy greater access to safe green spaces and to reconnect with nature also has multiple benefits for mental and physical well-being. For example, a study across the whole population of England showed that those who lived closer to greener environments had a reduction of about a quarter in all-cause death rates, even after adjustments were made for the wider health impacts of poverty.

Another study concluded that every tenth increase in green space is associated with a reduction in diseases equivalent to an increase of five years of life expectancy. Easily accessible and safe urban forests and green spaces have also been found to have the following health benefits, many of which are especially important for older people:

- Increased physical activity and reduced obesity

- Reduced stress levels and improvements in mental health

- Reductions in noise levels — which can improve mental and physical health

- Improvements in hospital recovery times

- Lower levels of violence and crime and increased social interactions which can also help improve overall well-being.

F As the European population ages and becomes more urbanised, the 'public health' service benefits from forests is likely to go up. In practical terms, this will mean that many cities need to extend their forests and green spaces and make them safer and more accessible. Consequently, afforestation, planting trees and greening the urban environment should be placed at the heart of local and regional spatial planning.

Management of forests in and around urban centres will need to be well designed, taking both environmental considerations, such as climate change adaptation, and human considerations, such as an ageing population into account.

Questions 7–9

Answer the questions below. Choose **NO MORE THAN THREE WORDS AND/OR A NUMBER** from the passage for each answer.

Write your answers in boxes 7-9 on your answer sheet.

7 What proportion of European citizens currently inhabit cities?

8 Where are summer temperatures predicted to increase the most by 2100?

9 Which group of people are most likely to suffer from changes in climatic patterns?

Questions 10–13

Complete the table below. Choose **NO MORE THAN THREE WORDS** from the passage for each answer.

Write your answers in boxes 10-13 on your answer sheet.

Main benefits of urban afforestation:	
Cooling heat islands	• 10 _____ are reflected by leaves. • Transpiration cools the air.
Improving air quality	• Plants improve air quality by removing 11 _____ e.g. carbon oxides. • Trees absorb carbon and emit oxygen.
Flood management	• Trees and plants make it easier for rainwater to enter the soil.
Health benefits	• Accessible green spaces encourage 12 _____ activity, leading to less obesity. • Mental health improved by reduced 13 _____ and noise levels.

You should spend about 20 minutes on **Questions 14–26**, which are based on Reading Passage 2 below.

A Walk on the Wild Side

Rewilding project aims to restore ancient megafauna to Siberian tundra

In a remote nature reserve on the banks of the Kolyma river in northeastern Siberia, a team of scientists is attempting to turn back time in an ambitious 'rewilding' project that aims to transform the barren tundra into a lush, thriving grassland. This is the Pleistocene Park, which may soon be home not only to herds of familiar modern species such as horses and bison, but even some of the most iconic beasts from the Ice Age: woolly mammoths.

During the last Ice Age, a vast grassland ecosystem known as the Mammoth Steppe spanned Eurasia and North America; this was home to a wide array of large herbivores and their predators (referred to collectively as megafauna). Then, approximately 10,000 years ago, the Pleistocene epoch gave way to the Holocene, a transition believed to have been marked by a shift from a dry, arid climate to a more humid one. Not only did the steppe grassland disappear, to be replaced by the mossy tundra seen today, but so too did most of the megafauna.

Scientists have traditionally explained this mass extinction as being caused by the shift in climate. This view, however, is being challenged by a pair of Russian scientists, father-and-son team Sergey and Nikita Zimov, the brains behind the Pleistocene Park project. They argue that, in addition to the fact that earlier interglacials (the periods between Ice Ages) saw similar climatic changes without major environmental upheavals, the notion that Siberia's climate moved from dry to humid is based on flawed science, and that both the temperature and humidity of the region today are similar to those of the Mammoth Steppe.

Rather than being the result of climate change, the Zimovs believe the disappearance of the Siberian megafauna was instead caused by over-hunting by early humans. The demise of herbivores to graze the grasslands would in turn have led to the proliferation of the mosses, shrubs and trees that characterize the tundra today. According to Sergey, "it stands to reason that those landscapes can be reconstituted by the judicious return of appropriate herbivore communities."

But there is more to the Pleistocene Park than testing the Zimovs' environmental hypothesis; the scheme also aims to play a role in combating global warming. Researchers have in recent years become increasingly concerned by the rate at which the Siberian permafrost is thawing. Permafrost, defined as ground that remains at or below freezing for two or more successive years, is a major reservoir of global carbon; as the world's average temperature has risen, the permafrost has begun to thaw, releasing huge quantities of carbon in the form of carbon dioxide and methane, greenhouse gases that contribute significantly to global warming.

It is theorized that large herbivores such as bison and musk oxen could help combat this trend by eliminating trees and shrubs on the tundra and trampling the snow into the ground. This would not only promote the growth of grasses, which store carbon effectively, but also lead to greater cooling of the ground in winter and insulation of the permafrost in warmer summer months, thus reducing the rate at which permafrost thaws.

To this end, the Pleistocene Park project was established in 1988, with the introduction of Yakutian horses, a breed particularly well-adapted to the cold. Over the subsequent three decades other species have also been brought to the reserve, including reindeer, moose, and bison; there are plans to add antelope, yaks and camels in the near future. Careful monitoring of the conditions within the park has shown that, as well as mosses and shrubs being replaced by flat grassland, ground temperatures beneath snow trampled by grazing animals is up to 25°C colder than areas where no large herbivores are present.

However, the project is not without its critics. For one thing, the introduction of alien species into an ecosystem could have unforeseen negative consequences, as has happened in the case of Cane toads in Australia and Nile perch in the United States. Another criticism is the allegation that Yakutian horses are unable to survive in such extreme snowy conditions on their own and are dependent on human intervention for food. In response, the Zimovs have dismissed these arguments as inaccurate, and point to the continued ecological success of the park after thirty years.

The largest controversy – both figuratively and literally – though, is the potential introduction of an extinct species, the woolly mammoth. These giant relatives of the modern elephant once roamed the steppe that was named after them, dying out along with most of the other megafauna 10,000 years ago. While they may be long gone, their remains are still with us, often perfectly preserved by the permafrost: tusks, bones, and even mummified carcasses, still bearing their distinctive reddish-brown hair. It is from these remains that two separate teams of researchers at Harvard and Kyoto universities have extracted DNA, with the goal of implanting mammoth genetic material into Asian elephant embryos. The resulting mammoth-elephant hybrid would not be a true woolly mammoth but would nevertheless potentially fill the same ecological role.

Impressive though it would undoubtedly be to gaze upon herds of mammoths roaming the Siberian steppe, the prospect raises some serious ethical questions. At a time when, according to the World Wildlife Fund, we may be losing as many as 10,000 species every year, some have questioned the morality of bringing a species back to life, with suggestions that the large sums of money involved would be better spent on preserving living species threatened with extinction. But for Nikita Zimov, the benefits are clear: "I'm not doing this for them, or for any other animals. I'm not one of these crazy scientists that just wants to make the world green. I am trying to solve the larger problem of climate change. I'm doing this for humans. I've got three daughters. I'm doing it for them.

Questions 14–18

Do the following statements agree with the information given in Reading Passage 1?

In boxes 14-18 on your answer sheet, write:

TRUE	if the statement agrees with the information
FALSE	if the statement contradicts the information
NOT GIVEN	if there is no information on this

14 The Pleistocene Park is currently inhabited by woolly mammoths.

15 The Siberian tundra has existed for roughly 10,000 years.

16 Modern-day tundra typically features widespread mosses and shrubs.

17 The permafrost is considerably warmer where grass-eating animals are absent.

18 Researchers at Kyoto University are closer to creating a mammoth hybrid than other teams.

Questions 19–24

Complete the notes below. Choose **NO MORE THAN TWO WORDS** from the text for each answer.

Write your answers in boxes 19-24 on your answer sheet.

Proposed benefits of scheme

- ✓ Removal of trees and shrubs by **19** _____ (e.g. musk oxen, bison) encourages grass growth – acts as carbon sink.
- ✓ Grazing animals flatten snow – keeps the **20** _____ warmer in summer, reducing **21** _____ of thawing.
- ✓ Permafrost also insulated during the **22** _____.

Criticisms of the scheme

- ✓ Introducing alien species into park may lead to unintended **23** _____.
- ✓ Some species unable to live in arctic conditions without human intervention.
- ✓ Ethical debate surrounding mammoth revival project – some want funding redirected to help animals at risk of **24** _____.

Questions 25–26

Choose **TWO** letters, **A-E.**

Write the correct letters in boxes 25 and 26 on your answer sheet.

Which of the following are mentioned as having occurred in Pleistocene Park?

A   A transition from an arid climate to a humid climate.

B   The introduction of moose, camels, and yaks.

C   The proliferation of grasses.

D   A reduction in temperature of some areas of permafrost.

E   The discovery of woolly mammoth DNA.

READING   PASSAGE 3

You should spend about 20 minutes on **Questions 27–40**, which are based on Reading Passage 3 below.

Questions 27–31

The Reading passage has six labelled sections, **A-F**. Choose the correct heading for each section from the list of headings below.

Write the correct number **i-ix** in boxes 1-6 on your answer sheet.

```
┌─────────────────────────────────────────────────────────────┐
│                                                               │
│                      List of Headings                         │
│                                                               │
│                                                               │
│      i.     An architectural wonder                           │
│                                                               │
│      ii.    Balancing the environmental impact                │
│                                                               │
│      iii.   Why Kansai was built at sea                       │
│                                                               │
│      iv.    A famous architect                                │
│                                                               │
│      v.     A sinking feeling                                 │
│                                                               │
│      vi.    Damage to the local ecosystem                     │
│                                                               │
│      vii.   Planned improvements                              │
│                                                               │
│      viii.  Laying the foundations                            │
│                                                               │
└─────────────────────────────────────────────────────────────┘
```

27 Section A   _____
28 Section B   _____
29 Section C   _____
30 Section D   _____
31 Section E   _____

Kansai: The World's Longest Airport

The longest airport ever built continues to be one of the most important engineering feats of the century.

A The world's longest airport isn't new; in fact, it's been around for over 20 years. This incredible feat of engineering was built on its own island, constructed from three surrounding mountains and millions of cubic meters of concrete. Completed in 1994, Kansai International Airport is an architectural and engineering marvel in all of its features. Engineers and planners in the late 1980's sought a way to revitalize the Kansai region of Japan. This region was struggling to keep up with the fast-paced export trade growing in Tokyo. Growing protests from local residents of the region forced engineers to construct an island as the base of the airport. After much deliberation, a location 38 km (24 miles) southwest of Osaka Station was selected.

B The seascape under the selected site location was made up of alluvial clay with the seafloor ranging in depths up to 18.5 meters (60 ft). Incredibly, the depth of the location was not the driving constraint for construction; rather, the clay found in the seafloor posed many issues for engineers. The main problem with clay as a foundation is its ability to retain moisture. To solve this problem engineers utilized a newly emerging technique for sea-based foundation stabilizing. Using sand drains, 1.2 million of them, engineers effectively stabilized the sea floor in order to hold the weight of the proposed island. To create the sand drains, engineers drove tubes deep within the clay and injected millions of tons of sand, then removed the cylinders. These columns of sand continue to function as drains to the surrounding clay, keeping the foundation from becoming saturated with moisture, therefore causing settling.

Upon this stabilized seabed, 48,000 individual concrete tetrahedrons were stacked to form a firm foundation, each weighing in at 200 tons. To fill the gaps between the forms, 178 million cubic tons of earth was taken from nearby mountains and poured on the site using specialized barges. The seawall and base were completed in three years, and construction of the airport facilities began upon the 4 km by 2.5 km (2.5 by 1.6 miles) island base.

C Upon the impressive island, engineers constructed an even more impressive airport. The structure was designed by renowned Italian architect Renzo Piano, who is famous for other award-winning architectural buildings. One of the most impressive architectural features of the airport is its 15m (50 ft) cantilever terminal structure for airplane docking. In an effort to reduce environmental impact and save on heating and cooling costs, a passive air conditioning system was designed. The structure uses the blade like deflectors along the roof line to channel air through the building. This keeps the inside of the 300,000 square meter (3.2 million ft²) building a comfortable 20° to 26° C (68° to 79° F).

To connect the island to the mainland, a bridge was constructed which allowed for heavy traffic flow to and from the airport. The impressive bridge measures in at 3750 m (12,300 ft) and is the longest truss bridge in the world.

In 2007, a secondary island was completed to relieve some of the mounting pressures faced by increasing traffic on the main runway and terminal. Measuring in at 4 km by 60 m, this island currently functions only as additional runway space, with the initial proposed terminal option being postponed due to budgeting issues.

D Even with a strong foundation design, engineers expected the island to sink an estimated 5.7 m (19 ft). Looking back, engineers admitted this number was selected optimistically. Presently, the island has sunk 13.05 m (42 ft) at a rate of 50 cm/yr following construction. Through the implementation of stabilizing techniques, engineers have lowered that to a continually dropping rate of 6 cm/yr. Currently, engineers believe they have a grasp on this previously worrisome sinking rate, and improvements to airport facilities are in the works.

E Among the architectural and engineering features boasted at the airport, the island displays impressive environmental features as well. Kansai International Airport maintains one the largest solar farms of any airport in Asia. As well as this major green technology, the airport utilizes hydrogen-powered vehicles as well as taking extra care to go above and beyond in their wastewater treatment. Initially, this project could be considered very environmentally destructive; however, the environmental steps mentioned above were taken as a means to offset this destruction.

The airport currently averages about 920 flights daily, much of which involves cargo plane traffic. Functioning as a present-day hub for six major airlines, the airport is living up to design expectations. Kansai Airport is continuously cited as one of the greatest engineering achievements of the 20th century. This 20-year-old structure continues to hold its ground against newer engineering marvels, making it that much more impressive.

Questions 32–36

Label the diagram below. Choose **NO MORE THAN TWO WORDS AND/OR NUMBERS** from the passage for each answer.

Write your answers in boxes 32-36 on your answer sheet.

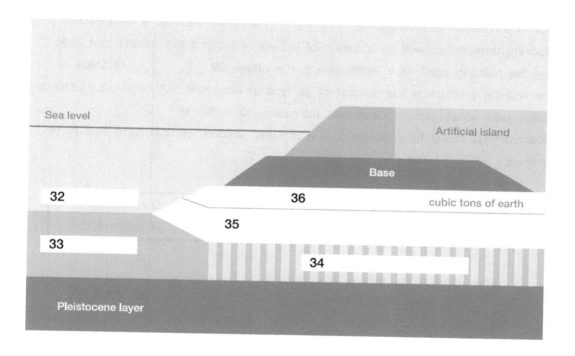

Questions 37–40

Complete the summary using the list of words, **A-H**, below.

Write the correct letter, **A-H** in boxes 37-40 on your answer sheet.

The main airport structure was designed by Renzo Piano, a **37** _____
Italian architect. He included **38** _____ features such as a cantilevered
docking terminal as well as a series of deflectors shaped like blades that keep
the the building cool. Also impressive is the bridge **39** _____ Kansai to
the mainland, which is the longest of its type in the world. Although an additional
island was constructed to cope with increasing air traffic **40** _____,
financial restrictions have meant that a planned second terminal have had to be
shelved.

A linking	**B** architecture	**C** striking	**D** famously
E jams	**F** celebrated	**G** congestion	**H** connected

WRITING TASK 1

You should spend about 20 minutes on this task.

> **The plans below show a university campus in 1975 and the same campus in 2019.**
>
> **Summarise the information be selecting and reporting the main features and make comparisons where relevant.**

Write at least 150 words.

Bank			Post Office	Accommodation Blocks
		Library		
Faculty of Science			Gym	
Faculty of Arts		Faculty of Engineering		
Students' Union				

Cafe			Cafe	
		Library		Gym
Faculty of Science				
Faculty of Arts		Faculty of Engineering		Students' Union

WRITING TASK 2

You should spend about 40 minutes on this task.

Write about the following topic:

> **The number of people choosing to work from home has increased rapidly over recent years.**
>
> **What are the reasons for this?**
>
> **Do you think this is a positive or negative development?**

Give reasons for your answer and include any relevant examples from your own knowledge or experience.

Write at least 250 words.

PART 1

The examiner asks the candidate about him/herself, his/her home, work of studies and other familiar topics.

EXAMPLE

- **Hometown**

Can you describe your hometown to me?
What can you do in your free time in your hometown?
Do you like living there? [Why?]

- **Food**

What's your favourite food? [Why?]
Do you like any food now that you used to dislike when you were a child?
What is a popular dish in your country?

PART 2

Describe a famous person that you admire:

You should say:
who this person is
why he/she is famous
what you know about this person

and explain why you look up to this person.

You will have to talk about the topic for 1 to 2 minutes. You have one minute to think about what you're going to say. You can make some notes to help you if you wish.

PART 3

Discussion topics:

Attitudes to celebrity

What kind of people are famous in your country?
Do you think celebrities are more influential now than they used to be?
Do you think celebrities have a responsibility to act as role models for society?

Privacy and celebrity

Do you think we should protect famous people's privacy?
Why do you think people are so interested in the private lives of famous people?

Test 4

PART 1 *Questions 1-10*

Questions 1–8

Complete the form below. Write **NO MORE THAN TWO WORDS AND/OR A NUMBER** for each answer.

Milo Hotel – Guest Reservation	
Check-in information	*Guest details*
Location of hotel: Liverpool Length of stay (nights): **1** _____ Check in: Saturday 12th July Number of rooms: **2** _____ . Type of rooms: **3** 1x _____ and 1x twin Total cost: **4** £ _____	Name: Matthew **5** _____ Date of Birth: **6** _____ 1973 Address: **7** _____ Avenue, Bristol Postcode: **8** _____ Telephone number: 07273 866421

Questions 9–10

Complete the sentences below. Write **NO MORE THAN ONE WORD AND/OR A NUMBER** for each answer.

9   There are few spaces and it is quite _____ to park in the town centre.

10   The park and ride bus costs £ _____ for children under twelve years old.

PART 2 *Questions 11-20*

Questions 11–16

Answer the questions below. Write **NO MORE THAN TWO WORDS AND/OR A NUMBER** for each answer.

11 Where do the WWOOF volunteers work?

12 What kind of lifestyle does the organisation promote?

13 What sort of people will the volunteers probably meet?

14 How can you join the WWOOF community?

15 How many hours of manual work can volunteers expect to do each day?

16 What compensation apart from bed do WWOOFers get from the farmers?

Questions 17–20

Choose the correct letter **A**, **B**, or **C**.

17 The volunteers usually eat dinner with
    A other volunteers
    B other volunteers and the host family
    C the host family

18 Volunteers should take clothes that are
    A expensive
    B hard-wearing
    C new

19 For bad weather, it is vital to have
    A wet weather clothing
    B a towel
    C your own work gloves

20 You may need to bring
    A decent shoes
    B wet weather clothing
    C a sleeping bag

PART 3   *Questions 21-30*

Questions 21–25

Choose **FIVE** answers from the box and write the correct letter, **A-H**, next to Questions
21-25.

21   Overpopulation   _____

22   Economies of China and India   _____

23   The early modern period   _____

24   The Opium Wars   _____

25   Coal   _____

A	Overcome problems and succeed to expanded economy
B	Western Europe had very little wealth
C	A massive boom in China's population
D	A stable British government
E	There was a huge amount of capital in China and India
F	An example of Britain's maritime strength
G	It was supplied from far-away places
H	Comparison of economic growth in certain parts of the world

Questions 26–30

Complete the notes below. Write **NO MORE THAN TWO WORDS AND/OR A NUMBER** for each answer.

The Great Divergence

What

- The Industrial Revolution occurred in the UK rather than elsewhere.
- It did not happen by chance, but it was unexpected.
- Britain's **26** _____ and centralised government was a factor.

Products

- Britain was able to handle cotton at a **27** _____ and more efficient rate than in India.
- India manufactured **28** _____ of global products in the mid-1700 s.

Colonial rule

- The international **29** _____ helped develop the British economy.
- Spain took control of **30** _____ to get closer to China.
- China had problems on the North West frontier.
- The Ottoman Empire faced threats both inside and outside its colonies.

PART 4   *Questions 31-40*

Questions 31–34

Choose **FOUR** letters, **A-F**.

Neuroscience of Emotion

Which **FOUR** statements are true?

A   Researchers know very little about our feelings.

B   Emotions are not focussed in a single area of the brain

C   The oldest part of the brain is known as the amygdala

D   Anyone can understand someone else's feelings from facial expressions and body language

E   Emotional distress is predominantly registered in the amygdala and the pre-frontal cortex

F   Emotional instability is caused by an unevenness in our key emotions

Questions 35–40

Choose the correct letter **A**, **B**, or **C**.

35 Feldman Barrett describes emotions in what way?
   A As categories
   B As a form of expression
   C As a past experience

36 Volunteers should take clothes that are
   A Affirmative recollections
   B Physical experiences
   C Sensory information

37 According to the text, individuals experience emotions in what way?
   A In the same way as others
   B In a universally recognised manner
   C In a different way from everyone else

38 What is *affect*?
   A A constant state of being
   B A basic reaction caused by a physical stimulus
   C A learned state of response to certain feelings

39 How can we adapt our responses to particular situations?
   A By changing the way we think about an experience
   B By using suffering as an example of pain
   C By thinking about them in a different language

40 How do the mind and the body affect one another?
   A They respond in the same way to past experiences
   B They are intensely linked in the way they work together
   C They use the cultural environment to create emotions

READING

READING PASSAGE 1

You should spend about 20 minutes on **Questions 1–14**, which are based on Reading Passage 1 below.

The Opera House has undoubtedly become Australia's most recognisable building and an icon synonymous with both Sydney and Australia's independent cultural spirit. For most observers, the white billowing silhouette, harbour-side location, and proximity to the curves of the Sydney Harbour Bridge all combine to create an unforgettable panorama.

Today, the Sydney Opera House is one of the busiest performing arts centres in the world, each year staging up to 2,500 performances and events, drawing around 1.5 million patrons, and attracting an estimated four million visitors. However, the story of the construction of this remarkable and improbable building is one of controversy and debate. Escalating costs and complex engineering problems made it a source of constant public debate, which only subsided when the beauty and technical achievement of the finished Opera House placed it on the world's architectural stage.

In 1956, during a transformative period for the country whose economy was booming in the 1950s, the New South Wales Government ran an international competition for the design of a national opera house. It was to be a symbol of the positivity and optimism in Australia post World War II. Out of 233 entries from 33 countries the judges chose the drawings of 38-year-old Danish architect, Jørn Utzon, stating "we are convinced that they present a concept of an opera house which is capable of being one of the great buildings of the world." Utzon's innovative, sail-like design flew in the face of convention and caused widespread controversy, however, it impressed the judges, who declared they were "absolutely convinced of its merits." Utzon's vision was particularly notable for its sculptural design, wholeheartedly embracing expressionism; in contrast to the rising notion of modernism and 'glass box' architecture that had been in the ascendancy since the 1920s.

Utzon has explained that the two ideas that inspired his Sydney Opera House design were the organic forms of nature, and the desire to create sensory experiences to bring pleasure to the building's backers. He used shapes and materials in an unprecedented way in order to make this happen. The white Swedish tiles covering the carapace, which have drawn comparisons ranging from the sails of a galleon to broken eggshells, give the Opera House its own vitality and moods. Professor of Architecture at Cardiff

University, Richard Weston, described them as "some of the most alive surfaces in architecture, by turn flaring with diamonds of light; sheer dazzling white in full sun, pearlescent in shadow; or glowing cream, pink or ochre as they return the ambient light."

The engineering company, Ove Arup and Partners, accepted the challenge to construct the building. It took 16 years to build and, in the process, pushed architectural and engineering knowledge to its limits. Throughout these years, delays and mounting costs dogged development. A creative solution was found to fund the venture and the revenue-raising Opera House Lottery was established, collecting some $102 million from 496 lotteries. This was almost the full cost of the Opera House.

The technical challenge of how to construct the sculptural sail-like roof shells took Utzon and Ove Arup and Partners more than four years to resolve. Once they have found the solution, they then had to revisit some of their earlier construction work and rebuild and strengthen the foundations so that they could support the revised structures. Issues such as this fuelled controversy and took their toll on the troubled relationship between the New South Wales Government and the architect. In 1966, this relationship shattered beyond repair and Jørn Utzon resigned, vowing in anger never to return to Australia. His replacements, the architects Todd, Hall, and Littlemore, would complete the job over the next seven years.

In every respect, the Sydney Opera House is a pioneering structure. Its construction, at a time of international experimentation in modern architecture, led to a number of technical and creative solutions that were ground-breaking in the history of building design and construction in Australia. The cutting-edge nature of the technology used for the Opera House led to the establishment of a testing laboratory at the University of New South Wales, making it one of the first organisations in the world to commercialise university research.

The Opera House was built as a performance venue and the complex includes a concert hall, opera and drama theatres, a playhouse and studio. In the years since its opening by Queen Elizabeth II on 20 October 1973, it has provided a fitting showcase for some of the world's most renowned artists including Ella Fitzgerald, Miriam Makeba, KD Lang, Billy Connolly, John Williams, Dame Joan Sutherland, Bryn Terfel, Mel Gibson, Philip Glass, Luciano Pavarotti, and the Sydney Symphony Orchestra.

Despite the controversy and conflict surrounding its origins, the Sydney Opera House is the extraordinary expression of an architect's vision, a government's will, engineering, and public hopes. Above all, it is now a vibrant entity in the Australian psyche – a reflection not only of what this nation is, but also of what it aspires to be.

Questions 1–8

Answer the questions below.

Choose **NO MORE THAN THREE WORDS AND/OR A NUMBER** from the passage for each answer.

1 In addition to being close to the Sydney Harbour Bridge, what other features do onlookers notice about the Sydney Opera House?

2 In addition to technical problems, what caused a constant public debate?

3 Despite the judges' belief in the original design, what did it generate among the general public?

4 What was Utzon's design doing that contrasted with the mainstream architectural style of the time?

5 Other than a ship's sails, what has the silhouette of the Opera House been compared to?

6 How long did it take for the engineers to work out how to build the roof structures?

7 How was the building work on the Opera House viewed at the time, in terms of the history of Australian construction?

8 What is the status of the Sydney Opera House in the Australian sense of identity?

Questions 9–13

Complete each sentence with the correct ending, **A-H**, below.
Write the correct letter, **A-H**.

9   It was not until it was recognised to be of global significance

10 The review panel awarded the win to Utzon's proposal because they believed that it

11 Utzon's vision was of an organic structure using unusual forms and constituents,

12 Despite the increasing expenditure, the project was completed

13 The University of New South Wales was a forerunner in

A	establishing one of the first analytical workshops on campus.
B	as a result of the privately funded Opera House Lottery.
C	that the amount of money and extent of the engineering challenges were overlooked.
D	was an emblem of the progressive mood of the post-war years.
E	converting an academic study into a profitable venture.
F	would become a celebrated design around the globe.
G	due to subsidies from state-run government projects and competitions.
H	indulging the sponsors' appreciation of the natural environment.

Question 14

Choose the correct letter, **A-C**.
What is the best title for the passage above?

A   Sydney Opera House – a reflection of the future

B   Sydney Opera House – its history and significance

C   Sydney Opera House – the challenges of the build

You should spend about 20 minutes on **Questions 15–27**, which are based on Reading Passage 2 below.

Recent Advances in the Genetic Transformation of Coffee

Coffee is one of the most important plantation crops, grown in about 80 countries across the world. The genus Coffea comprises approximately 100 species of which only two species, that is, Coffea Arabica (commonly known as Arabica coffee) and Coffea Canephora (named Robusta coffee), are commercially cultivated. Genetic improvement of coffee through traditional breeding is slow due to the perennial nature of the plant. Genetic transformation has tremendous potential in developing improved coffee varieties with desired agricultural traits, which are otherwise difficult to achieve through traditional breeding. During the last twenty years, significant progress has been made in coffee biotechnology, particularly in the area of transgenic technology.

Coffee is one of the world's chief agricultural commodities, ranking second in international trade after crude oil. Coffee is grown in about 10.2 million hectares of land spanning over 80 countries in the tropical and subtropical regions of the world especially in Africa, Asia, and Latin America. The economies of many coffee growing countries depend heavily on the earnings from this crop. More than 100 million people in the coffee growing areas worldwide derive their income directly or indirectly from the produce of this crop.

Coffee trees belong to the genus Coffea in the family Rubiaceae. The genus Coffea L. comprises more than 100 species, of which only two species, that is, Arabica and Robusta are commercially cultivated. In the consumer market, Arabica is preferred for its beverage quality, aromatic characteristics, and low-caffeine content compared to Robusta, which is characterized by a stronger bitterness, and higher-caffeine content. Arabica contributes towards 65% of global coffee production.

Arabica coffee is mainly native to the highlands of South-western Ethiopia with additional populations in South Sudan (Boma Plateau) and North Kenya (Mount Marsabit). In contrast, Robusta coffee has a wide geographic distribution, extending from the western to central tropical and subtropical regions of the African continent, from Guinea and Liberia to Sudan and Uganda with high genetic diversity in the Democratic Republic of Congo.

Coffee breeding is largely restricted to the two species, Arabica and Robusta, that dominate world coffee production. Initial breeding objectives for Arabica were to increase productivity and adaptability to local conditions. To achieve these objectives, breeding strategies were directed towards identification of superior plants in the population and their propagation and crossing with existing cultivars. These early breeding efforts, which were carried out from 1920 to 1940, had considerable success in identifying and developing vigorous and productive cultivars. Several of these varieties from India, Brazil, and Jamaica, are still under commercial cultivation. These cultivars are suggested to have a larger degree of genetic variability than the base population. The appearance of coffee leaf rust on a massive scale in Southeast Asia between 1870 and 1900 had a devastating effect on Arabica cultivation in several coffee growing countries. This has changed the breeding focus worldwide with emphasis now given to disease resistance.

Although conventional breeding is mainly used for coffee improvement, it is a long process involving several different techniques, namely selection, hybridization, and progeny evaluation. A minimum of 30 years is required to develop a new cultivar using any of these methods. Furthermore, the extended growing time of the coffee tree, the high cost of field trials, the lack of accuracy of the breeding process, and incompatibility are all major limitations associated with conventional coffee breeding.

Another constraint that hinders the Arabica improvement programme is the selection of genetically diverse parental lines for hybridization and the identification of fusion plants at an early stage of plant growth based on fundamental traits. This is because most of the commercial Arabica cultivars are morphologically identical and not easily distinguishable from one another.

In some countries of Asia, Latin America, and Africa, coffee is cultivated under shade in varied environmental conditions and displays remarkably different structures in various microclimatic zones. In view of the above, it becomes imperative to develop alternative techniques that are reliable, quick, and efficient for discriminating between coffee cultivars.

Over the last 15 years, cross-bred crops have become an integral part of the agricultural landscape. The number of transgenic plants and the area under cultivation are both rapidly increasing in many parts of the world. This has been made possible by the application of genetic transformation technology and its integration with plant breeding programmes. Despite significant advances made over the last 15 years, coffee transformation is still time-consuming and laborious. In addition, a DNA-independent transformation protocol has not yet been achieved in coffee. The genetic transformation of coffee has two major applications: (1) as a tool for the validation of gene function and (2) for production of transgenic crops with agriculturally valuable features.

Further coffee transformation programmes and investments should involve public and private companies. At the same time, researchers ought to make an effort to educate the public and help them understand the real advantages and risks associated with the use of genetically modified coffee. This is the only way to address irrational fears about such produce, and this will pave the way to the use of transgenic technology for coffee improvement into the future.

Questions 15–19

Choose the correct letter, **A**, **B**, **C**, or **D**.

Write the correct letter in boxes 15-19 on your answer sheet.

15 It is difficult to develop the genetic makeup of coffee plants because:
   A The trees need to be replanted every year.
   B They are long lasting and can grow for many years.
   C It is time-consuming to harvest the DNA.
   D There are only two varieties whose genes can be used.

16 What is a key difference between Arabica coffee and Robusta coffee?
   A The geographical distribution outside Africa.
   B The commercial viability.
   C The taste and smell.
   D The level of income that production of this coffee generates.

17 What is the main aim of propagating the coffee plants today?
   A To improve the capability of fighting infections more effectively.
   B To increase productivity.
   C To develop the ability to survive in different climates.
   D To improve the flavour of the coffee.

18 What contributes to the challenges associated with reproducing coffee plants?
   A Weather and climate.
   B Choosing plants that are suitable for the process.
   C A lack of genetically similar parent plants.
   D An expensive testing process.

19 How does the writer feel about the future of the genetic modification of coffee?

   A It is progressing well and does not need to change.

   B Society should continue to be informed of the pros and cons of utilizing genetically altered coffee.

   C Both governments and multinational companies need to contribute to the cost of research into coffee improvement.

   D Scientists are close to finding a transformation procedure that does not require gene technology.

Questions 20–27

Complete the summary below.

Choose **NO MORE THAN TWO WORDS AND/OR A NUMBER** from the passage for each answer.

The two principal coffee species that are used for **20** _____ are Arabica and Robusta. The original purpose for the genetic transformation of coffee was to **21** _____ and adapt to local climates. In order to do this effectively, research approaches focussed on finding successful plants and creating a hybrid with **22** _____. Many of the current varieties from around the world are still being manufactured commercially.

Such species were chosen because they are believed to have a wider diversity of **23** _____ than the native parent trees. A huge natural setback at the end of the 19th century saw **24** _____ destroy the majority of the population in many coffee cultivating countries. The lasting effects of this disaster was to shift attention from increased production and adaptability to developing **25** _____.

The genetic modification of coffee is a lengthy process that can take at least **26** _____ to create a new variety, while also requiring the implementation of **27** _____ to propagate viable new plants.

You should spend about 20 minutes on **Questions 28–40**, which are based on Reading Passage 3 below.

SMS text messaging: an innovative method
of data collection in medical research

Background

The ubiquitous use of mobile phones in sending and receiving text messages has become a norm for young people. Undeniably, text messaging has become a new and important communication medium not only in the social realm but in education as well. The aim of this study is to evaluate the effectiveness of using text messaging to collect data for a medical research project. The mobile phone is considered an essential personal item by many young people, and is almost attached to their hands, at least during waking hours. When asked how hard it would be to give up a specific piece of technology, respondents are now more likely to say the cell phone would be the most difficult to do without, followed by the internet, TV, and landline telephone. The upshot of this is that SMS via mobile phone has become a powerful and inexpensive tool in getting in touch with people. As a result of their high rate of ownership and frequent use, mobile phones show great promise as a communication tool in every arena of modern living including health care.

A review of recent medical literature found many and varied uses of SMS in the health care context. In preventative medicine, for instance, sending text message reminders on the completion of a travel vaccine series was found to be an effective intervention measure since compliance greatly improved with second and third doses of Hepatitis vaccines in the travel inoculation cycle. In addition, similar immunisation reminders to parents of adolescent children were well-received. In general, parents responded that they would act on these text messages to improve on-time vaccination for their teenage offspring.

A cross sectional study was carried out during a randomised controlled trial (RCT) to assess the efficacy and safety of a probiotic in the management of Irritable Bowel

Syndrome (IBS). The study aim was to assess the response rate of weekly symptom reports via Short Message Service (SMS). The subjects were undergraduates in a private medical university in Malaysia. They had been identified through a previous university-wide study as suffering from IBS based on Rome III criteria.

The subjects were randomly assigned either to the treatment arm receiving a daily probiotic, or the placebo section. They were required to score their symptoms using eight-item questionnaires at the outset, and thereafter weekly, for a total of 8 weeks. All subjects were given the choice to communicate their symptom scores by text message or by email. SMS text messages were sent to remind trial subjects to attend face-to-face visits and to complete paper based 34-item questionnaires on an IBS quality of life assessment at the baseline, in other words, the beginning of the study, and at the end of the 8 weeks.

Findings

The response rate of weekly symptom scores via Short Message Service (SMS) from a total of 38 subjects was 100%. Through the study, 342 reports were submitted: 33.3% of these were received on the due date without reminder, 60.0% one day after the deadline, after a single reminder, 6.1% 2-3 days after the deadline, following 2-3 reminders and 0.6% five days after the deadline, subsequent to SMS, phone reminder and face-to-face encounters. All SMS symptom reports, whether on time or late, were complete. With the help of the SMS reminder, all trial subjects completed the paper-based IBS quality of life assessment at the beginning and again at the end of the study.

In this study, Short Message Service (SMS) was found to be a feasible method of collecting weekly symptom diary data from undergraduate students in a medical university. From the start, scientists did not consider using a paper diary for symptom scores, being mindful that paper-based diaries can be affected by questionable validity, as reported by Stone et al.

Previous studies using SMS text messaging for research data collection had been successful. DM Haller et al conducted a randomised controlled trial in primary care research, in which young users of primary care services, such as dentists, GPs and opticians, were asked if they were satisfied with the consultation. There was a choice between sending in the replies by SMS, or by completing a card before leaving the practice. A response rate of 80.2% for SMS replies was achieved compared to 85.6% for paper-based card.

Conclusions

This study found using text messaging via mobile phone to be an excellent instrument for collecting weekly symptom reports in response to trial medication, reminding test subjects to attend face-to-face visits and completing more complex paper-based evaluations. The 100% response rate of weekly symptom reports was facilitated by using simple number codes for SMS submission. Paper-based IBS-QOL questionnaires similarly scored a perfect response rate, principally facilitated by SMS reminders sent to trial individuals to attend visits to the clinic.

The advantages of SMS via mobile phone are many: it is cheap, can be sent from anywhere and at any time, it is less intrusive and more private when others are present. Importantly, it is the most common mode of communication among the young. In Malaysia, there is over 90% penetration of mobile phones, perhaps an even higher usage rate in urban centres. This high concentration of mobile phone ownership opens up enormous opportunities for the medical fraternity to communicate and to reach out to patients in various aspects of health care as well as for medical research purposes.

Questions 28–34

Complete the notes below. Choose **THREE WORDS AND/OR A NUMBER** from the passage for each answer.

Text messaging in medical research

Context

- Mobile phones are a useful tool to communicate with people.
- Can be used in **28** _____ of contemporary life.
- Employed to send reminders to patients receiving travel vaccinations.
- Tests aim to measure how effective SMS was for the **29** _____ of reporting symptoms on a weekly basis.

Results

- 100% response levels.
- 342 reports sent, the lowest percentage being **30** _____ after the cut-off date.
- IBS **31** _____ questionnaires were completed at the outset and at the conclusion of the trial period.
- Stone et al. noted that paper-based diaries can be influenced by **32** _____.
- More people submitted a satisfaction report on **33** _____ than by text message.

Outcomes

- SMS text messages are an excellent instrument used to gather regular symptom reports and to send reminders to patients.
- The use of straightforward **34** _____ made it easier for respondents to complete and submit their weekly statements.

Questions 35–40

Do the following statements agree with the information given in **Reading Passage 3**?
Next to each question, 35-40, write

        TRUE   if the statement agrees with the information
        FALSE   if the statement contradicts the information
        NOT GIVEN   if there is no information on this

35 The majority of today's youth have to have contact with their mobile phones throughout the day.

36 Sending messages to remind patients to attend all the appointments for their prophylactic treatment cycle was not considered successful.

37 There was no system when distributing trial participants in the IBS study in Malaysia.

38 Trial volunteers in the IBS study had to complete surveys about their standard of wellbeing on a weekly basis throughout the experiment period.

39 DM Haller, et al's study found that most patients were satisfied with their primary care provision.

40 The reason that the paper questionnaires received a 100% response rate was largely due to the fact that trial subjects received SMS reminders.

WRITING TASK 1

You should spend about 20 minutes on this task.

> **The diagram below shows how electricity is generated from wind turbines.**
>
> **Summarise the information by selecting and reporting the main features, and make comparisons where relevant.**

Write at least 150 words.

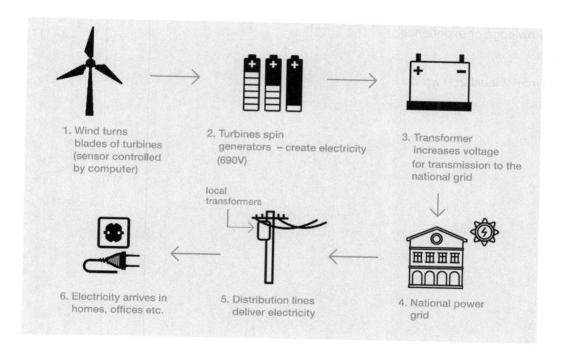

1. Wind turns blades of turbines (sensor controlled by computer)

2. Turbines spin generators – create electricity (690V)

3. Transformer increases voltage for transmission to the national grid

local transformers

6. Electricity arrives in homes, offices etc.

5. Distribution lines deliver electricity

4. National power grid

WRITING TASK 2

You should spend about 40 minutes on this task.

Write about the following topic:

> **Some people say that young people face a great deal of stress.**
>
> **What are the causes of this?**
>
> **What solutions can be taken to tackle this issue?**

Give reasons for your answer and include any relevant examples from your own knowledge or experience.

Write at least 250 words.

SPEAKING

PART 1

The examiner asks the candidate about him/herself, his/her home, work of studies and other familiar topics.

EXAMPLE

• **Work**
Where do you work?
Do you prefer to work alone or with other people? [Why?]
Do you think you will be doing the same job ten years from now?

• **Clothes**
Are clothes important to you? [Why?]
Do you wear the traditional clothes of your country?

PART 2

> **Describe a gift that you have given to somebody:**
>
> **You should say:**
> **what the gift is**
> **who you gave it to**
> **what occasion the gift was for**
>
> **and explain why you chose that gift.**

You will have to talk about the topic for 1 to 2 minutes. You have one minute to think about what you're going to say. You can make some notes to help you if you wish.

PART 3

Discussion topics:

Giving gifts
Why do people give presents in our society?
How important is it to give gifts to people in your country?
Do you think gift giving has changed since your grandparents were young?

Gifts
Which is more important when you are choosing a present, cost or effort?
Do men and women like different types of gifts?

Audioscripts

PART 1

Assistant	Hello, Fabulous Furniture, how can I help?	
Customer	Hello, I wonder if you could help me, I'm phoning about some kitchen units I purchased from you.	
Assistant	Can I have your order number please?	
Customer	Yes, it's 245…No, sorry, that's 254 80 66 94X	
Assistant	94X. Thank you. And, could you confirm your postcode, please?	
Customer	OK. It's PH6 5UX.	Q1
Assistant	And, just to check, can you give me your surname, please.	
Customer	OK. It's Chieves.	
Assistant	Can you spell that for me please?	
Customer	Sure…that's C H I E V E S.	Q2
Assistant	Brilliant. So it was the Country Vintage units in charcoal grey, is that right?	Q3, Q4
Customer	Exactly.	
Assistant	So, how can I help?	
Customer	Well, they were delivered last week.	
Assistant	Could you just give me the date, please?	
Customer	On 17th October.	Q5

Assistant	And, what appears to be the problem?	
Customer	Well, your guys installed them, but one of the cupboards has a black mark on it.	Q6
Assistant	Oh dear.	
Customer	Yes, and one of the doors is faulty and doesn't open well.	Q7
Assistant	Oh. Sorry to hear that.	
Customer	And also, the drawer handle came off in my hand when I opened the drawer!	Q8
Assistant	Oh. Sorry to hear that. Is that all?	
Customer	Is that all?!...So, I'd like you to come and fix it.	
Assistant	Of course, now let me look at the calendar. Mmmm, would Saturday be a good day for you?	

Customer	This Saturday? Yes, that would be great. What time?	Q9
Assistant	We have 10 o'clock or 12.30.	
Customer	12.30 would be better.	Q10
Assistant	OK. We will send someone round free of charge to sort out your issues.	
Customer	Thank you.	
Assistant	You're welcome. Glad to have been of help. Is there anything else I can help you with?	
Customer	No...no. Thank you. Goodbye.	
Assistant	Bye! Thank you for calling Fabulous Furniture!	

PART 2

Hello everyone, and welcome to the Faculty of Engineering. Can you all hear me? Great. Well, first of all, I hope you are all settling in nicely, and that this time with us will be a useful, memorable experience.

So, this morning, I'd like to tell you a bit about the faculty, the facilities, rules and so on. So, as you can see, we are now in the refectory, which is just opposite reception and the main entrance. We also have a café, which is down the corridor to the left of the reception area, next to the library. Opposite the library, we have a self-study area, with computers and printers for you to use. This is open until five every day except Wednesdays when it closes at lunchtime. Toilets are to the right of the reception area and opposite the toilets is the faculty's student services office. If you have any queries about your course, the office is open between 10.30 and 4.30 every day. Next to student services, you will find a student's lounge with magazines, newspapers, and comfy sofas.

Q11
Q12

Q13

Q14

Q15

Your classrooms and lecture rooms are on the first, second and third floors, and you must attend at least 90% of your lectures and tutorials. Failure to do so may result in being asked to withdraw from your course. We insist you arrive at lectures on time, and we recommend using the library and self-study area at least once a week. As well as lectures and tutorials, you can, if you want, participate in a number of sports activities run by the faculty, and I strongly recommend you sign up to one of our many clubs. Of course, there is no smoking in the building, and please remember that eating in the classrooms or lecture rooms is prohibited.

Q16

Q17
Q18

Q19

After a short break, as I'm sure you're all pretty hungry by now, you will be given a brief tour of the campus and then we can meet back here at 10.30 for you to meet the faculty members and staff. So, as you can see, there are plenty of snacks to eat, as well as tea or coffee, so, enjoy your break and please come back here at 9.45 when my colleague, Teresa, will show you around the campus. Thank you and see you later.

Q20

PART 3

Professor	Good afternoon. Come in.	
Kevin	Hello.	
Louisa	Hi.	
Professor	So, Kevin and Louisa, you did your presentation on Communicable Diseases. How do you think it went?	
Kevin	Well, I think it was good. <u>The audience seemed interested</u>, but I was really nervous.	Q21
Louisa	I think we had too many slides, but, yes, <u>everyone seemed engaged</u>.	Q21
Professor	I couldn't agree more. <u>You held everyone's attention</u>, and they were all taking notes. Actually, Louisa, I think you could have done a few more slides. However, you could have <u>cut down on what was written on each slide</u>.	Q21 Q22
Kevin	Yeah…actually we only had 25 slides. Hmmm <u>I see what you mean. A lot of the slides were full of text</u>.	Q22
Professor	Now… on to your performance. How do you think that went?	
Kevin	<u>As I said, I was really nervous</u>.	Q23
Louisa	But I didn't think you could tell.	
Professor	Well…<u>you were looking at the screen the whole time</u>. Try engaging with the audience, by looking at them while you speak. Make a conscious effort to look at your audience next time.	Q23
Kevin	That's a good point.	
Professor	And what about you Louisa? How did you think you did?	
Louisa	I was actually really nervous, and <u>I wasn't sure if everyone could hear</u>.	Q24
Professor	<u>Yes… I did struggle at times</u>. You really do need to try to project your voice and speak up next time.	Q24
Louisa	Yes…I need to work on that.	
Professor	And…what about handling equipment?	
Kevin	Well…<u>we did struggle with the order of the slides</u>.	Q25
Louisa	<u>Yes… That was a disaster!</u>	Q25
Professor	<u>Indeed</u>. Remember…always try it out before the actual presentation!	Q25

Professor	So, on to the content. You started off with a definition, is that right?	
Kevin	Yes, and then <u>we went on to give a few examples of common communicable diseases</u>.	Q26
Louisa	We then spoke about <u>how fast they are spread from person to person</u>.	Q27

Professor	But, am I right in thinking you didn't mention animals as one of the <u>causes of rapid spread of infectious diseases</u>?
Kevin	Well, we briefly touched upon that.
Louisa	Yes…it was one bullet point.
Professor	I see. And then?
Kevin	<u>We spoke about ways of preventing such diseases.</u>
Louisa	Yes, such as the importance of food safety, washing hands and cleanliness, and the importance of vaccinations.
Professor	<u>Mmm…that was all dealt with very well.</u>
Kevin	Thanks.
Louisa	<u>And our last section was on risk factor cascades for communicable disease outbreaks.</u>
Professor	I agree. And your section on the <u>impact of mass population displacement and malnutrition</u>, <u>food shortages and exposure to contaminated food</u> was particularly well dealt with.
Kevin	Thanks.
Professor	So, all in all a good presentation, but a few things need working on before your next presentation, particularly the presentation of the slides and appearing more confident. But well done, both of you.
Kevin	<u>Thank you. That was really helpful feedback.</u>
Louisa	Yes, thank you.

Q27 / Q28 / Q29 / Q30

PART 4

Good evening Ladies and Gentlemen. Thank you for coming and welcome to my talk entitled 'Wolves - What you always wanted to know'.

So, I'll start off with a few facts about their appearance and size etc. So, the Wolf, known as 'Canis lupus', is approximately 1.5 metres in length from nose to tail. Those living in the far North are larger than those in the South, and they can reach 1.8 metres in length. Believe it or not, it has been known for a wolf to weigh as much as 86 kilos! <u>Their fur is made up of two layers</u>, the top one being dirt resistant, <u>with the water-resistant layer being underneath</u>. They can be any combination of grey, white, red, brown, and black in colour.

So…what type of animals are they? <u>They are pack animals and pack hunters, meaning that they will cooperate on hunting their preferred prey. They are carnivores and like to hunt large animals such as deer, elk, and moose, but not bears.</u> However, they will also eat smaller animals such as rodents and rabbits. They can go days without food. <u>They respect a hierarchy, with the dominant, or alpha, male eating first. Adult wolves will swallow and regurgitate food for their pups.</u>

Q31 / Q32 / Q33 / Q34 / Q35 / Q36

But, what exactly is a pack? A pack usually consists of one family, although wolves with no family of their own can join another pack. A pack can be as many as 25 wolves, however, the average number of members is about 10. They mark their territory with their scent and howling and they will fight off any intruders. They are incredibly fast and can cover around 15 miles in a day.

Q37

As for their habitat, they are found in some parts of Europe as well as Asia and North America and can live in forests, mountains, grasslands and even deserts. They can also sometimes be found around towns and cities. Wolves became extinct in the British Isles after centuries of hunting, although there is the idea of bringing them back into the wild, with arguments in favour of such a project quoting the benefit of keeping the deer population down thereby increasing certain plant and bird species that are currently being destroyed by deer.

Q38

Q39

Wolf attacks on humans are extremely rare, but what should you do if you come face to face with one? Well, first of all, don't run or turn your back on it, but look at it in the eyes. Don't look frightened nor show you're scared but do try to look intimidating yourself. You could do this by raising your arms above your head or making a loud noise. Hopefully, though, you will never find yourself in this situation!

Q40

Well, now you know a bit more about these beautiful creatures. My book can be purchased in reception and I will be here to personally sign any copies, should you so wish. Thank you for coming. Any questions?

T E S T 2

P A R T 1

Clerk	Good morning! Good Bank. How may I help?
Customer	Oh hello. I'm phoning to let you know of a change of address.
Clerk	Yes. Can I have your surname please?
Customer	Surname? Oh yes. It's Grinthorpe.
Clerk	Brinthorpe.
Customer	No...Grinthorpe. G R I N T H O R P E.
Clerk	Oh I see. And your first name?
Customer	It's Cayenne.
Clerk	Can you spell that please?
Customer	Yes. Of course. It's C A Y E double N E.
Clerk	Cayenne...Ok. And Ms. Cayenne, could I have your date of birth, please?
Customer	The sixth of May, 1999.
Clerk	Great. And can I have your previous postcode please?
Customer	Mmm, it was BN7 2QR...no, sorry! 2RQ.

Q1

Q2

Q3

Q4

Clerk	Oh yes. And can I just check, is it Mrs, Miss, or Ms?
Customer	Ms.
Clerk	And, can I have your account number please?
Customer	Doesn't it come up automatically?
Clerk	Yes, but I just have to check I'm speaking to the right person.
Customer	OK. It's 6629438.

Q5

Clerk	Right. So, can I have your new address?
Customer	Yes, it's 91A Crescent Drive.
Clerk	Can you spell 'Crescent'?
Customer	C R E S C E N T.

Q6

Clerk	Ok. And that's in Bridgeton?
Customer	That's right.
Clerk	And the postcode?
Customer	It's BN8 2PR.

Q7

Clerk	Thank you Ms Grinthorpe. We have your details now. And, can I check your email address?
Customer	Yes, sure, it's cgrinthorpe@quickmail.com.

Q8

Clerk	Great. Is there anything else I can help you with?
Customer	I'd like to check my balance please?
Clerk	Ok. Bear with me a moment.
Customer	Ok.
Clerk	Right, so your balance is £274 and 36 pence.

Q9

Customer	Oh…I thought it was more than that. Oh, one more thing. My card expires next month. When can I expect a new one?
Clerk	We'll have it in the post at the end of this week, so you should receive it before next Wednesday.

Q10

Customer	That's great. Thanks.
Clerk	You're welcome. Bye!
Customer	Goodbye!

PART 2

Hello everyone and welcome to the sunny island of Billayorca! Is everyone sitting comfortably? Well, thanks for coming. I'll just tell you a little bit about the island and some of the amazing excursions we have on offer.

First of all, a few words of advice! Don't forget to put plenty of sun cream on. There is quite a pleasant breeze on the coast, and it can be deceptive…so do please be careful. There's nothing worse than sunburn! And, a few words about the pool. No swimming here before 9.00 am please, as the chlorine takes some time to be absorbed, and no children are to swim unaccompanied, and <u>no ball games or inflatables, I'm afraid.</u>

Q11

So, the hotel is just a few minutes from the beach. <u>There are umbrellas and sunbeds</u> you can hire at a price of 5 Euros per sunbed. There's a bar on the beach as well. Oh…and just around the corner, there's a supermarket, which is open until 9 in the evening. It is a bit pricey though, so you may want to try the one in town. <u>The number 41 bus will take you into town.</u> Remember, <u>you do need to buy a ticket before you get on the bus, which you can buy from reception.</u> <u>The journey takes about 10 minutes</u>, and buses run every 15 minutes.

Q12

Q13
Q14
Q15

There are plenty of full and half day excursions for you to take part in. <u>There's a full day island-hopping tour, where you visit four islands around this one and have lunch on the boat.</u> You have plenty of time to swim on the amazing beaches of three of the islands, and there is a one hour walking tour of the other island. Alternatively, there's a half day boat tour, where you tour around this island and see it at sunset, which I strongly recommend. <u>There's also a more 'cultural' tour, shall we say?</u> On this one, you visit some amazing cathedrals and monasteries and finish up with a stop off at a little church on top of the mountain over there, where you get beautiful views of the island. <u>There's a tour of the island's vineyards where you can try some of the local wine</u>, this is usually a very popular excursion, and finally, there's a half day cooking experience with local chef Maria, where you can try out your skills in her amazing farmhouse kitchen. Details of prices are on the notice board. And remember…memories last forever…but suntans don't!

Q16

Q17

Q18

Finally, I know you've just arrived, but a few words about your departure. On the day of your departure, please vacate your rooms by 10.00 am and <u>leave your luggage next to the swimming pool</u>, just over there. <u>You will be picked up from reception at 10.30.</u>

Q19
Q20

So, would anyone like to book any excursions?

PART 3

James	Hi Maria. So, how's your dissertation going?
Maria	Oh…Hi James. Well, I'm really struggling, actually.
James	Oh no. What's the problem?
Maria	It's just getting organised, really. I have made loads of notes, have loads of photocopies, but just can't get it together…I don't know where to start?
James	So…have you discussed the contents with your tutor?
Maria	Yes. I have my list of chapters sorted out.
James	Right, have you thought about colour coding?

Maria	What do you mean?	
James	<u>Well, you could use different coloured highlighters, and highlight</u> <u>your notes according to which chapter you're doing.</u>	Q21
Maria	That's a good idea. I could do the same with post it notes.	
James	Exactly!	
Maria	OK. I just can't seem to get my findings organised either.	
James	So...what method did you use? Interviews?	
Maria	Well, we did interviews to a sample of 30 people, and we also sent out questionnaires. <u>So I need to collate all those findings.</u> <u>It's a nightmare!</u>	Q22
James	Well, <u>you can type in your findings and get the computer to</u> <u>produce bar charts and pie charts.</u>	Q23
Maria	Yes. That would help.	
James	Oh...one other tip. <u>Remember to do your bibliography as you do</u> <u>your research</u>...otherwise it takes ages. Out of interest, what were your findings?	Q24

Maria	Well, interestingly, <u>over a third of those interviewed said that they</u> <u>regularly recycled plastic and paper,</u> but looking at the interview notes and the questionnaires, well over half said that <u>they didn't</u> <u>always recycle food waste and that they were dissatisfied with</u> <u>refuse collection.</u>	Q25 Q26
James	Wow...that is worrying. And what suggestions have you come up with?	
Maria	Well, <u>obviously promoting pro-environmental behaviour amongst</u> <u>urban dwellers is one of today's greatest challenges.</u> A study in a city of Sweden, evaluated the long and short-term efficiency of distributing information leaflets, showing that there was a significant difference between the control and the treatment group even a year after the leaflet was distributed.	Q27
James	That's good to know.	
Maria	<u>Did you know that food loss and waste contributes to about a</u> <u>tenth of greenhouse gas emissions,</u> consumes a ridiculously high amount of water used by agriculture and generates billions of dollars in economic losses globally.	Q28
James	I know. It's crazy.	
Maria	I've also looked at the impact of pollution from landfills and the importance of recycling nutrients back to the soil. <u>Obviously, we</u> <u>need to reduce food waste going to landfill, as it releases</u> <u>methane, which is 25 times more potent than carbon dioxide.</u>	Q29
James	Well, it sounds to me Maria that you do know what you're going to write. So, apart from leaflets, have you come up with any other suggestions?	

Maria	Well, <u>I've researched the effectiveness of government TV campaigns, and the impact of fines that some countries have introduced.</u>	Q30
James	That sounds great! So get typing up these findings.	
Maria	Thanks for your help James. I feel better already!	

PART 4

Good afternoon everyone, and welcome to my training session on 'Happiness in the Workplace'. As you are all fully aware, happy employees mean better productivity and <u>employee retention factors are more important than ever for employers</u>, which in turn leads to efficient use of time, rather than constantly having to re-train new staff. Q31

So, what can be done in the workplace to ensure that our employees are satisfied? First of all, a few practical things. Does each member of staff have a sufficient workstation? <u>Is there enough room for them to work comfortably? Is there enough space on their desks for trays</u>, stationery and, why not, a few personal items? <u>Is there natural light coming through the window in the room?</u> Is there sufficient heating and air conditioning? What is the noise level like? If it is an open plan office, is this suitable for everyone? <u>Is there a quiet area for those who want to work without distractions</u>? Are there areas where employees can recharge or unwind? If so, it can increase productivity and output. All these factors are important. Q32 Q33 Q34

Secondly, <u>empowering people to embrace the culture of the company is key. Empowered employees will go above and beyond, and it will have a knock-on effect which will create and spread cultural alignment</u>. Therefore, give them freedom but accountability for their actions. Q35

And on that note, providing opportunities for growth is vital. <u>Career development is a crucial part of employee engagement and loyalty</u>. By discussing agreed targets, providing appropriate training, and advising your managers to do the same with their teams, you will see a growth in staff satisfaction and retention. Q36

And <u>linked to that is the importance of regular communication. It is so important to enable your team to show their frustrations.</u> Failure to listen and remedy their concerns will have a negative impact on productivity and staff morale. You need to enable the staff to contact you and to address their concerns. Failure to do so will result in your staff feeling under-valued, so take the time to listen and to respond. Q37

Similarly, you also need to communicate with your team. <u>Don't leave staff members in the dark, particularly where changes are concerned.</u> Transparency is key...employees need to know the purpose behind their duties. Share successes and, where possible, problems in order to achieve a greater sense of community and to enable your staff to fully understand the company vision and the reasons behind decisions. Q38

Equally important is the ability to motivate and inspire people to leave their comfort zones. By delegating and granting your team new responsibilities you will enable them to grow and develop, which is, of course, beneficial to the individual and the organisation, boosting their engagement and productivity. Q39

And finally, encourage time off. Remember, it is important that your teams use all their annual leave and have a healthy work-life balance. So...any questions? Q40

TEST 3

PART 1

Woman	Good morning, Hills Sports Centre, how can I help you?	
Man	Hello, I've just moved to the area and I'd like to become a member here, please.	
Woman	OK, well we have a number of different member packages. What sort of activities are you interested in doing?	
Man	Well, I like swimming and the gym, and maybe a couple of classes now and then. Is that usually extra?	
Woman	Yes, you have to pay for group exercise, but at a reduced rate for members. Ok, so, as I said, there are a few different types of membership. Shall I talk you through them?	
Man	Yes, I didn't look at your website, so I don't know what you offer.	
Woman	Right, well, we've got Standard, Prime and Gold memberships. Standard is £12.99 a month, this includes access to the pool, but you'd need to check times for off-peak use – we use the pool for swimming classes and children's sessions as well, so you can't use it all the time.	Q1
Man	OK, does it include anything else?	
Woman	Erm, yes, as I said the group sessions for the membership are cheaper if you're a member. Instead of £8 you would pay £5.99, but this rate also depends on your type of membership.	Q1
Man	OK, that sounds good. What time is off-peak?	
Woman	Off-peak is 10am – 3pm on weekdays, before 8am and after 8pm from Monday to Sunday. We're open from 6am – 10pm Monday to Sunday.	Q2
Man	OK, that's good. What about the other memberships?	
Woman	Right, the Premium membership costs £18.99. You will have unlimited access to the swimming pool, you can book classes up to 10 days in advance, oh no, I'm sorry it's recently changed. You can book 8 days before the class and multiple gym access for only £2.	Q3
Man	Does that mean I can use the gym anytime for only £2?	

Woman	Yes, but we recommend that you book an introductory session with a personal trainer first, so you know what exercises and equipment would be best for you.
Man	How much is that, with the membership?
Woman	If you have the Standard membership it'll cost you the full amount, which is £32, if you have the Premium, it's £25, and with the Gold membership it's £12.50.
Man	£12.50, that's good. But how much is Gold?
Woman	Well, it's a first-rate package and offers unlimited access to the pool and gym, you can bring a friend twice a month at no extra charge and gym entry is also included. You can also use the 9-hole golf course for an additional £20 a month – it's a great deal. I've just brought up the details, and the introduction to the gym with Gold membership does not cost anything so it is free – and you can have a 30-minute session with a personal trainer every 6 months.
Man	Hmm, it sounds too good to be true. How much is it?
Woman	£63 pounds a month. If you go every day, it's excellent value for money. And we also have couple discounts if you're interested in that?
Man	No, my partner doesn't like the gym. Although she does love a bargain! Maybe I could convince her to take up yoga or swimming.
Woman	Oh, unfortunately, we don't have a yoga studio, but the Pilates classes are very popular.
Man	Right, do you have any introductory offers?
Woman	Yes, you can have a free trial in the gym and one other class. We also offer 'pay as you go' for a small monthly fee of £6.99. This also allows you to book online 3 days in advance.

Q4 *(next to the Gold membership paragraph)*

Q5 *(next to the introductory offers paragraph)*

Man	I think I'll go for the Premium membership and take it from there. How can I pay?
Woman	Good choice! I'll need to ask for some personal information please, and then I can take payment over the phone now. Do you have a credit card?
Man	Yes. Remind me how much Premium is again please?
Woman	It's £18.99.
Man	Look, actually, I've changed my mind and I'll start with the Standard. That was £12 wasn't it?
Woman	Yes, well, £12.99.
Man	OK, let's go with that one.
Woman	Right. Can I take your first name please?
Man	Yes, it's Gary.
Woman	Is that Gary with one 'r'?
Man	Yes, G-A-R-Y.

Woman	And your surname?	
Man	Richards.	
Woman	OK, and your address please?	Q6
Man	61 Wells Crescent, North Hykeham, LN7 4RZ.	
Woman	61 Wells Crescent, North… where?	
Man	North Hykeham, H-Y-K-E-H-A-M.	
Woman	Great, and the postcode?	Q7
Man	LN7 4RZ.	
Woman	LN7 4RZ. OK. How would you like to pay Mr. Richards?	Q8
Man	Debit card.	
Woman	OK, can you give me the long number please?	
Man	Yes, it's 5931 2527 6793 1058.	Q9
Woman	5931 2527 6793 1058. And the expiry?	
Man	Erm, 12/21.	
Woman	December 2021. Ok, that'll come out your account within 2 hours and you can come along to get your membership any time. Your reference number, in case of any problems in the meantime, is AQS 763 41.	Q10
Man	OK, so that's AQF 763 41.	
Woman	Sorry, AQS. S for Sierra, not F for Foxtrot.	
Man	My bank usually takes longer than two hours to transfer funds, they do extra checks. So it might be 24 hours.	
Woman	Oh yes, we have a few clients with the same bank. That's fine. It'll be taken within 24 hours, but you can come and get your membership card anytime from now if you quote your reference.	
Man	Great, thank you for your help. Can I book my personal trainer now?	
Woman	Yes, you could but it might be better to do it when you come in. You can have your free trial first and meet some of our trainers then book your personal training session after that.	
Man	OK, thanks, I'll be in this evening to collect my card.	
Woman	Fantastic, welcome to Hills Sports Centre.	

PART 2

Good afternoon, and welcome to Bamboo World. My name is Gina and I'll be your guide on our amazing journey through this new world of bamboo. As you can see on the map, the complex incorporates a forest and a factory where we make products from socks to toothbrushes. We hope you will be enlightened and energised by this new project and go on to use and produce your own bamboo in our increasingly throwaway society.

I'm going to start with a brief overview of bamboo, which is a very sustainable crop that has countless advantages. It is a fast-growing grass that has now become an eco-crop and can be used to make scaffolding, fabric, cups and so on. It has been labelled a miracle crop and, on top of being one of the most adaptable materials, it also has UV protection and antibacterial properties.

Q11

Unlike cotton, which is an extremely thirsty crop, bamboo requires no irrigation, is immune to most pests and is not labour intensive. You just plant it and watch it grow. Not only is it sustainable, but it grows quickly, and can be harvested within 3-5 years, it produces 35% more oxygen than an equivalent expanse of trees, it is carbon neutral, will grow almost anywhere and the impact on the environment compared to production of other materials is infinitesimal.

Q12

Right, moving onto the itinerary for today. We'll start with a self-guided walk around the site, where you can see the bamboo growing, and then a tour around the plantation and the factory, where you can see production of two of our biggest sellers – socks and the toothbrushes, which are made in another part of the site. I bet you never thought you'd see a world where jewellery was made from bamboo! Then after the factory and forest visit, we'll come back here for a short break at 11am. After this, there'll be a presentation about how to get into the bamboo industry and tips and guidance on networking, marketing, and sales. There'll be a Q and A session with our presenter, Robin Hyndes, so if you're feeling a bit bamboozled by all the information you've heard you can get clarification then. At 1 o'clock lunch will be served. Here, you can sample a variety of dishes featuring bamboo shoots served on bamboo plates with bamboo cups.

Q13, Q14
Q15

Ok, let's make a start. As you're taking yourselves around the site, it's a good idea to familiarise yourself with the map, and I'll distribute one to each of you before you set off. You'll have an hour to walk around, and you're welcome to go at your own pace.

Right, as you can see on this map on the wall, we're in the entrance hall here and to your left is a corridor to the factory. Before you walk into the working part of the factory, I would have a quick look around the exhibition room here where you can see examples of products and their development over the 5 years that we've been in business. On the display directly in front of us, there is a short description of the history of Bamboo World, how and why we started. The cabinet to the right of the entrance hall is entitled 'The Future of Bamboo World' which sets out our vision and where we plan to go next. Opposite that, and on the adjacent wall you can see examples of our products – past and present. When you are facing the east wall, turn around and walk straight across to the double doors that lead you along a corridor to the working factory.

Q16

Q17

Follow the dog-leg corridor and walk through the next set of double doors. Please put bamboo shoe covers on – you can find them in a small container on the left. On the right wall are the safety instructions, please read them.

As you walk into the factory, you can see two large windows, look through them down onto two production rooms where we manufacture necklaces and rings, on the left, and sustainable cups and plates in the room on the right. I'm afraid the rest of the factory isn't open to visitors, but it will give you a taster of how things operate. There's an information booklet hanging in the middle of the two sets of windows, please feel free to have a read and take any photos you wish. You can get a closer look of the production area if you walk down the stairs behind the small walkway to the forest outdoors. Could you also remember to remove your shoe covers and pop them in the bin at the top of the steps before you continue?

Q18

Next, when you are outside in the forest, you should follow the curved path around the cultivation space. On the north of the path is our nursery, where we first plant the young bamboos and can keep a close eye on them. In the middle of the forest area is a freshwater lake, although the plants don't need much irrigation it provides some moisture in the atmosphere. It's also useful in case of fires and for wildlife. As you follow the path around, heading south, the sheds are nearby – here we keep the tools and agricultural equipment. During harvest time, these sheds are busy places. As you stand looking at these outbuildings, you can see our 32-acre bamboo grove, it used to be 20 acres, but we've recently added land sold to us by a local farmer. Further on round the path, there's what we call the Snack Shack, where our workers can get a bite to eat or a drink any time throughout the working day.

Q19

Q20

The path takes you on round to here, and a door leads you back inside. Could we meet here in about an hour's time, that's at 11am. I will be available as you walk around to answer any questions you might have. Please pick up a map from the table in the centre of this space. Enjoy, and see you later.

PART 3

Teacher A	So I'm really having trouble with one of my classes.
Teacher B	Oh really? What's the problem? Normally you seem to handle everything so easily and I know the students really seem to get a lot from your lessons.
Teacher A	That's kind of you! Well, I think most of the problems stem from the fact that my class's aims and concerns are very diverse. One of my students needs a Band 7 across all areas of IELTS to get onto their Masters' programme. They are really bright and motivated, with great production skills but their accuracy is really quite low. Another student produces wonderful writing, but I can't get a word out of them! Yet another does very well in tests, but I just can't seem to engage them in class. Everyone else gets on with the task at hand but this particular student just stares out of the window!
Teacher B	That sounds very frustrating.

Q21

Teacher A	It is! And I can't seem to think of ways to help them. I've tried everything, I'm at my wit's end!
Teacher B	Have you had a chat with the Senior Teacher about the group? Who else teaches these students? Maybe they can give some insight.
Teacher A	Yes, those are both good ideas. <u>I'll talk to the Senior Teacher and the other teachers too. Do you have any ideas? Your classes are always so dynamic.</u>
Teacher B	Hmm, well it is certainly a challenge teaching students with such diverse strengths and needs. Have you thought about putting them into strong-weak pairs?
Teacher A	Oh, I hadn't thought about that. What exactly is strong-weak pairs?
Teacher B	<u>Well it's got nothing to do with physical strength! It's about putting the students in pairs so they can help one another in areas where one excels but the other is not as competent.</u> I was thinking about your two students – the one who writes fluently but doesn't like speaking, and the student that produces a lot but has accuracy issues. They might work well together. They can support each other in writing tasks. You know, with peer marking, <u>the student with accuracy problems will maybe notice the errors more easily if they are flagged up by a peer rather than a teacher,</u> and maybe sitting with someone who is so confident in production would help your student who doesn't like speaking to feel less shy?
Teacher A	That's a great idea! I'll definitely try it. What about the student that just doesn't want to be there?
Teacher B	Now that is a tricky one. I'd definitely see what the other teachers make of them. But it might be worth having a chat with them yourself. Maybe when you are doing class tutorials you could ask them how they feel they are getting on academically. It could be because they feel bored or because they find the class difficult. <u>It might also be some issues to do with their personal life, you never know.</u>
Teacher A	Thanks, you've been so helpful! I'm going to track down their other teachers right now!
Teacher B	It might be a good idea to let them eat their lunch first!

Teacher B	So how's it going with the class? Did any of my suggestions help?
Teacher A	Hi Barb! Yeah, it's actually going really well. I put the class in strong-weak pairs like you suggested, and it has really helped not just those students I was telling you about, but all of them! <u>I think they find it so helpful to be able to ask their partner,</u> and the fact that they are with someone who complements their learning profile really helps. Take those students I was telling you about, the one with the great writing who doesn't speak and the other one who has so many accuracy issues but is quite

Q22

Q23

Q24

Q25

Q26

| Teacher A | fluent, they are working fantastically! <u>If they could do the exam together, they'd both be getting Band 9s!</u> | Q27 |

| Teacher B | That's fantastic! Are they able to help each other when peer marking? | |

| Teacher A | <u>Yes, they are certainly great at finding mistakes that they made.</u> But I underestimated how useful it would be as a sounding board. They are both great at helping each other develop ideas, and I really think it has helped both of them in terms of confidence. <u>The best thing is that my student who wouldn't talk now happily volunteers answers!</u> | Q28

Q29 |

| Teacher B | Brilliant! It's so nice when you feel like you've helped students really develop. Are they going to take the exam soon? | |

| Teacher A | Yes, they are both sitting the exam at the end of the month. | |

| Teacher B | What about the other student, the one that was always staring out of the window? | |

| Teacher A | Oh yes, that was a challenging student! It turns out they have already done the exam but didn't want to move classes, so <u>they were obviously bored by the material because they'd done the exam</u>, but they said they liked my class so much they didn't want to leave! | Q30 |

| Teacher B | Oh wow! You must be doing something right then! | |

| Teacher A | Perhaps! Or maybe they just really like IELTS? | |

PART 4

In today's lecture we will tackle a question which may, perhaps, seem counterintuitive to you all. Is global history only possible for the period after 1800? Whilst a relatively new subdiscipline, global history aims to look at historical events from a global perspective, rather than focussing on a specific state, colony, locality or indeed municipality at a micro level. By taking historical concerns and looking from a macro perspective, global history offers us a chance to shake off the shibboleth of Western superiority.

I would like to begin with an example. In 1497, Askia al-Hajj Muhammad, ruler of the Songhay Empire, undertook the pilgrimage to Mecca. On his return, he adopted the title amir al-muminin and khalifa of Muslims, giving himself the most important role in the Muslim world as commander of the faithful. His empire, situated in West Africa, contained the great mosque of Sankore, in Timbuktu, which was rebuilt in 1581 after the pilgrimage of Aqib bin Umar to Mecca, who decided to rebuild the inner courtyard to the exact dimensions of the Ka'aba. This practice of cultural imitation can also be seen in Bibur, in northern India, where mosques and palaces were built reflecting the splendour of the Islamic heartland of the Farsi elite in Samarkand and Herat. From the nineteenth century, the word 'Timbuktu' used to mean the ultimate remote, the furthest remove from European consciousness, yet centuries earlier, its ruler was depicted in the Catalan Map, made for Charles V of France in 1374. On it, King Mansa Musa was depicted with a stack of gold, clearly an influential and wealthy king.

Let us look around Eurocentric narratives of progress where Europe falls after a glorious Roman empire, to move into the 'Dark Ages', emerging triumphantly with the discovery of the New World then the industrial revolution marking the inevitable 'Rise of the West'. To presume that global history is only possible for the period after 1800 betrays not only a Eurocentric view of the past; it also shows historical ignorance. Taking the idea of connectivity and the formation of 'global networks' as a decisive factor, there is evidence for global history going back to 4,000 BC and the domestication of horses, which allowed for the formation of nomadic tribes on the central Asian steppes. Connectivity can be observed in three different ways: the movement of goods, people, and thoughts. The movement of ideas can further be broken down into religion, scholarship and innovation, and culture. Today we will examine global connectivity in the pre-Modern world looking at these elements as vehicles for global unity.

Q31

Global trade networks have long been in existence. The 'silk road', a series of inter-Asian and trans- Eurasian roads, has existed for thousands of years to move goods across the central Asian steppes and around Eurasia and Eastern Asia by sea. Texts from the Roman Empire onwards describe trade with the west for silk, with gold, silver and wools moving eastwards. In addition to this enormous global network, there is evidence of localized flexible trade networks throughout Eurasia and Africa, which existed to move staples through various local ecological zones in exchange for other low-value subsistence goods.

Q32

Q33

The widespread nature of these localised networks facilitated the formation of long-distance networks such as the Silk Road and the trans-Saharan desert caravan trade, which developed on top of extant local networks, and as such, they were able to respond flexibly to economic conditions. The trans-Saharan trade, which dealt in a diverse range of goods such as slaves, salt, gold, and dates, existed for over 1,000 years, utilizing the camel to move goods across a hostile terrain. At its peak in the thirteenth and fourteenth centuries, the trans-Saharan trade moved in caravans of up to 10,000 camels and moved the two-thirds of the gold, which was mined in West Africa and enriched banking houses in Marseilles, Milan and Genoa.

Q34

Q35

This route linked West Africa with other populations: the Roman Empire, Byzantium, the Arabs, the British (in the nineteenth century) and the Portuguese, who set sail from Lisbon in 1415 to find the gold that so enriched Mansa Musa. This led to the Portuguese formation of a global trading network, eventually resulting in the settlement of small maritime outposts across Africa and Asia to facilitate trade.

In addition to the 'Silk Road' and the trans-Saharan caravans, a northern trade route developed c.800 as the Vikings moved out of Scandinavia and went east and west, raiding, trading, and settling. In Eastern Europe and Russia they formed trade routes down the Volga to the Caspian Sea, and ultimately, Constantinople and Baghdad, where they traded furs and slaves -

mostly captured slaves - with the new Islamic Empire in return for silver coinage. Thus, throughout history, trade routes have developed on an international level. One reason for their development was to trade in precious metals.

Gold and silver have been vastly important in driving the world economy. <u>The Vikings demanded payment in silver</u>, evidenced by vast coin hoards of <u>Abbasid silver discovered in Scandinavia</u>. That these coins reached the port cities of Western Europe is clear in the mimicry seen in European coins, <u>most famously a gold coin inscribed with an Arabic religious text printed during the reign of King Offa of Mercia, in Anglo-Saxon England.</u>

Q36
Q37

Q38

The Viking threat in Western Europe between 800-1100 was thus a double-edged sword: these polities often had to pay protection money to the Vikings, but numismatic and other evidence shows that it brought the western European periphery into the global economy. Arabic texts about Vikings often mention their Frankish swords, suggesting that weaponry was manufactured in the west, traded north, perhaps to be traded again further east. There is evidence of Viking activity at least as far east as Baghdad, and perhaps as far east as the Persian Gulf, and as far west as the east coast of North America, where the Basques continued to fish for cod before Columbus's journey.

After Columbus's journey and the conquest of the Americas, undertaken to gain better European access to eastern trade, <u>the discovery of silver in Potosí in what is now Bolivia, brought the Americas into the expanding world economy. Silver was traded with China for silk after China switched from paper money to silver</u>, and demand and price in China grew exponentially between 1540 and 1640. A further population boom in China led to another surge in 1700-1750, creating vitality in the Spanish colonies and strengthening the seaborne trade leading to the Spanish colonization of the Philippines. New World silver was not just shipped east. In Buenos Aires and Cartagena, it was traded for African slaves, thus linking the Pacific and the Atlantic sea trade.

Q39

Q40

T E S T 4

PART 1

Man	Hi, good afternoon.	
Woman	Hello, welcome to the Milo Hotel. How can I help you?	
Man	Oh, good morning. We've just driven up from Bristol and we're staying here in Liverpool for a few days. Could we book a room?	
Woman	Yes, of course, sir. How many nights will you be staying?	
Man	<u>We're leaving on Tuesday. So, let me see, that's 4 nights</u>.	Q1
Woman	And you would like to book a room. A double, twin, or single?	

Man	Actually, <u>I'd like two rooms please</u>. I'm here with my wife and two children. They are 8 and 10. Sorry, 8 and 11. The older one has just had her birthday. So we'd like a twin room for the kids and a double for my wife and me.	Q2
Woman	Ok, we've got availability for two en-suite rooms.	
Man	Great. How much are they per night?	
Woman	<u>Let me see…the twin room is…35 pounds per night, and the double room is…50 pounds a night.</u>	Q3
Man	Ok, that sounds reasonable. How much is that for two rooms for the 4 nights, then?	
Woman	<u>Let me see…that'll be £340 in total.</u>	Q4
Man	And that includes everything?	
Woman	Yes, that includes tax and breakfast.	
Man	Ok, can I pay by credit card?	
Woman	We don't accept AMEX, but anything else, yes. I need to take payment for the first night now, and you can pay the balance when you check out. Or you can pay the full amount now.	
Man	I think I'll just pay for everything now as we'll definitely be here till Tuesday.	
Woman	Ok, that's fine. Can I take some details from you to confirm the booking? What's your full name?	
Man	It's Matthew <u>Farraday. That's…F-A-R-R-A-D-A-Y</u>	Q5
Woman	What's your date of birth please?	
Man	<u>The 15th of November 1973</u>.	Q6
Woman	The 5th of November 1973?	
Man	No, the 15th.	
Woman	Oh, ok, sorry. And your address?	
Man	Sure. <u>It's 273, Stanbury Avenue. That's S-T-A-N-B-U-R-Y. Bristol, BS24 2JP.</u>	Q7 Q8
Woman	BS24 2JP?	
Man	Yes, that's right.	
Woman	And your telephone number?	
Man	My mobile number is…hold on, just let me check, I can never remember it…here it is…it's 07273 866421.	
Woman	Ok, that's confirmed, the rooms are booked.	

Man	Ok, I know we're a bit out of town here. Could you tell me how we get into the centre of town? We'll probably head in tomorrow.	
Woman	Well, you could drive in, but <u>the parking is a bit expensive in town</u>, especially if you're going in all day. And the car parks fill up pretty quickly, you'd be lucky to get a space.	Q9

Man	Ok, well, we're thinking of doing some shopping, taking in some of the sights and having a walk around the harbour, so we'll probably be there most of the day.
Woman	In that case you're probably best taking a taxi or the bus… There's a park and ride just down the road.
Man	Oh, OK, how much is that?
Woman	It's £2.50 per person one way. Actually, no, how old are your children? <u>It's only £1.50 for under 12s.</u> You need to have the exact change, however, and the bus runs every 30 minutes. You can't buy a return ticket, unfortunately. But it's not far from here. You go out the door, turn right on to Harefield Way, and it's about a five minute walk down the road. It takes about 15 minutes to get into town.
Man	Right, I see. What about a taxi? How much is that and how can we book one?
Woman	It's about £15 into town, … oh, no, that's not right, they've recently put their prices up. I'd say it's about £18 now. We can call them for you.
Man	Oh, OK. I think we'll take the park and ride bus.
Woman	Or…actually, you could walk, if you like walking. You can take the path along the river. It's a popular walk and quite a lot of tourists do it. It's about 30 minutes but it's a nice stroll.
Man	Right, thanks, that's a few options. We'll have a chat about it. I'll just go and get the family – they've been waiting in the car and the kids are really excited.
Woman	Ok, no problem. Thanks for choosing Milo Hotel.

Q10 (aligned to the under 12s line)

PART 2

Hello everyone, thanks for coming today to our introduction to WWOOFING, it's great to see so many of you here. I hope we can fire your enthusiasm today and send you off to far-flung places around the globe. My name's Tyler and I'm your guide today.

So, first of all, what is WWOOFing? <u>It stands for World Wide Opportunities on Organic Farms. We're here, in the UK branch, but it is a worldwide network of organic farms.</u> WWOOF is a movement that links volunteers, like you, to organic growers and farmers around the world. Our aim is to promote cultural and educational experiences based on trust and not-for-profit exchange, helping to build a mutually beneficial and sustainable global community.

Q11

Now, you might ask what our aims are. I imagine you're all here because you've heard about us from a friend or online and are already interested in getting involved. <u>Ok, so our aims are to provide young people from around the world with the opportunity to practise organic growing and to learn</u>

Q12

about sustainable ways of living. It helps you connect with the earth and meet like-minded people who share your values and ethos, lend a hand to farmers who need help by offering the services of volunteers to this labour intensive way of farming and for you to have an inspirational experience with nature, the land and local cultures.

Q13

How do you get involved? Well, you've made the first step by coming here. You can express your interest and get onto our mailing list. And you might be flying out to Australia in as little as a couple of weeks' time!

Q14

There are just five easy steps to becoming a member of our international WWOOFing community. Sign up, find a host, contact the host, plan ahead, and, most importantly, enjoy.

However, before we get carried away, you need to know a few things. One important question many potential volunteers ask is whether they are suitable as a WWOOF volunteer. You will make the most of your experience if you're genuinely interested in and have a passion for organic and sustainable living. Especially if you're willing to learn and share your experiences. You have to be prepared to work hard, putting in about 5 hours' physical labour every day, five days a week in exchange for board and lodging, and you must be happy to share your living space with others. You will need to be enthusiastic about meeting people from many different cultures and backgrounds, have a basic understanding of the local language – you will have a preparatory language lesson if you're going to Asia or South America, for example. You must also want to give back as much as you receive from local farmers – this isn't about free food and a bed for the night.

Q15

Q16

If this sounds like you, the next question you might ask is what does a typical WWOOF day involve? Well, you will get up early, depending on the type of farm you're working at, and you'll work hard every day, except at weekends when you have some time off.

Typically, you'll spend about half of each day helping out on a host farm, learning about the organic movement and sustainable agriculture, feeding animals, harvesting crops and receiving free room and board during your visit – remember that no money is exchanged between host farms and WWOOFers. Mealtimes are spent together. Breakfast will be provided buffet-style in your shared kitchen so you can help yourself in the mornings, and you will sit down to dinner with your fellow volunteers and the host family every evening, if you choose to do so. Lunch is up to you – some of our farmers provide lunch, others don't, so check before you go. Stays are of varying lengths.

Q17

Finally, you need to think about what to bring with you. Obviously, you'll need to pack the basics but it's essential to have hard-wearing clothing that you don't mind getting dirty or damaged, wet weather gear like a waterproof jacket and decent shoes or boots for bad weather. A sleeping bag and towel might be required, many of the farms don't supply linen, but it's worth checking, just in case. Check the weather conditions before you go and pack accordingly. Obviously, summer and winter in the south of France are very different and you will need appropriate clothing.

Q18
Q19
Q20

You should also check whether you need to get your own boots and gloves suitable for farming; or some of the host farmers lend these to volunteers. You should also take into account the landscape, a suitcase with wheels may not be useful on stony paths, so think about bringing a rucksack instead.

So, there we are. If you think this sounds like you and something that you would enjoy doing, there's nothing stopping you. If you think you had the wrong end of the stick, then please feel free to leave. We'll have a short break now followed by another presentation with information about finding hosts and where to go from here. After that, we will be here for another hour to answer any of your questions and help you get started.

That's all for now, help yourself to tea and coffee and a biscuit outside in the lounge, and come back in 20 minutes. Thank you.

PART 3

Professor	So, what are your main conclusions about the Great Divergence then?
Linda	Well I must say I thought it was a fascinating topic! It wasn't really something I had thought about before – why the Industrial Revolution happened in the UK rather than anywhere else – but it's definitely something that made me think and question why I just assumed it would have happened in the UK. But the more I read about it, it just seemed like a sort of accident.
James	I agree, sort of. I don't think it was an accident at all. But it was surprising that it happened where it did.
Professor	Well I'm glad that it created a debate. What made you think it was an accident, Linda?
Linda	It just seemed so random! I hadn't realised how important China and India were to the world economy prior to the Great Divergence!
James	Well I disagree, I don't think they were that important! In your book, Professor, you talked about overpopulation. I think they had already overextended their economies by the time England was building its first coal engine.
Linda	I have to say, James, I think you've gone too far there. I know overpopulation was a problem but the economies in China and India were diversifying! They had so much more capital than Western Europe during the Early Modern Period!
Professor	Well, you both make interesting points, what about credit and shipping?
James	Of course, professor. Well I think the European system of credit and British control of international shipping definitely helped give them the edge – look at the Opium Wars!

Q21

Q22
Q23

Q24

Linda	Quite, look at the Opium Wars, a classic example of British Imperialism! No, I really think that the problems in China were due to population constraints – what was it, 223% overpopulation? So, the coal they needed for their economy had to sustain an extremely large population, but it was so far away – the coal producing region was Inner Mongolia wasn't it?	Q25
Professor	Excellent point Linda. James, what do you make of all of this?	

James	Well I agree with Linda that overpopulation was what made it difficult for China to keep growing – the resources simply weren't there. But interestingly, British manufacturing developed in leaps and bounds during this period, didn't it?	
Professor	That's true, though I think the stable and centralized British state also played an important role in allowing this innovation to occur.	Q26
James	Of course! And Britain basically controlled India by this point. Once we'd created these spinning machines, we could produce cotton far better and far cheaper than the Indians.	Q27
Professor	Well, India became an importer of cotton rather than an exporter, didn't it? Linda, what is your view on India's development during this period?	
Linda	Yes, well, erm, India was doing so well up until the East India Company came along. I don't think that's an accident, of course, I think it was more a case of the EIC officers exploiting opportunities and weaknesses already apparent in Mughal rule. In the 1750s India did produce 25% of manufactured goods worldwide.	Q28
Professor	Good point, Linda. Where did all this capital in Europe come from?	
Linda	Oh yes! The transatlantic economy. I completely forgot to talk about it in my essay. So the transatlantic slave trade in particular enriched Britain, as did the trade in sugar and other raw materials from the New World.	Q29
James	Yes, that's true, but the New World economy went both ways – the Philippines became a Spanish colony purely because of its proximity to China. Their wealth came from the silver mines in the New World driven by demand from the Spanish.	Q30
Professor	Excellent, so you can see how the whole world system is driven by supply and demand from different regions.	
Linda	Yes, for me that was what was so fascinating about this week's topic. I think the really interesting thing for me was the way in which different polities had to deal with internal and external conflict whilst trying to build their economies. It's so complex!	
Professor	Can you give an example?	

Linda	Yes! Well two, really. China had to overextend resources-wise due to the threat in the North West, which was where they got their coal from. And the Ottoman Empire was dealing with a) the enormity and diversity of its own empire and peoples and b) threats from within, such as Egypt, and external threats from the British, French and Russians.
James	I agree, Linda. But I think it's really incredible that despite all of this, Britain was able to develop and industrialise so rapidly. Look at the urbanization rates in the 18th and 19th Centuries!
Professor	Good, so now let's look at push and pull factors...

PART 4

Today I'd like to talk about the neuroscience of emotion – how little we know and why what we thought we knew is not accurate. Many of you may have seen the film Inside Out, which goes inside a young person's brain and is seen primarily through the five major emotions: Joy, Anger, Sadness, Disgust and Fear. Whilst the film neatly depicts our inner emotional turmoil as being due to an imbalance between these so-called major emotions, the reality is rather more complicated.

Sometimes researchers talk about emotions as being located in a particular part of the brain – specifically the oldest part of the brain, the 'reptilian' brain. <u>Now, there is some truth to this – the neural pathways linking the amygdala and the pre-frontal cortex often play a vital role in how we experience trauma.</u>   Q31
However, <u>despite our best efforts, studying brain scans, the physiology of emotion, the electrical signals governing facial movement and emotion, body language and emotion, we have not found any evidence of 'emotion circuits' in any brain, leading researchers to conclude that emotions are not hard-wired anywhere in the brain.</u>   Q32

For well over a century, researchers had thought about and found evidence for the universality of emotions across cultures. <u>They believed that no matter where you were in the world, people were able to 'read' emotions in our facial expressions and body language.</u> One key problem with this theory is seen in babies' expression of emotion. This theory of emotion would suggest that babies would make recognisable expressions of certain emotions if they were put in a particular context. These experiments did not yield the expected results. It seems that there is no one universal expression of an emotion like fear, or joy, rather we have what researcher Lisa Feldman Barrett calls a 'diverse population of facial movements'. <u>No emotion is generated in one particular part of the brain, and human expression of emotion is similarly pluralist.</u>   Q33

     Q34

Far better, states Feldman Barrett, to think of emotions as emotion categories, due to their diverse formation and expression. She coined a new theory to describe emotion: the Theory of Constructed Emotion, which posits that your brain uses past experiences, which it organises into concepts (think of the way we organise and search for things in social media using hashtags). The brain takes sensory input, such as a pleasant smell wafting from the kitchen in your mother's house, and converts it into emotion, based on past experiences. In this situation, we might assume a pleasant smell from the kitchen combined with positive memories of meals eaten at home to assume you feel joy and even hunger, as your brain uses predictions to assume two things: 1. your mother is cooking something, and 2. the food will be delicious.

Q35

Q36

This emotional experience is unique to each individual just as our lived experiences are unique. While we are able to empathise with others and compare our experiences, no human being has lived the same life as any other so all our experiences, thus all our emotions, are unique to each individual.

Q37

But where does the sensory input come from? Our bodies. Through the process of interception, the brain interprets bodily sensations. These sensations are then assigned, or tagged, to continue the social media analogy, via a complex series of brain predictions based on past experience, as an emotional category.

Emotion should not be confused with affect, which is a much simpler state of feeling based on bodily sensation. We can divide affect into four core areas that change as they combine and separate, much like the cardinal directions on a compass. These are pleasure/displeasure, or valence, arousal, and calmness. Unlike emotion, affect is present at birth and remains active whether you are conscious or unconscious. To experience emotion is a conscious process; experiencing affect is an unconscious process, like breathing. Affect is when the mind is affected by physical sensations; emotion is when these physical sensations are interpreted through experience and prediction to create a complex mental feeling.

Q38

So, affect is present from birth, but emotion isn't. This is because to experience emotion, we need lived experience. In fact, we are developing and redeveloping our ability to form emotional concepts throughout our lives – emotions do not 'happen' to us, we construct them in response to external and internal stimuli.

This is not to say that emotions aren't real. They are, though they are just part of our constructed reality, much like wider concepts of culture, society, and language. In fact, emotions become real to us through two human concepts: collective intentionality (agreement about the existence of concepts from shared information and understanding) and language. Across different languages and cultures, the words we use to describe emotions shift, change, and overlap.

So emotions exist based on how and why we think about them. As such, if we change how we think about certain experiences, we can shift our mental framing around an emotional 'tag' and make it more positive or more negative. This is something that has been part of our cultures for millennia – think of Ancient Greek Stoicism or Buddhist philosophies of suffering as examples.

One example is clear in exercise. While we know physical exercise is good for us, it can sometimes lead to unpleasant feelings. When we exercise, it can cause us physical pain. Some people may categorise that pain with a negative emotional category, such as unhappiness or unpleasantness. However, an athlete or someone who enjoys exercise will feel pain when doing exercise, but be able to mentally frame that pain in a positive way, or may focus on more positive bodily feelings such as the endorphin rush, which is associated with extreme physical exertion, and focus on that aspect when categorising their emotions. They may describe exercise as an exhilarating experience, despite the physical privations they may feel.

Q39

So, to summarise, emotion is better described as emotion categories, categories we create through bodily sensation, past experience and prediction. We can describe these categories using language, which is culturally circumscribed, and we can change how we experience emotion through intentionality: by re-categorising our feelings about a particular event or activity, we are able to reframe our lived experiences and redefine our emotional categories. Thus, the brain and the body influence each other, and are deeply connected in the way they work together to create emotion categories alongside input from our personal physiology and our social, cultural, and physical environment.

Q40

Listening and Reading Answer Keys

TEST 1

LISTENING

Part 1, Q1-Q10
1. PH6 5UX
2. Chieves
3. Country
4. (charcoal) grey (gray)
5. 17th October / October 17th
6. mark
7. open
8. drawer
9. Saturday
10. 12.30

Part 2, Q11-Q20
11. G
12. E
13. A
14. H
15. F
16. withdraw (from course)
17. once a week
18. sports (activities)
19. eating
20. 9.45

Part 3, Q21-Q30
21. A
22. B
23. B
24. C
25. A
26&27&28 IN ANY ORDER
   B
   D
   E
29&30 IN EITHER ORDER
   B
   D

Part 4, Q31-Q40
31. layers
32. underneath
33. hunting
34. moose
35. male
36. swallow
37. scent
38. grasslands
39. extinct
40. intimidating

READING

Passage 1, Q1-Q13
1. potbelly hill
2. 11,600 years
3. 90 miles
4. Younger Dryas Impact
5. 3,300 BC
6. E
7. D
8. C
9. A
10. TRUE
11. TRUE
12. NOT GIVEN
13. FALSE

Passage 2, Q14-Q26
14. Ehattesaht
15. 200 (individuals)
16. northwestern Australia
17. gamification
18. Arctic Scandinavia
19. 20,000 speakers
20. Manx
21. songs and rhymes
22. F
23. G
24. D
25. A
26. E

Passage 3, Q27-Q40
27. C
28. E
29. D
30. E
31. A
32. D
33. misleading
34. antioxidants
35. (serious) diseases
36. anti-ageing
37. proactive
38. food fraud
39. monitor compliance
40. independent scientists

TEST 2

LISTENING

Part 1, Q1 - Q10

1. Grinthorpe
2. Cayenne
3. 6th May / May 6th
4. 2RQ
5. 6629438
6. Crescent
7. 2PR
8. cgrinthorpe
9. B
10. C

Part 2, Q11 - Q20

11. ball games
12. sunbeds
13. 41
14. (the) reception
15. 10

16&17&18 IN ANY ORDER
  B
  D
  E

19&20 IN EITHER ORDER
  C
  E

Part 3, Q21 - Q30

21. D
22. F
23. A
24. B
25. paper
26. collection
27. urban dwellers
28. a tenth / one-tenth / 1/10
29. methane
30. fines

Part 4, Q31 - Q40

31. retention
32. space
33. light
34. quiet
35. effect
36. development
37. frustrations
38. changes
39. engagement
40. annual

READING

Passage 1, Q1 - Q13

1. NO
2. YES
3. NOT GIVEN
4. NOT GIVEN
5. YES
6. stone tools
7. human genomes
8. land bridge
9. DNA
10. F
11. E
12. D
13. B

Passage 2, Q14 - Q26

14. C
15. B
16. A
17. A
18. C
19. D
20. C
21. A
22. bison
23. familiar
24. transformed
25. linguists
26. migration

Passage 3, Q27 - Q40

27. vii
28. i
29. ix
30. xii
31. iv
32. viii
33. xi
34. ii
35. x
36. their needs
37. Egyptian vultures
38. Problem-solving
39. retrieve food
40. pecking open

TEST 3

LISTENING

Part 1, Q1 - Q10

1 standard
2 8 (am)
3 unlimited
4 free
5 6.99 / 6.99 pounds
6 Richards
7 Hykeham
8 4RZ
9 6793
10 AQS

Part 2, Q11 - Q20

11&12 *IN EITHER ORDER*
    B
    C
13&14&15 *IN ANY ORDER*
    A
    B
    E
16 B
17 J
18 F
19 D
20 H

Part 3, Q21 - Q30

21 (very) diverse
22 senior teacher
23 help
24 notice
25 (personal) life
26 (so) helpful
27 (band) 9
28 finding mistakes
29 volunteers answers
30 bored

Part 4, Q31 - Q40

31 goods
32 wools
33 ecological
34 salt
35 2/3 / two thirds / two-thirds
36 Vikings
37 Scandinavia
38 England
39 sliver
40 silk

READING

Passage 1, Q1 - Q13

1 v
2 i
3 ix
4 iii
5 ii
6 vii
7 (more than) three quarters (3/4)
8 southern Europe
9 (the) elderly (people)
10 light and heat
11 (air) pollutants
12 (increased) physical
13 stress

Passage 2, Q11 - Q26

14 FALSE
15 TRUE
16 TRUE
17 TRUE
18 NOT GIVEN
19 (large) herbivores
20 permafrost
21 (the) rate
22 (warmer) summer (months)
23 (negative) consequences
24 extinction
25&26 *IN EITHER ORDER*
    C
    D

Passage 3, Q27 - Q40

27 iii
28 viii
29 i
30 v
31 ii
32 seafloor
33 alluvial clay
34 sand drains
35 (individual/concrete) tetrahedrons
36 178 million / 178,000,000
37 F
38 C
39 A
40 G

TEST 4

LISTENING

Part 1, Q1 - Q10

1 4 / four
2 2 / two
3 double
4 340
5 Farraday
6 15(th) November / November 15(th)
7 273 Stanbury
8 BS24 2JP
9 expensive
10 1.50

Part 2, Q11 - Q20

11 organic farms
12 sustainable
13 like-minded
14 mailing list
15 5 / five
16 food
17 B
18 B
19 A
20 C

Part 3, Q21 - Q30

21 H
22 A
23 E
24 F
25 G
26 stable
27 cheaper
28 25% / 1/4 / a quarter
29 slave trade
30 (the) Philippines

Part 4, Q31 - Q40

31-34
IN ANY ORDER
  D
  A
  B
  E
35 A
36 C
37 C
38 B
39 A
40 B

READING

Passage 1, Q1 - Q10

1 silhouette and location
2 (escalating) costs
3 (widespread) controversy
4 (wholeheartedly) embracing expressionism
5 broken eggshells
6 four years / 4 years
7 ground-breaking / groundbreaking
8 (a) vibrating entity
9 C
10 F
11 H
12 B
13 E
14 B

Passage 2, Q11 - Q20

15 B
16 C
17 A
18 D
19 B
20 genetic transformation / genetic modification
21 increase productivity
22 existing cultivars
23 genetic variability
24 leaf rust
25 disease resistance
26 30 years
27 different techniques

Passage 3, Q21 - Q30

28 every arena
29 response rate
30 five days / 5 days
31 quality of life
32 questionable validity
33 paper-based card
34 number codes
35 TRUE
36 FALSE
37 TRUE
38 NOT GIVEN
39 NOT GIVEN
40 TRUE

Sample Answers for Writing Tasks

TEST 1

WRITING TASK 1

The line graph illustrates the numbers of students from several parts of the world who studied at a language school from 1987 to 2017.

Overall, the number of Mexican students studying at the language school was the highest, while Vietnamese students were the fewest over the whole period.

In detail, the number of Mexican students enrolled in the school stood at around 65 in 1987. After a decade, this number rose steadily to reach 72 and then remained stable until 2017. In the meantime, both the figures for Japanese and Chinese students were 24 and 32 respectively in 1987. However, they showed a considerable rise to 40 and 60 from 1997 to 2017.

On the other hand, the situations of European and Vietnamese students were different. Even though there was a slight increase in the number of European language students from 60 to 72 between 1987 and 1997, the number fell significantly to hit a low of 21 in the final year. Meanwhile, the number of Vietnamese students was lower than 10 over the given period.

WRITING TASK 2

While it is often said that pursuing a high-paying but monotonous job has several advantages, others insist that is it better to have a lower paying but enjoyable job. However, I would contend that having a well-paid job is much better when considering the quality of life.

To begin with, there are several reasons why some people pursue a lower paying job. First of all, well-paid jobs usually require managing a heavy workload. When people have tasks piled up, they often feel burdened and stressed. It is because they do not have any time to look for something that are related to their interests and skills. Moreover, people nowadays usually work to enjoy their lives. In other words, most people work to pay for their necessities, education, and hobbies. Thus, people would not want to have a job that gives them a lot of stress which can bring them physical and mental illness.

On the other hand, there are clear benefits of pursuing well-paid jobs. Firstly, money usually makes people motivated. Highly paid people often have more opportunities for their hobbies and education to specialise themselves in their fields. If earnings are only enough to afford basic needs, people would not be able to fulfil other goals such as buying homes, cars, and education. Also, when someone gets a high paying job whether it is monotonous or not, it is obvious that the job will be respectable and of high status. This can give a chance to work in a healthy working environment which nurtures his or her knowledge and skills.

In conclusion, even though some argue that lower-paying but enjoying jobs are better, it is clear that having a well-paid but monotonous job can make people feel motivated and secure. Hence, people should consider several benefits that high-paying jobs provide.

T E S T 2

WRITING TASK 1

The bar chart compares the percentage of men and women who do six different types of sports regularly on a weekly basis.

It is clearly seen that football, cycling and jogging are more popular among males while more females are engaged in tennis and group sports than their male counterparts.

In detail, 70% of males ride a bicycle weekly compared to females with only 35%. The percentage of males who play football regularly is much higher than that of females with its figure being at almost 30%. A similar pattern can be seen regarding jogging. Approximately 40% of males enjoy jogging on a weekly basis, but less than a fifth of females jog regularly.

Meanwhile, the figures for tennis and swimming show reverse patterns. The percentage of females who play tennis weekly is about 35%, which remain slightly ahead of their male counterparts (30%). Also, just over 40% of females enjoy swimming compared with their male counterparts (approximately 25%). It is noticeable the majority of women are engaged in group sports regularly while only 5% of men do these sports.

WRITING TASK 2

Over the last few decades, global warming has become a serious worldwide issue. Some people argue that governments in the world should make a joint effort as soon as possible in order to tackle this issue, and I totally agree with this opinion.

To begin with, there are some arguments to support the idea that government intervention alone will not fight global warming. Without the help of individuals, it will not be useful to implement strict regulations on factories emitting hazardous gases or conduct campaigns to change people's awareness of using more public transport or planting more trees to cool the planet's temperature down. In addition, governments should focus more on tasks directly related to citizens' safety and benefits. For example, many people around the world still suffer from civil wars or famine. Therefore, it is often said that government's priorities are to improve their citizens quality of life and social security, and global warming is not an urgent global problem.

However, I firmly believe that governments all over the world should play a significant role in slowing down the global warming process and sustain the environment for our future generations. One of the reasons is that the speed and extent of global warming is on an unprecedented scale and consequently a warmer climate is changing weather patterns. In many parts of the world, many types of disasters such as floods or droughts pose a threat to human beings. Moreover, its damage is more substantial to people who live in poverty. Therefore, it is time for governments in the world to take action immediately before it is too late. Another reason is that governments have more power than individuals in calling for global cooperation and regulating businesses that exploit natural resources and cause greenhouse gases such as carbon dioxide. Thus, environmental problems including global warming should be dealt with on a global scale.

In conclusion, although there are a lot of challenging tasks that governments should undertake at present, I am convinced that it will be too late if governments around the world do not prioritise the problem of climate change and global warming.

130

TEST 3

WRITING TASK 1

The two plans describe the changes that took place in a university campus between 1975 and 2019.

Overall, the most significant feature of the plans is that the school campus became simpler. Also, the library, faculty of engineering and faculty of science remained unchanged.

In detail, in 1975, there was a library, a post office, a gym and the faculty of engineering in the centre of the campus. Also, there were several facilities in the east. A bank and the faculty of science were located across from the library, while the faculty of arts and students' union were in the south-east. Lastly, several accommodation blocks took up a large area of the campus on the western side.

On the other hand, after 44 years, the school removed accommodation blocks to use the campus more efficiently, while the library, the faculty of engineering and the faculty of science remained in the same place. In place of the bank and post office, new cafes were opened. On the right side of the plan, a huge gym and a student union building were constructed. Interestingly, the faculty of arts was added in the south-east of the campus so that the school can accommodate more students.

WRITING TASK 2

It is often said that more business activities are taking place at home these days. There are some reasons why this is happening, and I believe that the changes can be seen as a regression.

To begin with, there are several reasons why an increasing number of people choose to do business activities at home. First of all, telework offers staff increased flexibility and full control of their schedules. For instance, working mothers find it incredibly helpful for them to multitask between looking after their children and joining meetings to keep abreast of developments in the company. Furthermore, allowing staff members to work from home could help companies economise on expenditure. In other words, companies that are mainly operated on the internet can save costs on electricity bills, printed documents and equipment for meetings or training procedures.

On the other hand, not all aspects of this trend are helpful for business. Firstly, relying on telecommuting can be a hindrance as there might be failures in the flow of information. To illustrate, not many people can afford all the equipment that is offered by companies. Therefore, lagging connections or computers crashing can cause disruptions and reduced productivity. In addition, lack of direct guidance can prevent people from fully grasping business skills. It is because employees receiving training cannot apply what they are taught on the internet. They can also be clumsy in their actual performance since there is no one to show them whether they are doing it right or wrong.

In conclusion, even though working from home may bring about some positive effects, it is clear that most impacts will be detrimental. However, this trend is likely to continue due to increasing demands towards the flexibility that telecommuting provides.

TEST 4

WRITING TASK 1

The flowchart illustrates the process of generating electricity using wind turbines.

There are six distinct stages in the process of converting the wind into electrical power, beginning with the turning blades of turbines, and ending with distribution to users.

At the first stage in the process of electricity generation using the wind, when the wind blows, turbines which have three blades capture kinetic energy from the wind and then their blades rotate to convert it into mechanical power. The sensor which is placed in the tower is controlled by a computer so as to maintain the speed and range of the wind. Next, the turbines spin generators which create electricity at a low voltage, 690V. Once electricity has been produced, it is moved to transformers in order to increase voltage for transmission to the national power grid over long distances. After this, the electricity is delivered to local transformers which reduce the voltage by distribution lines. Finally, it is distributed to homes, offices, farms etc.

WRITING TASK 2

Nowadays, young people are under a lot of pressure in many parts of the world. There are several causes behind this phenomenon, but it is my belief that parents and teachers can come up with effective solutions for reducing their stress levels.

There are several underlying causes of childhood stress. First and foremost, young people feel pressure from parents to succeed and achieve. It is often seen that most parents tend to encourage their children to do well at school, hoping for them to enter a prestigious university and then get a decent job. If they fall behind with their study at school or have low marks on exams, they will be disappointed and afraid of failure. In addition, peer pressure from friends and classmates can be a major influence on adolescents. It is natural that young people are greatly affected by their colleagues and want to feel a sense of belonging. However, making friends can be difficult and therefore some children can become stressed by trying to fit into a group of other classmates.

In order to relieve young people's stress and increase their well-being, I believe that parents and teachers should play an important role. Some parents set unachievable academic goals and expect their children to do too much, without considering their capabilities. These expectations can lead to a lot of stress for students. Therefore, parents should encourage them to pursue realistic academic goals as well as respect their opinions. Also, teachers should give great care to those who have problems with their classmates and help them to express their feelings and overcome fears of alienation from their peer groups.

In conclusion, children and teenagers feel under a lot of pressure due to academic and peer pressure in modern society. Thus, it is highly important that teachers and parents make continuous efforts to reduce academic stress and understand their current anxiety and fear from that pressure.

Sample Answers for Speaking

TEST 1

PART 1

Examiner	Tell me about where you live. Is it a flat or a house?
Candidate	I live in an apartment. It has three bedrooms and two bathrooms with a spacious living room and kitchen. It's on the 10th floor, I like it.
E	What is your favourite room, and why?
C	My room is the best place for me. I love relaxing on my bed and watching a movie. And I need space from my family sometimes, so this is my favourite room.
E	What are the advantages and disadvantages of living in your home?
C	Well, the thing I like about my place is the view, I can see a mountain from my living room window. The disadvantage is the kitchen; it's a little cramped. I really enjoy cooking so some extra space would be great.
E	Do you usually celebrate your birthday?
C	Yeah, I normally eat out with my family on my birthday. Sometimes we celebrate on the weekend before my birthday. Also, my mother makes seaweed soup on the day of my birthday.
E	What did you do on your last birthday?
C	I went to a barbecue restaurant with my family; we love going to these kinds of restaurants because we are all meat-lovers. I really enjoyed that day.
E	Do most people celebrate birthdays with a party in your country?
C	I don't think so, people usually have dinner with family or close friends rather than having a party. Although, children usually have birthday parties with their classmates when they're in kindergarten or elementary school.

PART 2

C	I've been on a few memorable holidays but the one I'm going to talk about today is when I went to Vietnam with my two close friends. It was last October, we decided to take a few days off work and head to Danang, a beach city in Vietnam.
	We landed on a Wednesday and stayed until the Sunday, so it was 4 nights in total. It wasn't long but we had a great time there.
	When it comes to what we did on this holiday, we ate a lot of authentic Vietnamese food like rice noodles and bun cha. We also went to a few street markets that sold food, clothes, and all kinds of souvenirs. I bought a lot of stuff for my family; it was fun haggling with the sellers.

I definitely can't forget this holiday because of the weather. We expected a sunny beach holiday, but it actually rained the whole time we were there. Every day there was a thunderstorm! At first, we were a bit annoyed, but we made the best of it.

PART 3

E   Do people in your country like to go travelling?

C   Yeah, of course. Korean people love travelling to other countries. These days it's common to go to South-East Asia because the climate is hot all year round and it's not too far from Korea.

Also, people need a break from their daily routine of working or studying, I think travelling is a great way to refresh.

E   How do people tend to choose their holiday destinations?

C   Well, I think budget is the main factor. People see how much they can afford before they choose their destination. There's a big differencea between 4 days in Japan and 2 weeks in Australia.

As well as that, weather is important. During winter it's freezing in Korea, so people like to go to warmer locations.

E   Why do some people prefer to stay at home than travel abroad for their holidays?

C   I guess it's because travelling is quite tiring; you have to take buses, planes, or trains to get to your destination. Plus, walking around a new place can be stressful if you don't know the language or culture.

Some people don't like to go outside their comfort zone, they prefer to stay home and fully relax during holidays.

E   How has travel changed these days compared to several decades ago?

C   Yeah, definitely. Travelling has become much more affordable; almost anyone that is working can afford to take a trip abroad. Whereas, several decades ago it was different, only the wealthy could travel.

Also, because of the internet it's so much easier to get information about other countries so you can find restaurants or activities before you go there.

E   Do you think the tourism industry is important?

C   Absolutely. Some countries really rely on tourism, without tourists it can lead to job loss in hotels, restaurants, shopping malls, etc. As well as that, tourism makes a place lively and exciting, so I think there are a lot of advantages of tourism.

E   What would you suggest that people should or should not do when they travel to a foreign country as a tourist?

C   I would say they should learn a few phrases of the local language, simple things like 'please' and 'thank you'. I think locals appreciate when tourists make an effort.

As for what they shouldn't do, obviously they shouldn't break the law or disrespect the local culture. They should follow the rules like the locals do.

TEST 2

PART 1

Examiner What hobbies do you have?

Candidate I'm really into playing sports; I usually play tennis twice a week with my colleagues. It's good fun and it keeps me healthy. I'm also a big movie fan so I go to the cinema at least once a week.

E Do you think it's important for people to have a hobby? And why?

C Of course, hobbies help people release their stress from work or study. I believe having a hobby keeps a person's mind healthy.

E Do you have different hobbies now from when you were a child?

C Yeah, when I was a child, I used to play basketball a lot, but I never play these days. Also, I read a lot of comic books in elementary school, but I grew out of it in middle school.

E What hobbies are popular in your country?

C Playing sports is a common hobby in Korea. I can always see people playing soccer or badminton when the weather is nice. Also, hiking is very popular among the older generation as mountains are very easy to access in Korea.

E Do you like shopping? And why?

C I do, yeah. I enjoy the feeling of buying something new, it always cheers me up if I'm feeling down. I mainly buy clothes or shoes when I go shopping.

E Do you prefer shopping on your own or with other people? And why?

C I prefer to shop alone. If I go shopping with other people, then I feel like I should hurry. Whereas, when I go alone, I can take my time and go to whatever shop I want.

PART 2

C Today I'm going to talk about my favourite meal. It's called deok-guk. Deok means 'rice cake' so it's rice cake soup.

Families usually have deok-guk together on Lunar New Year's Day to celebrate the beginning of the year. It's eaten like a normal soup with some rice inside, it's a hearty meal.

The ingredients are rice cakes, garlic, sliced beef, eggs, some seaweed, salt, and sesame oil. It's all boiled together in water until all the flavours mix together. I think it's pretty easy to make but to be honest my mother usually makes it for our family. According to her, the amount of water is really important. The broth is white, and it is said to symbolise a fresh start to the year, perhaps that's why it became a tradition.

The main reason I like it is that it has been a tradition in Korea since the 18th century. In my opinion, it's important to keep traditions and not forget the past.

Also, it's not usually eaten on other days, so when I eat it, I feel like it's an important day.

And every time I eat deok-guk, I'm surrounded by my family, so I associate it with family time.

PART 3

E Do you think fewer people cook their own food now than in the past?

C Yeah, I really think so. People are busy these days so many people don't have time to cook; working overtime is common in Korea so people are exhausted when they get home.

Also, delivery apps have developed a lot in recent years so people use these because of their ease and convenience.

E How do you think cooking is different now than in the past?

C That's an interesting question. I guess ingredients are more various these days; people like experimenting and making fusion food. Whereas, in the past cooking was more basic; it was just about getting energy.

E Some people argue that cooking shows on TV have had a positive impact on society while others disagree. What is your opinion?

C I would say they've had a positive impact on people's diet because these shows often introduce tasty, healthy food. I'm sure that some people get inspired to cook because of these shows so that's definitely good for society.

E Do you think eating habits will change in the future?

C I don't think so. People will continue to eat fast or instant food because they are cheap and delicious. Due to society being so hectic, it will be hard to break these habits and go back to healthy, homecooked meals.

E What do you think can be done to improve young people's attitudes to food and healthy eating?

C Schools can play a big part in this; they should ban junk food on school grounds and reward students for eating healthily. I think this can encourage students to care about their health.

Parents also have a responsibility to ensure that their kids eat nutritious food at home.

E Do you think people receive enough education about healthy eating in your country?

C I don't think so at all. This sort of topic is often overlooked in schools or in society in general. There is more of a focus on work and education rather than being healthy.

Having said that, people know what is healthy and what isn't, but some people don't care much about it.

TEST 3

PART 1

Examiner Can you describe your hometown to me?

Candidate My hometown is Seoul, it's the capital of Korea. It's a huge city so there's always something to do. There are nice restaurants and cafes on every corner, and along the Han river is green and scenic. It's comfortable to live here.

E What can you do in your free time in your hometown?

C There's so much to do in Seoul; you can go to an art museum, catch a movie, eat some tasty food, almost anything. It's hard to feel bored in Seoul.

E Do you see yourself living in your hometown in the future?

C Well, I plan to study abroad for a couple of years, but I think I'll eventually move back to Seoul. I want to live near my family when I get older.

E What's your favourite food? And why?

C Korean food is my favourite, I really like spicy soup and rice-based dishes, so Korean food is perfect for me. The dish I like the most is spicy pork with rice and vegetables.

E Do you like any food that you used to dislike when you were a child?

C Yeah, when I was a kid, I was really picky; I didn't like vegetables at all. But now I try to eat a lot of vegetables with my meals, and I actually enjoy eating them.

E What is a popular dish in your country?

C I think the most traditional dish is Kimchi stew. It's a spicy stew with fermented cabbage, meat and vegetables all boiled together served with rice. The combination of flavours is great.

PART 2

C There are lots of well-known people in Korea that are liked by the public, but for me there is one person who I admire. That person is Yuna Kim, she was a professional figure skater, but now she is retired.

She has won numerous medals throughout her career including Olympic gold and silver medals in 2010 and 2014. As well as this, she has broken so many world records in her sport over the years. In Korea, before she became famous, figure skating wasn't very popular, but she has single-handedly raised the profile of the sport.

As well as being a star athlete, there is another reason that Yuna Kim is so popular, and that is because of her amazing charity work. In an era where people love to flaunt their wealth, it is great to see a famous athlete be a good role-model for young people.

I really look up to her because of her personality. She helps disadvantaged children and encourages people to give what they can. I think when she speaks, people listen; probably because of her reputation as a down-to-earth, respectful person.

PART 3

E   What kind of people are famous in your country?

C   People who are talented singers or actors tend to become famous in Korea. I guess it's like any other country; people look up to their favourite bands or actors.

Also, sports stars are incredibly popular here, I'm sure you've heard of Son Heung-min, the Tottenham player. Korean people really worship him because of his footballing ability.

E   Do you think celebrities are more influential now than they used to be?

C   Yeah, I would say they are. Because of the development of the internet and TV, they are more connected to the public than they used to be. Take Instagram for instance, celebrities can connect with and send messages to their followers with a few simple clicks. This fact definitely makes them more influential.

E   Do you think celebrities have a responsibility to act as role models for society?

C   This is a tricky question. Celebrities should be free to act how they like but if children look up to them then it's different. For example, if children admire an actor then this actor should try to act well when they're in the public eye. Since children are impressionable, they can easily imitate celebrities.

E   Do you think we should respect famous people's privacy?

C   Yeah, I strongly believe we should. Famous people are still people and they have a right to a private life. Also, famous people can become stressed or depressed if their private lives are invaded by the media or public.

E   Why do you think people are so interested in the private lives of famous people?

C   I think curiosity is human nature; people see singers on stage or actors in movies and they wonder about their personal lives. Plus, some fans are really obsessed with these celebrities; for example, in Korea K-pop is a huge industry and there are so many fanatics that want to know everything about their favourite singers.

TEST 4

PART 1

Examiner	Do you work, or are you a student?
Candidate	I currently work as an engineer.
E	Where do you work?
C	I work for Samsung; my workplace is located in Suwon which is about 30 minutes from Seoul.
E	Do you prefer to work alone or with other people? And why?
C	Well, I believe I work better in a group because I can get motivation and energy from others. If others are depending on me then I tend to be more efficient.
E	Do you think you'll be doing the same job ten years from now?
C	Yeah, I hope so. I love my job, so I have no plans to change in the future. Although it's hard to be certain about the future, I don't want to change right now.
E	Are clothes important to you?
C	Yes, I'm quite into fashion; I believe it's important to dress neatly as it gives off a good impression. Plus, it gives me a confidence boost when I wear nice attire.
E	Do you wear the traditional clothes of your country?
C	No, not these days. When I was a kid, I used to wear traditional clothes on special Korean holidays, but now that I'm an adult, I never wear them.

PART 2

C	I'm going to describe a gift that I gave to someone. It was about 3 years ago; I gave my mother a new laptop for her birthday. It was her 60th birthday, which is very special in Korea, so I decided to buy her an expensive gift. I usually just buy her flowers and a small gift, but I decided to splash out that time.
	My mother already had a laptop, but it was quite old and slow; it took ages for it to start up and it froze from time to time. I remember I used it a couple of times and it drove me crazy; I don't know how she used it for so long.
	So, I went to a local computer store to check out their products; they had a really wide selection, so it was hard to make a decision. The salesman was trying to sell me a Samsung model; he explained all the capabilities and said it was the best in the store. But it was a little pricy, so I decided to think about it for a day.
	In the end, I went back and bought it and I'm glad I did because my mother was over the moon when she got it. She's crazy about it and uses it to video chat with my brothers and her grandchildren.

PART 3

E   Why do people give presents in our society?

C   Well, I think the big reason is to show that they care about someone, a present is a good way to show this. Also, sometimes people give gifts because they feel like they have to, people feel under pressure to buy gifts from time to time.

E   How important is it to give gifts to people in your country?

C   I guess it's like most countries; people give gifts to their loved ones on birthdays and special occasions. I would say the importance depends on the relationship; if you're close to someone then I think it's important to give a gift.

E   Do you think gift giving has changed since your grandparents were young?

C   I believe it has. When my grandparents were young it was very different; people didn't have much money to spend on gifts. Buying food and necessities were more important.

Whereas, these days people have more disposable income so they can afford to buy fancy or luxurious gifts. People seem to be more materialistic these days.

E   Which is more important when you are choosing a present, cost or effort?

C   For me, effort is more important as it shows how much you care about someone. For example, handmade gifts take a lot of time and effort, so I believe this is more important than just spending a lot of money.

E   Do men and women like different types of gifts?

C   I don't think so. Electronic gadgets or designer clothes are popular among men and women in Korea, so I don't think there are any differences. Last year the most popular gift was a pair of Airpods; I can see so many men and women wearing them. I think it's hard to separate men and women in this way.

Test 1

LISTENING

PART 1   *Questions 1-10*

아래의 노트를 완성하시오.

각 문항별로 **하나의 단어나 숫자만** 기입하시오.

🏢 불만 신고서

주문 번호: *254 8066 94X*

우편번호	**1** _____
성	**2** _____
품목명	**3** _____ Vintage
색깔	**4** _____
배송일자	**5** _____
사유	찬장에 검은 **6** _____ 문이 제대로 **7** _____ **8** _____ 손잡이가 떨어져 나갔음
방문일자	**9** _____
방문일시	**10** _____

PART 2   *Questions 11-20*

Questions 11-15

숫자를 문자와 일치시켜 아래의 도표를 완성하시오.

A	자습 공간
B	경리부
C	체육관
D	실험실
E	카페
F	휴게실
G	식당
H	학생 지원실

11

12

13

14

15

Questions 16-20

다음 질문에 대답하시오.

각 답변별로 세 단어 이상 작성하지 마시오.

16 출석의 90%를 충족시키지 못하면 어떤 요구를 받을 수도 있습니까?
17 얼마나 자주 도서관에서 자습하는 것이 권장됩니까?
18 클럽에 가입하는 것 외에, 대학에 의해 운영되는 교과 과정 외의 활동은 무엇이 있습니까?
19 강의실에서 금지되는 사항은 무엇입니까?
20 대학 및 광장 견학은 몇 시에 진행됩니까?

PART 3 *Questions 21-30*

Questions 21-25

A, B 또는 C 중 알맞은 기호를 고르시오.

A 교수, 케빈, 루이자가 이렇게 생각한다.
B 교수, 케빈이 이렇게 생각한다.
C 교수, 루이자가 이렇게 생각한다.

21 청중들은 주의를 기울였고 열심히 들었다.
22 슬라이드에 적혀 있는 정보가 너무 많았다.
23 케빈은 매우 긴장했다.
24 루이자는 조금 더 명확하게 말할 수 있었다.
25 기술적인 부분에서 문제가 있었다

Questions 26-28

A - F 중 3 가지를 고르시오.

다음 중 전염병에 관한 발표에 언급된 **세 가지**는 무엇인가?

A 독감의 정의

B 전염병의 사례들

C 동물이 어떻게 질병을 확산시키는지에 대한 자세한 설명

D 예방법

E 전염병의 빠른 확산 원인

F 이러한 질병들을 어떻게 대처해야 하는지

Questions 29 and 30

A - E 중 2 가지를 고르시오.

다음 중 마지막 부분에 언급된 올바른 두 가지 위험 요소는?

A 과식과 비만

B 충분한 식량 공급의 부족

C 의사와 의료장비의 부족

D 비위생적이고 독성이 포함된 식품과의 접촉

E 에볼라 바이러스의 전파

PART 4 *Questions 31-40*

아래의 노트를 완성하시오. 각 답변별로 **한 단어**만 작성하시오.

늑대

일반적 정보
- 크기 - 최대 1.8미터
- 무게 - 최대 86킬로
- 털 - 두 개의 **31** _____
- 위의 층 - 먼지로부터 보호
- 물로부터 보호 **32** _____

특징
- 무리 지어 생활하는 동물, 무리 지어 사냥
- **33** _____ 할 때 함께 행동
- 육식동물, 사슴, 엘크, **34** _____ 먹음
- 설치류도 먹음
- 식사할 때 위계질서, 알파
- **35** _____ 먼저 식사
- 자식들을 위해서 음식을 씹고,
- **36** _____, 다시 뱉어냄

늑대 무리
- 무리는 하나의 가족으로 구성 - 혼자이면 합류할 수도 있음
- 25마리까지 가능하지만, 보통 10마리
- **37** _____ 와 울부짖는 소리를 통해서 영역을 표시함
- 빠르고 하루에 15 마일 이동 가능

서식지
- 유럽, 아시아, 북아메리카에 서식
- 숲, **38** _____ 산, 사막에서 서식
- 마을이나 도시 근처에서도 발견됨
- 사냥 때문에 영국에서 **39** _____

인간 공격
- 사람을 공격하는 경우는 드물다
- 도망치거나 뒤돌지 말 것
- 무서워하는 모습을 보이지 말 것
- **40** _____ 보이게 할 것

READING

READING PASSAGE 1

Questions 1-13은 20 분이 주어지며, 아래의 Passage 1에 기반하고 있습니다.

괴베클리 테페와 역사상 최악의 날

기술의 발전이 고고학 분야를 혁신적으로 발달시키고 있는데, 문명의 탄생에 대한 기존의 이해를 증진시키는 새로운 발견을 낳았다. 많은 학자들은 괴베클리 테페만큼 영향력이 큰 것은 없다고 주장하고 있다.

1963 년에 시카고 대학과 이스탄불 대학의 인류학자들이 터키 남부의 현지인들이 괴베클리 테페(터키어로 배불뚝이 언덕)라고 부르는 한 언덕 꼭대기를 조사했다. 그 지역 군데군데서 발견되는 석회암 판을 살펴본 인류학자들은 그 언덕이 폐허가 많은 레반트 지역(동부 지중해 연안의 옛 지명)의 흔해 빠진 비잔틴 제국 시대 묘지 중에 하나라고 결론지었다.

30 년후, 독일 인류학자 클라우스 슈미트가 놀라운 주장을 했다: "괴베클리 테페는 세계에서 가장 오래된 신전이 있는 곳이다." 이 지역에 대한 지구 자기적 조사에 따르면 원형으로 배치된 석회암 거석들이 11,600 년 전 만들어진 것으로 확인되었다. 이것은 스톤헨지, 기자 피라미드보다 7 천년을 앞선 것이며, 글쓰기가 발명된 것보다는 6 천년을 앞섰고, 농업의 발달보다는 5 세기가 더 빠르다.

슈미트의 발견이 시사하는 바는 매우 지대했고, 인류의 발전에 있어 인류 문명의 탄생이라고 불리는 신석기 혁명에 대한 기존의 고고학적, 과학적 이해에 대해 의문을 제시했다. "우리는 농경 문화가 도시 문명, 나아가서는 문명 전체에 영향을 주었다고 생각하는 경향이 있다."라고 찰스 만이라는 언론인이 2011 년

내셔널 지오그래픽 취재 기사에서 말했다. "괴베클리 테페는 숭배를 위한 강한 욕구가 문명을 촉발시켰다는 것을 보여준다." 스미소니언의 앤드류 커리는 슈미트와 함께 괴베클리 테페를 방문한 후 다음과 같이 말했다.

"학자들은 오랜 기간 인류가 정착한 공동체에서 농사를 짓고 사는 방법을 습득한 후에 비로소 인류가 사원을 건설하고 복잡한 사회 구조를 유지하기 위한 시간과 조직, 자원을 갖추었다고 믿어왔다. 하지만 슈미트는 그 정반대를 주장하고 있다. 사원을 건설하기 위한 광범위하고 조직적인 노력이 말 그대로 복잡한 사회의 발전을 위한 초석을 닦았다고 주장한다."

슈미트는 인류가 괴베클리 테페까지 90 마일 떨어진 곳에서도 순례하러 왔다고 믿었다. 하지만 여기에서 순례자들이 숭배하고 있는 것이 무엇이었는지에 대한 의문이 발생한다. 커리가 괴베클리 테페를 방문하고 난 뒤 다음과 같이 골똘하게 생각했다.

"초기 인류에게 무엇이 그렇게 중요했기에 돌무더기를 원형으로 짓기 위해(그리고 묻기 위해) 모여야만 했을까? 괴베클리 테페의 건설자들과 우리를 갈라놓는 격차는 상상할 수 없다. 나는 그들의 의미를 알기 위해서 무시무시한 거석들 사이에서 서보기도 했지만, 그들은 나에게 단 한 마디도 건네지 않았다. 그것들은 완전히 이국적이었고, 내가 이해하려고 해도 평생 이해하지 못할 방식으로 세상을 바라보는 사람들에 의해 배치되었다. 그것들이 무엇을 상징하는지 설명할 수 있는 출처가 하나도 없다."

2017 년 3 월 지중해 고고학과 고고 표본 연대 측정학 학술지의 한 기사에서 마틴 B. 스윗먼과 디미트리오스 시크리시스는 기존과는 다른 혁신적인 이론을 제시했다. 돌기둥들이 13,000년전 혜성이 지구에 충돌하고 그로 인해 빙하시대가 도래한 사건을 보여주고 있다는 것이다. The Younger Dryas Impact Event 라고 알려진 혜성충돌은 당시 수렵-채집 자원을 한 번에 고갈시켜버리는 범지구적 냉각기를 야기했고, 더 나아가 인류가 곡식을 경작할 수 있는 지역에 정착하도록 만들었다고 주장하는 가설이다.

천문학과 고고학적 시도를 결합하여 스윗먼과 시크리시스는 돌기둥에 새겨진 동물의 그림이 별자리를 묘사한 것이라고 주장했다. 돌기둥들 중 유명한 독수리 돌은 대재앙 당시의 밤하늘의 타임스탬프를 포함하고 있었기 때문이다. 컴퓨터 소프트웨어를 사용하여 스윗먼과 시크리시스는 동물의 조각을 별들의 패턴과 비교해보았고, 그들의 천문학적 해석에 부합하는 세 가지 연도를 찾아냈다. 기원전 4350 년, 기원전 10,950 년, 그리고 기원전 18,000 년 전이고 각각 250 년 전후의 오차가 있을 수 있다. 지역주민들이 큰 수고를 하지 않아도, 야생동물 이동 통로는 만들 수 있으며, 그것은 있는 그대로의 지형을 활용하고 주시되는 종들의 행동을 예측함으로 인간 거주지와 떨어뜨릴 수 있다. 이는 모든 문제에 윈-윈으로 응답하는 하나의 환경적인 혁신이다.

기원전 10,950 년이라는 날짜는 the Younger Dryas Impact Event 가 언제 일어났는지에 대한 최근의 가설과 부합하며, 독수리 돌이 스윗먼이 소위 "빙하기 이후 아마도 역사상 최악의 날"이라고 부르는 날을 묘사했다는 스윗먼과 시크리시스의 해석에 신빙성을 부여했다.

하지만 머더보드의 베키 페레이라가 보고한대로, 스윗먼과 시크리시스의 주장을 회의적으로 바라봐야 하는 이유가 있다. 그 중 하나로, 많은 학자들은 혜성의 충돌이 빙하기의 촉매 역할을 했다고 주장하는 the Younger Dryas Impact Hypothesis 을 받아들이지 않는다. 어떤 학자들은 그들의 주장을 뒷받침하기 위해 중요한 정보를 고의적으로 빠뜨린 것에 대해 스윗먼과 시크리시스의 연구를 비판하기도 한다. 괴베클리 테페 지역을 연구한 고고학자 젠스 노트로프는 그들이 혜성 충돌 이후 파괴되고 잃어버린 인류의 모습을 상징한다고 주장하는 독수리 돌의 머리가 없는 사람이, 잃어버린 삶의 상징이라고는 볼 수 없는 발기된 남자의 성기도 포함하고 있는 사실을 언급하지 않은 것에 대한 책임을 묻는다.

워싱턴 왈라왈라에 위치한 휘트먼 대학의 고고학자인 게리 롤레프슨은 이렇게 말한다. "괴베클리 테페와 수

메르 문명의 점토판(기원전 3300 년경에 조각) 사이에는 수메르 문명부터 현재까지의 시간보다 더 시간의 간격이 있다. 선사시대의 맥락에서 상징성을 찾아내는 것은 헛고생이다."

아마 그럴지도 모른다. 하지만 최근의 고고학적 발견이 증거라면, 우리는 고대 문명의 복합성과 역사적 궤도에 대한 우리의 가정에 의해 잘못 판단할 수도 있다. 시간이 말해줄 것이다. 그리고 기술이 그것을 도울 것이다.

Questions 1-5

아래의 질문에 대답하시오.

각 문항은 지문을 참고하여 **세 단어 이내**로 작성하시오.

지문을 읽고 그림의 1번부터 5번에 아래의 단어를 넣으시오.

1 괴베클리 테페라는 이름이 의미하는 것이 무엇인가?

2 괴베클리 테페에 있는 석회석 구조물들은 얼마나 오래된 것인가?

3 순례자들은 순례지까지 얼마나 멀리 이동했는가?

4 대략 13,000 년 전 일어난 사건에 어떤 이름이 붙여졌는가?

5 수메르의 점토판은 언제 만들어졌는가?

Questions 6-9

하단의 진술들은 괴베클리 테페(Questions 6 to 9)에 관한 진술과 고고학자의 명단입니다.

각각의 진술과 부합하는 고고학자를 **A-E** 중 하나와 연결하시오.

6 돌기둥의 의미를 파악하려는 그 어떠한 시도도 무의미한데, 그것들은 너무 오래되었기 때문이다.

7 독수리 돌은 대재앙을 묘사하는 것이 아닐 수도 있다.

8 돌기둥의 그림들은 전 지구에 발생한 사건을 묘사한다.

9 문명의 기원에 관한 기존의 이론은 잘못되었다.

고고학자 명단
A 클라우스 슈미트
B 앤드류 커리
C 스윗먼과 시크리시스
D 젠스 노트로프
E 게리 롤레프슨

Questions 10-13

다음의 진술들이 **Reading Passage 1**에 주어진 정보들과 일치합니까?

TRUE 주어진 정보와 일치한다면

FALSE 주어진 정보와 모순된다면

NOT GIVEN 해당 내용에 관한 정보가 주어지지 않았다면

10 비잔틴식 공동 묘지는 레반트 지역에서 흔히 볼 수 있다.

11 기자의 대피라미드는 글쓰기가 발명된 지 1 천년 후에 건설되었다.

12 괴베클리 테페로 향하는 순례길은 일주일 이상 걸렸다.

13 The Younger Dryas Impact Event 은 지구의 기온을 오르게 만들었을지도 모른다.

Questions 14-26 은 20 분이 주어지며, 아래의 Passage 2 에 기반하고 있습니다.

토착 언어가 온라인에서 살아남을 수 있게 돕고 있는 앱들

다국어 웹은 세상에 존재하는 7,000 여개의 언어의 디지털 집을 찾는 것을 의미한다.

세계화된 세상에서, "국제 언어"는 점점 더 주목을 받게 되었고, 종종 더 작고, 지역적인 언어와 방언을 희생시켰다. 가장 최대로 추산했을 때 대략 7 천개 정도의 지구상 언어 중에, 온라인에서 오직 수 백개 만이 사용되고 있으며, 그 중 더 적은 소수의 언어만이 지배적인 위치에 있다.

오랜 기간 "비즈니스의 언어"로 불린, 후에는 인터넷의 링구아 프랑카(cf. 모국어가 다른 사람들이 서로 의사소통하기 위해 공통적으로 배우는 언어)라고까지 알려진 영어는 영향력이 점차 감소하고 있다. 그럼에도 불구하고 인터넷 상에 존재하는 모든 웹사이트의 30~40%는 여전히 영어를 사용하고 있다. 표준 중국어(북경어)는 온라인 영향력을 점점 키워가는 중이고, 이는 오프라인에도 영향을 미치고 있다. 다른 거대한 언어들인 아랍어, 스페인어, 러시아도 북경어와 마찬가지다.

하지만 아직 디지털화되지 않은 다른 언어들은 어떻게 될까? 사용 범위가 좁고, 문화적으로 한정적인 언어들이 현대에도 의미가 있을까? UN 의 세계문화유산기구인 UNESCO 는 작은 언어들이 밀려나는 것을 경고하고 있다. 문화적으로 심각한 문제인데, 두 달마다 한 개 꼴로 언어가 소멸하는 것으로 여겨지고 있다.

여기, 기술이 가능한 해결 방안을 제시할 수도 있다. 전 세계의 소수 집단은 그들의 전통 언어를 유지하기 위해서 굉장히 열심히 노력해 왔다. 여기서 언어의 유지는 언어의 일상적인 사용을 말한다. 그리고

많은 경우, 모바일 앱이 현대적인 맥락에서 전통 언어의 사용을 증가시킬 수단으로 주목받았다.

"언어의 보존과 활성화가 그 어느때보다 중요하다. 사실, 우리는 위험에 처했던 언어들이 다시 돌아오는 모습을 보고 있다." 북아메리카에 위치한 오대호 북쪽의 큰 지역 토착민 집단인 오지브웨이 족인 캐나다 기술사업가 데릭 박스터가 말했다. 그의 회사인 Winnipeg-based Ogoki Learning Inc.는 140 개의 앱을 개발했는데, 그중 30 개가 아메리카 원주민 언어를 겨냥하고 있다. 그들의 Ojibway People and Languages 앱은 아이폰, 아이패드, 안드로이드, 윈도우, 애플 티비에서 약 백 만의 다운로드 수를 기록했다. 박스터는 앱들이 젊은 세대 사이에서 유명하지만, 기성 세대의 지지를 받고 있다고 말한다. 그는 덧붙였다. "우리는 앱에 포함된 사람들을 기반으로 하여 부족 출신 직원을 교육해서 앱을 업데이트하고 더 많은 단어들을 추가하게 하고 있다."

캐나다의 다른 지역에서는 the First People's Cultural Council 이 브리티시 컬럼비아의 토착 언어와 문화의 활성화를 돕기 위해 일하고 있다. 이를 위해, 다양한 핸드폰 앱을 개발하여 13 가지 언어의 사용을 지원하고 있는데, 그 중에는 Ehattesaht(오직 밴쿠버 섬의 사용자 200 명 밖에 없어 유네스코가 멸종 위험이 높다고 여기는 언어)와 주 내부에 다양한 능력을 가진 1,300 여명의 사용자가 있는 Secwepemc 도 있다.

각 언어마다 두 가지 앱이 존재한다. 해당 언어의 사용자가 소셜 미디어, 이메일, 문자 메시지를 자신의 언어로 소통할 수 있게끔 만들어진 특화 자판, 그리고 사전 앱이다. 사전 앱은 First Nations 커뮤니티의 구성원들이 문자와 오디오 형식으로 단어를 녹음하거나 배울 수 있게 해준다. 그렇지 않으면 잊힐 수도 있기 때문이다.

문화 위원회의 에미 맥밀란은 말한다. "대부분의 토착 언어 글쓰기 체계는 기존의 모바일 기술에서는 불가능했던 독특하고 독창적인 문자를 사용한다. 키보드 앱은 사람들이 디지털의 영역의 일상에서 조상들의

언어를 사용할 수 있게 만들어주고, 토착 언어에 대중적인 존재감과 가시성을 제공한다."

캐나다 인구 조사에 따르면 이와 같은 앱은 토착 언어를 사용하는 사람들의 숫자가 증가하는 데 한 몫을 하고 있는 것으로 보인다. 26만 550명의 사람들이 이 언어들 중 하나나 그 이상을 사용할 수 있고, 이는 그들의 모국어로 하나나 그 이상의 토착 언어를 사용한다고 조사된 20만 8720명보다 많다. 동시에, 토착 언어를 사용하는 연령의 중간값이 점점 더 낮은 값을 기록하고 있는데, 이는 새로운 세대가 토착 언어를 많이 배우고 있음을 보여준다.

호주 서부, 대륙의 북서쪽 해안의 야우루 원주민 무리의 토착 언어를 사용하는 원어민들의 숫자가 한자리 수로 떨어지는 모습을 보였다. 이 귀중한 문화적 지식이 소멸하는 것을 방지하기 위해 지역 언어센터 마부 야우루 은강가는 소프트웨어 회산 Thoughtworks와 협업하여 미래 세대를 위해 언어를 보존하기 위한 무상 공개 앱을 개발했고, 이 앱은 상을 받았다. 이 앱은 "게임화" 기술을 사용하여 젊은 세대에게 어필하고, 사용자들이 언어 기술을 발달시키게끔 장려했다.

의도는 앱의 체제가 쉽게 수정되고 다른 언어 그룹에 의해 재배치될 수 있게 하는 것이다. 브룸보다 더 북쪽에 위치한 쿠눈누라 지역의 미리웡 공동체의 언어도 역시 심각한 멸종 위기에 처해있고, 이를 위해 제작된 두 번째 앱은 이미 출시되었다. Thoughtworks는 다섯 개의 다른 앱이 개발 중이라고 전했다.

비슷한 시도가 북극 스칸디나비아의 사미족에 의해 시도된 적이 있다. 이 지역은 방언에 따라 언어의 사용이 매우 광범위하다. 북쪽 지역의 사미족은 대략 2만명의 사용자가 있지만 Ume와 Pite Sami 같은 몇몇 언어들은 마지막 원어민이 나이가 들고 사망함에 따라 점점 더 멸종에 가까워지고 있다. 그 곳의 캠페인 지지자들은 잘 알려진 멤라이즈 앱의 인프라를 활용했다. 이 앱은 현재 Lule, 북쪽, 남쪽, Ume 방언에 대한 강좌를 제공하고 있다.

영국 만 섬의 토착 언어인 망스를 사용하는 마지막 원어민이 1974년에 사망했고 UNESCO는 2009년에 공식적으로 고대 언어가 소멸했음을 선언했다. 하지만 그 이후 주목할 만한 회복세를 보였고, 심각한 위험단계로 재분류되었다. 언어가 죽음으로부터 살아 돌아온 것이다: 최소한 1천명이 해당 언어에 대한 약간의 지식을 가진 것으로 추산하고 있다. Heritage body Culture Vannin은 수업 교재로 어학강좌와 노래방 스타일의 글씨를 강조하는 방식을 통한 노래와 라임 모음집, 두 개의 모바일 앱을 개발했다. Culture Vannin의 언어 담당자는 다음과 같이 말했다. "이 두 가지 앱은 현재 언어의 움직임이 얼마나 역동적이고 최첨단인지 보여주는 또 다른 예이다."

현대의 기술은 현대의 언어만을 위한 것이 아니다. 수 백의 고대 언어들은 역경을 이겨내고 살아남았다. 고대 언어 사용자들은 식민지주의와 수 세기에 걸친 박해를 견뎌내야 했다. 지금, 새로운 세대는 조상들의 언어를 유지하기 위해 현대적인 도구들에 의지하고 있다.

Questions 14-21

아래의 도표를 완성하시오.

각 문항별로 지문으로부터 **세 단어 이상 작성하지 마시오.**

언어의 이름	사용되는 지역	사용하는 사람의 수	앱 세부사항
14 _____	밴쿠버 섬	15 _____	키보드와 사전 앱
야우루	16 _____	한자릿수	젊은 사람들을 끌어들이기 위해 17 _____ 을 사용함

북 사미	**18** _____	대략 **19** _____	멤라이즈 앱의 기본적 구조에 기초함
20 _____	만 섬	최소 1천명	두 가지 핸드폰 앱: 언어 강좌와 **21** _____ 모음집

Questions 22-26

아래의 **A-G** 중 올바른 마지막 부분을 골라 각 문장을 완성하시오.

A-G 중 올바른 것을 고르시오.

22 앱을 사용할 수 있는 영국의 원어민들은

23 호주의 토착 언어를 사용할 수 있는 사람들의 평균 나이는

24 호주의 소프트웨어 회사는

25 북극 스칸디나비아 반도의 사미족은

26 UNESCO 에 따르면, 망스 언어는

A	다양한 지역 방언을 사용한다.
B	이미 7 개의 언어 앱을 만들어냈다.
C	2009 년 이후 멸종했다.
D	지역 공동체와 협업하고 있다.
E	현재 매우 위험한 상태에 처해있다.
F	새로운 어휘를 읽고 듣는다.
G	줄어들고 있다.

READING PASSAGE 3

Questions 27-40 는 20 분이 주어지며, 아래의 Passage 3 에 기반하고 있습니다.

거짓 라벨링이 슈퍼 푸드의 진실을 가린다

호주는 잘못된 건강에 대한 상식으로부터 소비자를 보호하기 위한 더 효율적인 식량 규제 시스템이 필요하다.

A 정말로 아마존 깊은 곳에서 나는 작은 보라색 베리가 우리의 콜레스테롤을 낮추고, 뇌의 활동을 촉진시키고, 머리, 피부, 손/발톱을 고쳐주고 이 모든 것을 하는 동시에 노화의 위험으로부터 우리를 보호해 줄 수 있을까? 아사이 베리 제품의 마케팅 담당자들에 의하면, 가능하다. 이 작은 베리를 주력으로 하는 식품은 세상에게 위의 효능을 약속하지만, 이러한 주장들과 소위 말하는 '슈퍼 푸드'가 정말 믿을 수 있는 것일까?

B 애석하게도, 아니다. 과학은 이러한 주장들이 잘해봐야 과잉 설명일 뿐이고, 최악의 경우에는 오해의 여지를 남기거나 아예 거짓이라는 것을 보여준다. 최근의 연구는 호주의 현재 식량 규제 체계가 소비자들을 '엉터리 음식'으로부터 충분히 보호하고 있지 못하다는 것을 보여준다. '엉터리 음식'이란 경제적 이익을 위해 제품에 대해 오해의 여지가 있거나 거짓인 진술을 하는 것을 말한다. 비만과 당뇨의 발생이 많아지는 상황에서 '건강한' 음식을 선택하고자 하는 소비자들이 점점 더 불안해하고 있다. 우리는 가능한 범위에서 가장 최고의 정보를 가지고 있다고 생각하지만, 유럽 연합의 규제와 비교해봤을 때 우리의 식품 규제 시스템은 소비자의 선택을 왜곡시킬 수 있는 오해의 여지가 있거나 거짓의 건강 정보들을 관리하는 것이 어렵다.

C 크리스틴 파커 교수가 이끄는 멜버른 대학의 연구팀은 아사이 베리 제품을 연구 재료로 삼아 다양한 제품의 건강 정보와 이것들이 어떻게 축적되는지를 평가했다. 연구팀은 라벨에 붙어 있는 약속들과, 입증되고 인정받은 과학적 근거들을 비교해보았다. 많은 경우 제품의 라벨에 붙어있는 주장들이 해당 제품의 건강상 장점을 과장하고 있다는 것을 발견했다. 아사이 베리는 아마존 산의 작은 보라색의 '슈퍼 파워' '원더베리'다. 베리들은 얼려진 펄프, 스무디와 아침 식사를 위한 동결 건조 분말의 형태로 팔렸고, 때때로 캡슐이나 차의 형태로 판매되기도 했다.

D 파커와 그녀의 팀이 연구한 38 가지의 아사이 제품들 중 대부분이 베리에 포함된 항산화제의 높은 농도를 언급했고, 베리가 함유하고 있는 항산화제와 과학적으로 그럴듯하게 들리는 물질(폴리페놀이나 안토시아닌 등)에 대한 다양한 건강상의 정보를 제시했다. 제품의 1/3 은 아사이 베리가 암이나 심장 질환 같이 중대한 질병에도 도움이 된다고 주장했고, 1/3 은 해당 제품이 노화 방지에도 도움이 된다고 주장했다. 많은 제품의 라벨이 아사이 베리의 이국적인 기원에 대한 입증된 과학, 추정적이고 모호한 과학 그리고 신비적인 매력을 혼합시켜 다른 과일과 야채보다 슈퍼 푸드가 건강에 더 좋은 영향을 미친다고 주장했다. 이것은 명백히 사실이 아니며 이런 주장들은 사람들이 비싸기만 하고 불필요한 식품 선택을 하게 하는 동시에 건강한 식사에 대한 중요한 공적인 건강 메시지를 혼란스럽게 만들었다. 파커 교수는 호주가 지금보다 소비자들을 보호하기 위해서는 더 많은 정보를 가지고, 적극적인 식품 규제 체계가 필요하다고 말했다.

E 호주의 식품 라벨링이나 마케팅 기준은 호주, 뉴질랜드 식품 기준 제도에 의해 만들어졌다. 이 제도의 이행, 감시와 강제 집행은 주 식품 당국에 의한다. 호주 및 뉴질랜드 식품 기준(FSANZ)는 식품의 라벨링과 마케팅에 이루어지는 건강 정보에 대한 규칙을 개괄하고 있는 새로운 기준을 제도에 새롭게 추가했다. 이론적으로, 이 기준은 모든 건강에 관한 주장에 대해서 이를 뒷받침할 높은 수준의 과학적인 근거를 요구함으로써 '엉터리 식품'으로부터 보호하기 위해 잘 설계되었다. 하지만 많은 일반적인 건강에 관한 주장들에 대해 기업들이 중대한 질병에 대한 주장을 하지만 않는다면 업체가 '자기 보완적'인 증거를 제시하는 것을 용인하고 있다. 이것은 유럽의 시스템과 대조적인 부분인데, 유럽의 체계는 강력한 규제를 통해서 정부 기관이 식품의 홍보 활동에 쓰이는 모든 건강에 관한 주장을 사전 허가하도록 하고 있다. 실제로 유럽 연합의 식품 규제 당국은 2010 년부터 항산화제가 포함된 식품과 이것이 질병 예방 및 노화 방지에 미치는 특정한 건강에 대한 영향 사이의 관계를 제시하는, 식품 업체 들로부터 제출된 149 건의 주장을 모두 기각했다.

F 슈퍼 푸드가 암이나 심장병과 같은 심각한 질병을 해결하는데 도움을 준다고 하는 주장은 FSANZ 의 사전 승인이 없는 한 항상 금지되어 왔다. 주 기반의 식품 규제 당국이 식품 기준의 준수를 능동적이고 일관되게 감시할 수 없다면 다른 자기 보완적인, 하지만 사례 연구에서 확인된 바에 따르면 오해의 소지가 있거나 거짓인 건강에 대한 주장이 시장에 남아있을 수 있다. 호주는 이런 종류의 엉터리 식품을 방지하기 위해서 조금 더 식품 규제 체계에 지원을 넉넉히 하고 능동으로 체계를 가동해야 한다. 새로운 건강 정보의 효과는 주 식품 규제 당국이 적극적으로 규칙의 준수를 감시하고 입증되지 않거나 부적절하게 입증된 정보들로 식품을 판매하는 경우 강제적으로 집행할 수 있는 것에 의존한다.

G 주 식품 당국이 라벨링과 광고의 기준 엄수를 감시하고, 조사에 착수하고, 위반을 명확하게 식별하고 기준을 지키도록 강제할 수 있는 적절한 지원을 받는 지의 여부는 불분명하다.

유럽 연합처럼, FSANZ 는 독립적인 위치의 과학자들과 협력하여 아사이 베리 같은 제품들이 실제 시장에 나가도록 허용되기 전에 주장하는 내용을 확인하고 입증해야 한다. 그 사이, 슈퍼 푸드의 라벨에 적혀 있는 주장들이 결국 그렇게 대단하지는 않은 것으로 확인될 수도 있다.

Questions 27-32

Reading Passage 3는 **A-G**의 일곱 문단으로 구성되어 있습니다.

어떤 문단이 다음의 정보를 포함하고 있습니까?

답안지의 27-32번 박스에 **A-G** 중 알맞은 문자를 작성하시오.

NB 문자의 종류에 상관없이 한 번 이상 사용할 수 있습니다.

27 아사이의 판매 절차에 관한 설명

28 두 가지 식품 규제 시스템 사이의 차이점을 보여주는 사례

29 거짓 주장으로 인해 발생하는 부정적 결과에 대한 언급

30 호주 식품 규제 시스템의 개요

31 아사이 베리의 건강상 장점으로 제시된 것들의 목록

32 연구의 구체적인 결과

Questions 33-40

아래의 요약을 완성하시오.

각 문항별로 지문으로부터 **두 단어 이상 사용하지 마시오.**

답안지 33-40 번 박스에 답안을 작성하시오.

마케터들이 말하는 아사이 베리의 많은 다양한 건강상의 장점 들에도 불구하고, 호주의 과학 연구진의 발표는 이러한 주장들이 종종 **33** _____이거나 부정확하다는 것을 보였다. 팀이 평가한 사실상의 모든 제품이 **34** _____의 존재를 언급했고, 일정한 비율의 제품은 암과 같은 **35** _____을 물리치는데 도움이 되거나 **36** _____을 돕는다고 주장했다. 연구팀의 대표인 파커 교수는 호주가 **37** _____에 대항하여 소비자를 보호하기 위해서는 조금 더 **38** _____한 법의 체계가 필요하다고 주장했다. 하지만, 어떤 새로운 체계의 효율성은 현지 당국에 의해 **39** _____하고 규칙에 강제력을 부여하며, **40** _____ 와 협력하는 것에 의존한다.

W R I T I N G

W R I T I N G T A S K 1

응시자는 이번 과제에 20 분이 주어집니다.

> *아래의 차트는 1987~2017년 사이 런던 어학당에 다닌 학생의 수를 보여준다. 차트의 중요한 특징들을 결정하고 논하는 방법으로 정보들을 정리하고, 서로 관련되어 있는 부분들을 비교하시오.*

최소 150 단어 이상 기술하시오.

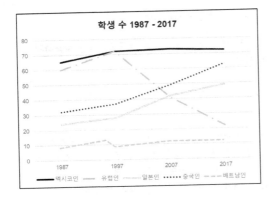

학생 수 1987 - 2017

멕시코인 — 유럽인 — 일본인 …… 중국인 — 베트남인

WRITING TASK 2

응시자는 이번 과제에 40 분이 주어집니다.

다음 주제에 맞게 작성하시오.

> *어떤 사람들은 흥미를 가지고 있지만 보수가*
> *상대적으로 적은 직업보다*
> *업무가 단조롭지만 보수를 많이 받는 직업이*
> *좋다고 생각한다.*
> *반면, 그 반대라고 생각하는 사람들도 있다.*
>
> *두 가지 관점을 모두 논하고, 자신의 견해를*
> *밝히시오.*

자신의 답변에 대한 근거를 제시하고 자신의 배경지
식이나 경험에 기초하여 관련된 사례를 포함하시오.

최소 250 단어 이상 작성하시오.

SPEAKING

PART 1

평가자는 응시자에게 자기소개, 사는 곳, 전공 등
여러 익숙한 주제에 대해 질문한다.

예시

• **집**

당신이 사는 곳에 대해 이야기해주세요. 아파트인가
요, 가정주택인가요?
당신이 가장 좋아하는 공간(방)은 어디인가요? [이유
는?]
당신의 집에서 생활하는 것의 장점과 단점은 어떤
것들이 있나요?

• **생일, 기념**

당신은 보통 당신의 생일을 기념하는 편인가요?
지난 생일 때 무엇을 하셨나요?
당신의 나라에서 대부분의 사람들은 생일 때 파티를
하면서 기념하나요?

PART 2

> 당신에게 가장 기억에 남는 휴가에 대해서
> 들어보고 싶습니다.
>
> 다음의 내용들을 포함해야 합니다.
>
> 언제, 어디에 갔는지
> 누구와 함께 갔는지
> 휴가 중에 무엇을 보고 무엇을 하였는지
>
> 그리고 왜 당신이 이 휴가를 절대 잊어버리지
> 않을지 설명하세요.

주제에 대해 1~2분 정도 이야기할 수 있어야 한다.
사전에 무슨 말을 할지 내용을 생각할 수 있는
시간이 1분 주어질 것이다. 필요하다면 노트 필기를
할 수 있다.

PART 3

토론 주제 :

여행

당신의 나라 사람들은 여행 가는 것을 좋아하나요?
사람들은 휴가의 목적지를 어떻게 결정하곤 하나요?
왜 어떤 사람들은 휴가 때 왜 해외 여행을 가는
것보다 집에 있는 것을 좋아할까요?
수십년 전과 비교해서 요즘 여행은 어떻게
바뀌었나요?

관광

관광 산업이 중요하다고 생각하시나요?
관광객으로서 다른 나라를 방문했을 때 해야 할 것
혹은 하지 말아야 할 것으로 어떤 것을 제안할 수
있을까요?

Test 2

LISTENING

P A R T   1   *Questions 1-10*

Questions 1-8

아래의 양식을 완성하시오.
각 정답에 **한 단어(와/혹은) 한 숫자**를 쓰시오.

Good Bank
고객 주소 변경 양식

성	1 _____
이름	2 _____
호칭	Ms.
생년월일	3 _____ 1999
전 우편번호	BN7 **4** _____
계좌번호	5 _____
새 주소	**6** 91A _____ Drive, Bridgeton
새 우편번호	**7** BN8 _____
이메일 주소	**8** _____ @quickmail.com

Questions 9 and 10

A, B, 그리고 C 중 알맞은 알파벳을 고르시오.

9 이 고객의 계좌에는 이만큼의 잔액이 있다.

A £247.63

B £274.36

C £237.46

10 이 고객은 언제 새 카드를 발급받을 수 있는가?

A 이번 주 말

B 다음 달

C 다음 주 중 전

P A R T   2   *Questions 11-20*

Questions 11-15

아래 문장들을 완성하시오.

각 정답에 **두 단어(와/혹은) 한 단어 이상 쓰지
마시오.**

Questions 16-18

A-G 중 **세 개**의 알파벳을 고르시오.

다음 준비된 활동거리 중 손님들이 즐길 수 있는 **세
가지**를 고르시오.

A 수영 경쟁

B 섬 호핑투어

C 해돋이부터 해질녘까지의 보트투어

D 종교적 건축물을 보는 문화적 투어

E 와인 시음

F 두 개의 섬을 걸어보는 반나절 투어

G 사진 코스

Questions 19 and 20

A-E 중 두 **개**의 알파벳을 고르시오.

체크아웃에 관한 정보 중 언급 된 두 가지 정보들이
무엇인가?

A 방에 짐을 둘 것

B 수영장에서 오전 10 시에 기다릴 것

C 호텔에 오전 10:30 에 픽업이 올 것

D 오전 9 시 이전 방을 비울 것

E 수영장 옆에 짐을 둘 것

P A R T 3   *Questions 21-30*

Questions 21-24

아래의 플로우차트를 보시오. 박스에서 **네 개**의
답안을 고른 뒤, 올바른 문자 **A-G** 를 Questions
21-24 옆에 기입하시오.

A 막대	**B** 참고문헌
C 방법	**D** 색상
E 타이핑	**F** 수집
G 설문지	

논문 작성에 대한 조언

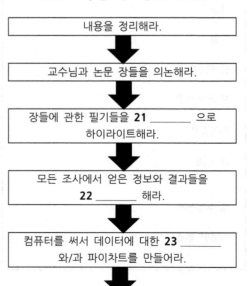

내용을 정리해라.

교수님과 논문 장들을 의논해라.

장들에 관한 필기들을 **21** _____ 으로
하이라이트해라.

모든 조사에서 얻은 정보와 결과들을
22 _____ 해라.

컴퓨터를 써서 데이터에 대한 **23** _____
와/과 파이차트를 만들어라.

외부적으로 진행된 다른 조사들을
찾아보아라.

작성하면서 **24** _____을/를 쓰는 것을 까먹지 말아라, 그렇지 않으면 마지막에 오랜 시간이 걸릴 것이다.

Questions 25-30

아래의 요약본을 완성하시오.

각 정답에 **세 단어(와/혹은) 한 숫자 이상** 쓰지 마시오.

마리아는 응답자 중 30프로 이상이 플라스틱과 **25** _____을/를 재활용한다는 것을 발견했다. 응답자 중 음식물쓰레기를 버리는 퍼센트가 그보다 훨씬 낮았음에도 불구하고 말이다. 하지만, 쓰레기(폐기물) **26** _____. 은/는 상당수의 응답자들이 불만족스러웠다고 응답했다. 친환경문제와 재활용의 중요성에 대해서 **27** _____을/를 의식하게끔 하는 것도 굉장히 중요하다.

온실가스의 대략 **28** _____가 음식의 과다생산으로 배출되고 음식물 쓰레기의 감소에 대한 필요성이 증대하는 걱정거리인데, 온실가스는 이산화탄소보다 25배나 더 위험한 **29** _____을 배출하기 때문이다. 어떤 나라들은 홍보캠페인을 시행하고 **30** _____을/를 부여하며 사람들이 재활용을 하게끔 권장하고 있다.

PART 4   *Questions 31-40*

아래 노트들을 완성하시오.

각 정답 당 **한 단어 이상** 쓰지 마시오.

직장 내에서의 행복

행복한 직원들이 필요한 이유
- 더 나은 실적과 생산량
- 더 높은 직원 **31** _____
- 효율성과 노련한 노동력으로 이어진다.

실용적 요소
- 서류작업과 사용자의 물건들을 위한 충분한 책상 **32** _____
- **33** _____을 들이는 창문이 있는 것이 중요함
- 평화롭게 일하기를 선호하는 이들을 위해 사무실에 **34** _____을/를 보장할 것.

직원들을 소중히 대하는 것
- 직원들이 회사의 가치를 공유한다면 더 열심히 일하고 **35** _____의 효과를 가져올 것이다.
- **36** _____을 위한 기회를 제공하는 것.
- 훈련을 제공하고 정기적으로 목표를 재검토할 것.

교감과 개방성
- 고용주들은 직원들이 **37** _____을 이야기하고 그에 따른 적합한 답변을 줄 수 있는 안전한 환경을 제공해야한다.
- 직원들에게 어떤 **38** _____이든 알리고 그에 대한 이유를 알린다.
- **39** _____와과 효율성을 높이기 위해서 팀원들에게 책임감을 부여한다.
- 직원들이 **40** _____을/를 전부 쓰게끔 하여 질 좋은 워라밸을 보장받게끔 한다.

READING

READING PASSAGE 1

Questions 1-13은 20 분이 주어지며, 아래의 Passage 1 에 기반하고 있습니다.

북동 시베리아의 외진 유적지에 깊게 파묻혀 있던 두 아이의 젖니가 이전에 알려지지 않은 무리의 사람들이 마지막 빙하기에 해당 장소에 살았음을 밝혔다.

A 이 발견은 시베리아의 다른 유적지에서 찾은 10,000 년 된 유골이 아메리카 원주민들과 유전적 관계가 있다는 사실을 밝힌 광범위한 연구 중 일어났다 - 미국 밖의 지역에서 이 정도로 밀접한 유전적 연결고리는 이번이 처음이다. 세인 존 칼리지와 케임브리지 대학에 재직중이며 코펜하겐 대학의 런드벡(Lundbeck) 재단장인 윌러슬레브(Eske Willerslev) 교수가 이끄는 다국적 연구원 팀은 새로 발견된 무리의 사람들을 '고대 북시베리아인'이라 칭하였고 그들의 존재를 '인류역사의 유의미한 부분'이라 표현하였다.

B DNA 는 해당 시대의 유일한 유골들 - 두 개의 작은 젖니 - 에서 복원되었고 이 유골들은 러시아의 야나 강 부근의 대규모 유적지에서 발견되었다. 야나 코뿔소 뿔 유적지(Yana Rhinoceros Horn Site)로 불리는 이 유적지는 2001 년에 발견되었으며 동물유골과 상아 등을 비롯해, 석기들과 인간이 주거한 증거들을 포함하는 2500 여개 이상의 유물들을 보유하고 있다. 이 발견은 네이쳐 지에서 더 폭넓은 연구의 일부로서 게재되었고 고대 북시베리아인들이 31,000 년 전 이 지역에서 털이 두꺼운 맘모스, 코뿔소와 바이슨들을 사냥하며 열악한 환경을 생존해 나갔다는 것을 보여준다.

C 윌러슬레브 교수는, "이 사람들은 인류 역사의 중요한 일부다. 이들은 현대 아시안, 유럽인들의 조상들과 거의 동시대에 다각화하였고, 어느 한 시점에 북반구의 넓은 지역들을 점유했을 가능성이 높다"고 전했다. 런드벡 재단 소속이자 이 연구의 첫번째 저자인 마틴 시코라 박사(Dr. Martin Sikora)는 "이들은 극한의 환경에 굉장히 빨리 적응하였고 아주 기동적이었다. 이 발견은 우리가 북동 시베리아의 인구역사 뿐만 아니라 인구대이동 자체에 대해 우리가 잘 파악하고 있다고 생각했던 것들을 많이 바꾸었다"고 덧붙였다.

D 연구원들은 이 유적지의 인구는 대략 40 명에서 대규모의 인구였다면 500 명 정도였을 것이라 예측하고 있다. 젖니의 유전적 분석에 따르면 두 아이 사이에는 당시 하락하는 네안데르탈인 인구로 인해 벌어지던 근친교배의 증거는 발견되지 않았다. 이 시기의 복합인구역학과 고대, 최근의 타 무리 사람들 간의 유전학적 비교는 더 폭넓은 연구의 일부로 기록되어 있고, 이 연구는 북시베리아와 중앙러시아의 고대 유적지 들에서 발견된 34 개의 인간 게놈 샘플을 분석했다.

E 스위스의 베른 대학의 로랑 엑스코피에(Laurent Excoffier) 교수는 "놀랍게도 고대 북시베리아인들은 인종적으로 아시안들보다는 유럽인들과 더 밀접하게 관련되어 있고 유럽인과 아시아인 사이 분기가 일어난 이후 서 유라시아서부터 이동을 한 것으로 보인다"고 말했다. 과학자들은 고대 북시베리아인들이 북 유라시아와 아메리카까지의 방대한 지방의 현대인들의 유전적 모자이크를 만들어낸 것을 찾아냈다 - 이 발견은 아메리카 원주민 계통의 유전학의 잃어버린 퍼즐조각을 찾은 것 과도 같다. 인간들은 베링 해협을 걸치던 육교를 건너 아메리카 대륙에 도착한 것으로 널리 받아들여진다; 이 육교는 마지막 빙하기의 끝에 물에 잠겼다. 연구원들은 조상들의 일부는 고대 북시베리아 인종과 섞인 아시아인들이었다고 집어낼 수 있었다.

F 게재물의 저자 중 한 명이었던 달라스의 서던 메소디스트 대학의 데이빗 멜처(David Meltzer) 교수는 "우리는 인구 분리와 마지막 최대 빙하기(가장 춥고 냉혹했던 빙하기)의 와중에 일어났던 인종 혼합에 대하여 큰 이해를 얻을 수 있었고 최종적으로 아메리카 원주민들의 조상으로 나타난 이들에 대한 이해를 얻을 수 있었다.

G 이 발견은 시베리아의 콜리마 강 근처의 유적지에서 발견된 10,000년 된 남성 유골의 DNA 분석에 기초했다. 이 남성의 혈통은 아메리카 원주민들과 흡사하게 고대 북 시베리아인 DNA 와 동아시안 DNA 의 혼합에서 비롯된다. 아메리카 원주민들의 것과 이 정도로 밀접하게 관련된 유골이 미국 밖의 지역에서 발견된 것은 이번이 처음이다. 윌러슬레브 교수는, "이 유골들은 고시베리아어를 구사한 사람들과 아메리카 원주민들의 조상들과 유전학적으로 아주 밀접하다. 아메리카 원주민들과 고시베리아인들에게서 콜리마의 특징들을 살펴볼 수 있기 때문에, 이것은 아메리카 원주민들의 가계에 대한 이해의 중요한 퍼즐조각이다. 이 남자가 아메리카 원주민들의 가계의 미싱 링크이다" 라고 결론지었다.

Questions 1-5

아래 문장들이 1번 지문의 내용과 일치합니까?
답안지의 1-5번 박스들에 기입하시오.

YES   문장이 글쓴이의 견해와 일치할 경우

NO   문장이 글쓴이의 견해에 반대할 경우

NOT GIVEN 글쓴이가 이 문장에 대해 어떤
생각인지 알 수 없을 경우

1 고대 북시베리아인들은 초창기의 유럽인, 아시아인들보다 훨씬 나중에 등장하였다.

2 고대 북시베리아인들은 유라시아와 북아메리카까지의 영토에 실재하였을 수 있다.

3 고대 북시베리아인들은 극한의 환경에 거주하는 것을 선호했다.

4 근친은 인류 초창기에 흔한 일이었다.

5 아시아인들은 유럽인들보다 고대 북시베리아인들과의 유전적 연결고리가 적다.

Questions 6-9

아래 문장들을 완성하시오.
각 정답은 지문에서 두 단어 이하로 골라 적으시오.

6 야나 코뿔소 뿔 유적지의 발굴로 인해 천 여개의 동물 유골 뿐만 아니라 상아와 _____까지 발견되었다.

7 이 연구는 러시아와 시베리아까지의 유적지에서의 _____을/를 비교하였다.

8 아메리카 대륙에 처음 도착한 인간들은 시베리아와 알래스카 사이의 _____을/를 건너왔다.

9 과학자들은 시베리아인들과 아메리카 원주민들 간의 유전적 연결고리를 파악하기 위해 _____ 분석을 이용했다.

Questions 10-13

A-H 의 단어들로 아래 요약본을 완성하시오.

답안지의 10-13 번 박스들에 올바른 알파벳을 기입하시오.

시베리아 콜리마 강 근처에서의 10,000 년 된 인간 **10** _____ 의 발견은 과학자들이 아메리카 원주민들의 **11** _____ 의 미스터리를 해결하는데 도움이 되었다. 초창기 인간들이 시베리아에서 알래스카로 이주했을 것이라는 게 이미 널리 받아들여지고 있었음에도 불구하고, 이 콜리마인의 DNA 분석은 고대 북시베리안들과 동아시아인 인구가 유라시아에서 마지막 빙하기의 가장 **12** _____ 시기에, 베링 해협을 가로지르는 육교가 **13** _____ 전에, 어떻게 섞였는지 보여주었다.

A 남성	**B** 잠기다
C 포괄하는	**D** 가혹한
E 혈통	**F** 유골들
G 조상	**H** 가장 혹독한

READING PASSAGE 2

Questions 14-26 은 20 분이 주어지며, 아래의 Passage 2 에 기반하고 있습니다.

신화의 만년 계보학

프랑스의 라스코에 있는 구석기 시대 동굴 벽화의 가장 유명한 그림들 중 하나는 남자와 바이슨의 직면을 묘사하고 있다. 바이슨은 창에 찔린 채, 자리를 굳건하게 잡아 정지한 상태이다. 남자는 새의 머리를 하고 있고 땅바닥에 엎드리고 있다. 학자들은 이 그림이 무슨 의미인지 알아내기 위해 오랜 시간 노력해왔다. 이 그림이 서술하는 이야기가 여태 발견된 구석기 시대의 예술작품들 중 가장 복잡하기 때문이

다. 이 장면들 속에 무슨 일이 일어나고 있는지 이해하기 위해 몇몇 이들은 구어로 전해 내려오는 신화들을 재조사하기 시작했다; 어떤 증거들은 우리가 예상했던 것보다 구어 신화가 훨씬 오래되었다고 시사한다.

역사학자 쥴리엔 드훼이는 최근 흥미로운 가설을 제시했다: 남성과 바이슨을 그린 동굴벽화는 시베리아의 척치(Chukchi)부터 미국 북동쪽의 이로쿼이(Iroquois)까지 아우르고 전세계, 전문화권적으로 동일한 이야기 구조를 지니고 있는 '코스믹 헌트(Cosmic Hunt)'의 이야기를 전하고 있는 것일수도 있다. 드훼이는 비교 신화학과 새로운 컴퓨터 모델링 기술을 써서, 베링 해협을 건넌 인구 대이동 이전 버전의 신화를 재구성하고 있다. 드훼이가 맞다면, 이 라스코 그림은 대략 2 만여년 전의 것 일터이고 이 신화를 가장 초기에 서술한 그림들 중 하나일 것이다.

그리스 버전의 코스믹 헌트가 아마 오늘 날의 대중들에게 가장 익숙할 것이다. 신이 순수하고 아름다운 칼리스토를 곰으로 변신시키고 이후 큰곰자리 별자리가 되었다는 이야기를 전한다. 드훼이는 이 라스코그림 속 바이슨이 움직이지 않고 있는 이유가, 여러전문가들이 제시한 바와 같이 바이슨이 죽어서가 아니라 별자리라서 그런 것이라고 주장하고 있다.

비교 신화 학자들은 어떻게 코스믹 헌트와 같은 신화가 수 천 마일, 수천 년씩 떨어져 있는 문명들에서 동일하게 전해지는지, 이야기들의 요소가 수정되지않고 온전히 전해지는지 많은 연구를 했다. 드훼이의분석은 이 신화들이 비슷한 이유가 그들의 근원이공통되기 때문이라고 주장한 인류학자 클라우드 리바이-스트라우스의 작업물에 기반하고 있다. 리바이-스트라우스는 신화들의 진화를 추적하기 위해 언어학자들이 단어의 진화를 추적하기 위해 쓴 방법들을그대로 썼다. 이 접근에 드훼이는 새로 개발된 컴퓨터 통계 도구들을 진화 생명학에서 가져와 접목시켜새로운 증거들을 제시한다. 이 방법은 계통발생분석

이라 불리며, 신화들의 개별적 요소들의 가계도와 시간이 지남에 따른 진화를 구성한다.

"신화 이야기들은 이런 분석에 있어서 훌륭한 대상이다. 생물학적 종들과도 같이 이야기가 시간이 지나고 지역을 거칠 때 마다 핵심이야기에 새로운 부분이 추가되고 일부는 없어지면서 차츰차츰 진화하기 때문이다"라고 드훼이가 말했다. "유전자와도 같이, 신화들은 이야기라는 '종'의 유전적 성향들이고 다음 세대로 건너갈 때 유전되고 천천히 변화한다."

이 새로운 증거는 코스믹 헌트가 인구 대이동을 따라 움직였다는 것을 암시한다. 코스믹 헌트의 계통수 (phylogenetic tree)는 이 신화가 아메리카 대륙에 수천년에 걸쳐 여러 다른 시간대에 도착했다는 것을 보여준다. 계통수의 한 가지는 그리스와 알곤킨 버전을 연결한다. 또 어느 한 가지는 이야기가 베링 해협을 지나 에스키모 국가와 북아메리카로 두 번에 걸쳐 도착했음을 나타낸다. 다른 가지들은 신화의 어느 버전들은, 아시아에서 시작해 아프리카와 아메리카로, 다른 것들보다 늦게 퍼져 나갔다고 암시한다.

신화들은 생물학적 종들처럼 천천히 진화할 수도 있지만, 단속평형설같은 돌발적인 진화적 변화에 영향을 받을 수도 있다. 드훼이는 구조적으로 비슷한 두 개의 신화들이 갈라질 수 있다는 사실을 찾았는데 이는 "이주 병목현상, 다른 라이벌 인구로부터의 도전, 환경적, 문화적 영향"때문이라고 했다.

작가 닐 가이만은 이야기들을 생물학적 관점으로 상상한다 - 생물이 시간이 지나고 매개체를 지나 진화하듯이. 살아남은 이야기들은 바뀌어 옴으로서 다른 이야기 들과의 경쟁을 이겨낸 이야기들이다. "이야기는 성장할 수 있는가? 꽤 단순하다 - 농담이 한 사람에게서 다른 사람에게 전해지는 것을 듣는 어느 누구든 그 농담이 진화되고, 바뀔 수 있다는 것을 안다. 이야기는 번식할 수 있는가? 뭐, 그렇다. 자연스럽게는 아니다, 당연히 - 이야기들은 사람을 매개체로 필요로 한다. 우리는 이야기들이 번식할 수 있는 미디어인 셈이다; 우리가 그들의 페트리 접시이다… 이야기는 성장하고, 또 가끔 단축된다. 그리고 이야기는 번식한다 - 다른 이야기들에 영감을 준다. 그리고, 당연히, 이야기들이 변화하지 않는다면, 이야기들은 묻힌다."

인류 역사에서 신화는, 한 세대에서 다음 세대로, 공유된 믿음과 지혜에 관한 중요한 문화적 정보들을 전달하는 역할을 했다. "그들은 이 세상이 어떻게 만들어졌는지 가르쳐준다"라고 가이만이 더했다, "이 세상을 살아가는 규칙까지도." 정보들이 설득력 있는 이야기와 같은 옷을 입지 않는다면 - 무조건적인 사랑의 이야기, 혹은 강력한 괴물들로부터의 영리한 탈출에 관한 이야기 - 이야기는 오래 유지되지 못하고 공유된 지혜 마저도 함께 묻힐 것이다. 유지되는 이야기들은 "충분히 매혹적인 포장에 싸여서 우리는 그로부터 만족감을 느끼고 그들이 전파되기를 바란다"고 가이만이 말했다.

어떤 때에는 이런 이야기들이 다가올 세대들에게 재앙적 사건들에 대한 경고로서의 의미도 가지고 있다. 호주의 남쪽 해안의 원주민 공동체에 은구룬데리 (Ngurunderi) 라는 분노한 조상이, 지금은 캥거루 섬이라 알려진 곳으로 자신의 아내들을 두 발로 쫓아갔다는 신화가 전해진다. 은구룬데리의 분노가 해수면을 높이고 아내들을 바위로 바꾸어 버렸다고 한다.

언어학자 니콜라스 리드와 지질학자 패트릭 넌은 이 신화가 수천년 전 일어난 해수면의 변화를 의미한다고 믿고 있다. 과학적으로 선사시대의 해수면을 재구성함으로서 리드와 넌은 이 신화가 빙하후기의 사건으로 해수면이 100 피트가 올라 육교가 잠겨 캥거루 섬이 되었던 9,800 년에서 10,650 년 전 만들어진 것으로 보았다. "한 이야기가 만년동안 전해질 수 있다는 것은 꽤나 놀라운 일이다," 라고 리드가 말했다. "사람들이 잠겨 있는 섬과 같은 것들에 대한 이야기들을 400 세대 동안 이렇게 정확하게 전달할 수 있는 것은 상상도 못 할 만한 일이다."

아래 문장들과 (14 - 17 번 문제) 아래의 사람들을
확인하시오.

각 문장과 각 사람을 알맞게 맞추시오. (**A-D**)

답안지의 14-17 번 박스에 알맞은 알파벳을
기입하시오.

NB 한 알파벳을 한 번 이상 사용 가능 **A, B, C, D** 중
정답을 고르시오.

14 신화는 사람들이 다른 이들에게 공유하는 것을
   즐길 때만 유지된다.

15 다른 장소와 시간대에 이야기들에 공통점을
   발견할 수 있는 것은 그들이 조상을 공유하기
   때문일 것이다.

16 신화들은 생물학적 유기체들과 어떤 특징들을
   공유한다.

17 널리 알려진 한 이야기는 예상했던 것 보다 더
   오래되었을 수 있다.

인물 목록

A 줄리엔 드훼이
B 클라이드 리바이-스트라우스
C 닐 가이만
D 니콜라스 레이드

Questions 18-21

A, B, C 그리고 D 중에서 알맞은 알파벳을
고르시오.

18 라스코, 프랑스에 있는 구석기 동굴벽화는

A 해당 종류 중 세계에서 가장 유명한 것이다.

B 남자가 바이슨에 죽임을 당하는 것을 묘사한다.

C 여러 문화에서 알려지는 신화를 묘사한 것일 수
   있다.

D 학자들에 의해 수정되었다.

19 비교신화 학자들은

A 새로운 수학적 도구들을 고안해냈다.

B 글을 쓸 때 어지럽히는 경향이 있다.

C 언어학과 생물학에 대한 능력이 필요하다.

D 다른 사회들에서 어떻게 비슷한 신화들이
   재등장하는지 알려고 노력한다.

20 7 번째 문단에 의하면, 신화들은

A 구두점이 정확히 찍혀야 한다.

B 항상 비슷한 구조를 지닌다.

C 때로 시간이 흐름에 따라 바뀐다.

D 병목에 비교될 수 있다.

21 '꽤나 놀라운' 이라는 말이 마지막 문단에 사용된
   이유는 무엇을 보여주려 하기 위함인가?

A 신화의 지속성에 대한 놀라움

B 신화에 대한 주장에 대한 불신

C 신화의 정확성에 대한 의구심

D 신화의 내용에 대한 분노

Questions 22-26

아래 요약본을 완성하시오
지문의 **한 단어**만을 써서 답을 완성하시오
정답은 답안지의 21-26 번 박스들에 기입하시오.

코스믹 헌트

20,000여년 전의 것으로 추정되는 프랑스 라스코의 동굴벽화는 남자와 **22** _____의 장면을 묘사하는데 이 그림은 어쩌면 알려진 것들 중 코스믹 헌트의 최초 서술일 수 있다. 고대 그리스의 더 **23** _____ 버전의 이야기는 한 여자가 먼저 곰으로 **24** _____, 이어서 별자리가 되어버린 이야기를 그린다. **25** _____와/과 생물학자들에게서 쓰여지는 기법에 착안해 학자들은 여러 문화들의 신화들을 비교하였고 **26** _____을/를 통해 코스믹 헌트가 아시아에서 아프리카 그리고 아메리카까지 퍼졌다고 주장했다.

READING PASSAGE 3

Questions 27-40 은 20 분이 주어지며, 아래의 Passage 3 에 기반하고 있습니다.

Questions 27-35

지문은 **A-J** 까지 열 개의 문단이 있다.
A-J 문단에 알맞은 제목을 아래의 제목리스트에서 골라 쓰시오.

헤딩 목록

i	도구, 더 이상 유용하지 않다?
ii	변화는 지능의 지표
iii	까마귀는 왜 똑똑한가
iv	동물지능을 측정하는 또 다른 대체방법
v	새로운 정의의 필요성
vi	창의적 종들 간에 일어나는 문제점
vii	자연에서의 도구 사용의 예시들
viii	도구사용에 있어 서로 반대되는 예시들
ix	타고난 행동방식에서 발생하는 복잡함
x	도구사용은 동물 행동의 창
xi	문제해결 능력의 중요성
xii	도구사용은 이해를 보장하지 않는다.

예시	정답
문단 **A**	v

27	문단 **B**	
28	문단 **C**	
29	문단 **D**	
30	문단 **E**	
31	문단 **F**	
32	문단 **G**	
33	문단 **H**	
34	문단 **I**	
35	문단 **J**	

무엇이 동물을 영리하게 하는가?

A 인간은 우리가 동물들과는 다름을 여러 방법으로 증명하는데, 그 중에 하나가 도구를 제작할 수 있는 능력이다. 인류학자 제인 구달이 야생 침팬지들이 도구들을 자주 만들고 사용한다는 것을 발견했을 때, 그녀의 조언자 루이스 리키는 유명한 말을 했다: "이제 우리는 도구, 인간이라는 단어를 재정의하던지, 침팬지들을 인간으로 받아들여야 한다."

B 다른 여러 종들도 침팬지와 함께 인간과 동물을 구분 짓는 선을 넘으려 한다. 복서크랩들은 아네모네의 쏘는 특성을 방어적 무기로 사용한다. 둥지를 짓는 시즌의 백로들에게 나뭇가지는 중요한 자원이기에 아메리칸 악어들은 백로들을 잡기 위해 자신의 주둥이 위에 나뭇가지를 올려놓는다. 앵무새들은 자신의 몸을 긁기 위해 여러가지 물건을 자주 사용한다. 한 번은 어치와 까마귀가 서로 찌르기 위해 나뭇가지를 쓰는 것이 포착된 적도 있다. 코끼리 황소들은 통로를 만들기 위해 어린 코끼리들을 울타리에 던지기도 한다. 이러한 현상들은 더 많고 새로운 연구가 진행될수록 많아진다. 예를 들어, 우리는 최근 뉴 칼레도니아 까마귀들이 물체를 수송하기 위해 도구를 쓴다는 것과 큰 바사 앵무새가 소화를 위해 바닷조개를 조약돌로 갈아 칼슘가루를 만든다는 것을 찾아냈다.

C 여러 종들이 도구를 사용하고 어떻게 쓰는지가 아주 다양함에도, 이런 행동에는 아주 특별한 의미가 있다. 동물의 도구사용에 대한 새로운 레포트들에는 종종 "지능적", "똑똑한", "영리한" 이라는 단어들이 쓰인다. 하지만 정말 동물들이 정말 그런 것일까, 아니면 도구사용을 지능을 측정하는 기준으로 쓰지 말아야할 때가 온 것일까?

D 흰개미들은 자신들의 필요에 맞게 특별한 구조물을 만든다. 흰개미들의 흙더미에는 대규모의 무리가 양방으로 이동할 수 있는 터널들을 연결하는 특정한 역할을 하는 방들이 있고 낮에는 시원하고 밤에는 따뜻하게 하는 기류가 있다. 단순한 자재들로 이러한 구조물을 설계하는 것은 인간 건축가들에게도 어려운 일이지만 작은 뇌를 가진 흰개미들에겐 그리 어려운 일이 아닌 듯 보인다. 이는 흰개미들의 건축 성향이 유전적으로 탑재되어 있고 종종 지정된 규칙들을 따르기 때문이다.

E 도구사용에 같은 논리가 적용될 수 있다. 간단한 규칙들과 과정들이 복잡한 행동방식으로 이어진다. 이집트 시체매들은 자신들의 부리로는 타조알을 깰 수 없어서, 알을 깨기 위해 돌멩이를 던진다. 어린 새들은 도구사용에 있어서 그다지 선택적이지 않다 - 그들은 작은 돌멩이, 부드러운 나무목재나 배설물을 이용하기도 한다. 그들은 어떤 도구가 효과적이고 어떤 도구가 효과적이지 않은지 금방 배우지만 그렇다고 해서 동물이 도구를 성공적으로 쓰기 때문에 물체들의 물리적 성질을 꼭 이해한다는 것은 아니다. 인간들 또한 도구 사용에 있어서 논리와 이유를 찾으려 하진 않는다. 당신은 볼펜이 어떻게 작용하는지 종종 생각하곤 하는가?

F 물고기와 코끼리처럼 서로 다른 종들 간에 지능을 측정하는 하나의 기준을 찾는 것은 아주 어렵다. 그러나, 동물들이 얼마나 유연하게 문제를 해결하는 것을 지켜보거나, 다른 말로, 일반적인 규칙을 배워서 새로운 문제들을 해결할 수 있는지를 보는 것이 기준을 찾는 것에 대한 시작점일 수 있다. 예를 들어, 한 동물이 견과를 깔 때 주로 돌멩이를 쓰는데 주변에 돌멩이가 없다면, 그 동물은 다른 무겁고 딱딱한 물체를 선택해 견과를 깔 것인가? 이것은 그들이 어떤 종류의 물체가 필요한지에 대한 추상적인 이해를 하고 있다는 것을 의미할 것이다.

G 이집트 시체매와 다른 많은 종들의 경우, 도구 사용은 특정한 경우에만 발생하고 상대적으로 유연하게 사용되지 않는다. 반면, 어떤 종들은 여러가지 도구들로 여러가지 문제들을 해결한다. 침팬지를 예로 들면, 그들은 폭 넓은 도구 키트

를 가지고 있다: 그들은 돌을 이용해 견과를 까 먹고, 흰개미를 사냥하기 위해 잎 줄기를 쓰고, 꿀을 찾기 위해 막대기 도구를 쓰고 물을 마시기 위해 나뭇잎을 적셔 마신다. 비슷한 경우로, 뉴 칼레도니안 까마귀들은 곤충을 사냥하기 위해 여러 다른 자재로 여러 다른 도구들을 만들고 사용하고, 또 새롭고 잠재적으로 위협적인 물체를 찾기 위해 도구를 사용한다.

H 이처럼 유연한 도구 사용은 사용자로 하여금 어려운 문제들에 대해 새롭고 창의적인 해결방법을 혁신하게끔 해준다. 그럼에도 불구, 도구사용을 하는 종이 꼭 도구사용을 하지 않는 종보다 문제해결을 잘하지는 않는다. 놀랍지 않게도 뉴 칼레도니안 까마귀들은 도구를 사용해야하는 실험들에 뛰어난 모습을 보여준다. 하지만 진짜 놀라운 것은 자연적으로 도구사용을 하지 않는 그들의 사촌격 동물들이 보여준 모습이다. 예를 들어, 연구원들은 야생에서 본능적으로 도구를 사용하지 않는 떼까마귀들은 보상이 주어지는 실험에서 적당한 크기의 도구를 택할 수 있고 와이어를 구부려 훅으로 만들어서 음식을 쟁취하는 모습을 보여주었다. 비슷한 경우로, 도구를 사용하는 되새류들과 유인원들은 야생에서 도구를 보통 사용하지 않는 되새류 종들과 유인원들보다, 도구가 필요한 상황이던, 아니던, 문제해결을 요하는 과제에서 꼭 잘하는 모습들만 보여주지는 않았다.

I 문제해결 과제들과 더불어, 과학자들은 혁신비율을 계산하거나 다른 종들의 구성원들이 새로운 도전에 어떻게 적응하는지를 확인해서 종들을 비교할 수 있다. 예를 들어, 푸른박새는 현관에 놓인 우유병의 뚜껑을 쪼아서 음식을 얻는 창의적인 방법을 고안해냈다 - 이 방법은 개체군 사이에 빠르게 퍼져 나갔다.

J 계속된 동물 행동 연구는 과학자들로 하여금 인간이 왜 특별한지에 대한 질문을 지속적으로 재고하게끔 한다. 동물들은 우리를 계속 놀라게 하고, 또 어떤 연구원으로 하여금 "동물들이 얼마나 똑똑한지 알 수 있을 만큼 우리가 똑똑하긴 한 것인가?"를 질문하게 한다. 보아왔듯이 여러 가지 다양한 목적을 위해 도구를 사용하는 동물은 당연히 인간뿐만이 아니다. 도구 사용능력이 꼭 총명함을 뜻하지는 않지만, 그래도 다른 종들이 환경과 어떻게 작용하는지 흥미로운 관점을 제공한다. 알맞은 사례: 야생 침팬지들은 야자수로부터 발효된 수액을 얻기 위해 잎이 무성한 스펀지를 쓴다. 취하기 위한 도구 - 지능을 뜻하는 또 하나의 증거일까?

Questions 36-40

아래의 노트를 완성하시오.

지문에서 **고른 두개 이하의 단어들로 각 정답을 쓰시오.**

답안지의 36-40 번 박스들에 정답을 쓰시오.

동물 행동방식

- 유전적으로 타고난 행동방식. 예) 흰개미들은 **36** _____에 맞는 다기능적 구조물을 건설한다.

- 한정된 상황에서의 도구사용. 예) **37** _____은/는 타조알을 깨부수기 위해 돌멩이를 쓴다.

- 다양한 상황에서의 도구사용. 예) 침팬지들은 음식을 얻고 물을 마시기 위해 돌과 식물을 쓴다.

- **38** _____ 능력. 예) 떼까마귀들은 **39** _____기 위해 도구를 고르고 만들 수 있다.

- 혁신. 예) 푸른박새가 사람들이 집 밖에 두는 우유 병뚜껑을 **40** _____은/는 방식의 퍼짐

WRITING

WRITING TASK 1

응시자는 이번 과제에 20 분이 주어집니다.

> *아래 차트는 매주 정기적으로 운동에 참여하는 남성과 여성의 비율을 보여준다.*
>
> *주요 특징들을 골라 보고하고 필요한 곳에 비교를 하며 정보를 요약하시오.*

최소 150 단어 이상 기술하시오.

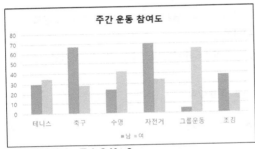

주간 운동 참여도

WRITING TASK 2

응시자는 이번 과제에 40 분이 주어집니다.

다음 주제에 맞게 작성하시오.

> *지구 온난화는 전세계의 정부들이 우선적으로 다뤄야하는 문제이다.*
>
> *어느 정도까지 동의하거나 동의하지 않는가?*

자신의 답변에 대한 근거를 제시하고 자신의 배경지식이나 경험에 기초하여 관련된 사례를 포함하시오.

최소 250 단어 이상 작성하시오.

SPEAKING

PART 1

평가자는 응시자에게 자기소개, 사는 곳, 전공 등 여러 익숙한 주제에 대해 질문한다.

예시
- **취미**

어떤 취미들을 가지고 있습니까?
사람들이 취미를 갖는 것이 중요하다고 생각합니까? 왜죠?
어렸을 때의 취미와 다른 취미들을 가지고 있습니까?
당신의 나라에선 어떤 취미들이 인기가 많습니까?
- **쇼핑**

쇼핑을 좋아합니까? 왜죠?
혼자 쇼핑하는 것을 선호합니까, 아니면 다른 이들과 하는 것을 선호합니까? 왜죠?

PART 2

> **당신이 가장 좋아하는 음식에 대해서 말해주시기 바랍니다.**
>
> **언급하셔야 할 사항은:**
>
> > 어떤 음식인지
> > 어떤 재료가 쓰이는지
> > 어떻게 먹는 것인지
>
> **그리고 왜 이 음식을 좋아하는지 설명하시기 바랍니다.**

주제에 대해 1~2분 정도 이야기할 수 있어야 한다. 사전에 무슨 말을 할지 내용을 생각할 수 있는 시간이 1분 주어질 것이다. 필요하다면 노트 필기를 할 수 있다.

## PART 3

토론 주제 :

요리

요즘에 요리를 하는 사람들이 예전보다 더 적다고
생각하십니까?

예전과 요리가 어떻게 다르다고 생각하십니까?

어떤 이들은 TV 에 나오는 요리방송들이 사회에
긍정적 영향을 끼친다고 주장하며 어떤 이들은
그렇지 않다고 주장합니다. 당신의 의견은
어떻습니까?

미래에 독서 습관이 바뀔 것이라고 생각하십니까?

식사

사람들이 다른 이들과 식사하는 것을 선호한다고
생각하십니까? 왜죠?

최근 사람들의 식습관이 바뀌었다고 생각하십니까?
왜죠?

Test 3

LISTENING

PART 1   *Questions 1-10*

Questions 1-5

아래의 양식을 완성하시오.

각 정답란에 **한 개 이하의 단어나 한 숫자**를 쓰시오.

1 단체 수업을 위한 _____ 회원 가격은 £5.99
이다.

2 월요일부터 금요일까지 한산한 시간은 오전
10 시부터 오후 3 시까지 이고, 주말에는
_____ 이전과 오후 8 시 이후이다.

3 프리미엄 회원권은 £18.99 이다. 수영장에 대한
_____ 을(를) 얻는다.

4 골드 회원은 체육관의 이용이 _____다(이다).

5 선불 금액은 £_____이다.

Questions 6-10

아래 노트 작성을 완료하십시오.

각 정답란에 **한 개 이하의 단어나 한 숫자**를 쓰시오.

회원권 신청서	
	회원 번호: 95647
이름	개리
성	**6** _____
호칭	Ms.
주소	노스 **7** _____ , 61 웰스 크레센트
우편번호	**8** LN7 _____
카드번호	5931 2527 **9** _____ 1058
유효기간	12/21
조회번호	**10** _____ 763 41

PART 2   *Questions 11-20*

Questions 11 and 12

화자가 대나무에 관해 언급한 정보는 무엇인가?

A-E 중 두 개를 선택하십시오.

화자가 대나무에 관해 말한 두 가지는 무엇인가?

A	대나무는 광역 관개를 필요로 한다
B	대나무는 탄소중립적이다
C	대나무는 항균성질을 가지고 있다
D	대나무는 해충의 피해를 받는다
E	대나무는 많은 노동력을 필요로 한다

Questions 13-15

화자가 대나무 제품에 관하여 말한 정보는 무엇인가?

A-E 중 세 개를 선택하십시오.

대나무 월드에서 대나무로 만드는 세 가지 제품은 무엇인가?

A	양말
B	장신구
C	죽순
D	티셔츠
E	칫솔

Questions 16-20

아래 지도를 완성하십시오.

Questions 16-20 옆에 올바른 문자 **A-K**를 기입하십시오.

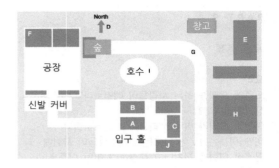

16 대나무 월드의 역사 _____

17 대나무 월드의 미래 _____

18 목걸이와 반지 _____

19 묘목장 _____

20 매점 _____

PART 3   *Questions 21-30*

Questions 21-25

아래의 양식을 완성하시오.
각 정답란에 **두 개 이하의 단어나 한 숫자**를 쓰시오.

21 수업의 학생들은 _____ 한 필요와 목표를 가지고 있다.

22 선생님은 _____에게 수업에 대해 이야기를 해야 한다.

23 강점과 약점에 따라 짝을 짓는 것은 학생들이 서로 _____하게 할 수 있다.

24 학생들 서로에게 평가를 받는 것은 서로의 실수를 더 _____하게 할 수 있다.

25 학생들의 학습에 영향을 줄 수 있는 _____에서 문제를 찾는 것이 중요하다.

Questions 26-30

질문에 답하십시오.

각 정답란에 **두 개 이하의 단어나 하나의 숫자**를 작성하십시오.

26 학생들은 강점과 약점에 따라 짝을 지어준 것에 대해 어떻게 생각하는가?

27 학생들이 함께 시험을 본다면 몇 점을 받을 수 있는가?

28 동급생 간 평가는 어떤 점이 좋은가?

29 낯을 가리고, 조용한 학생은 어떻게 되었는가?

30 학생들은 시험을 치고 난 후 기분이 어땠는가?

PART 4   *Questions 31-40*

아래 노트를 완성하십시오

각 정답란에 **한 개의 단어나 숫자**만을 작성하십시오

세계 역사는 1800년대 이후만이 포함되는가?

소개
- 송하이 왕국 - 신앙심의 선구자 - 서아프리카.
- 문화 모방, 팀북투의 모스크, 비부르
- 팀북투 = 멀지만 1374년 만들어진 카탈란 지도에 그려져 있다
- 유럽중심 - 서구의 '피할 수 없는' 부흥.
- 3가지 다른 관점의 연결성: **31** _____,

사람, 견해의 이동.
- 이념: 종교, 학문, 혁신, 문화.

글로벌 네트워크
- 기원전 4,000년의 증거 - 승마.
- '실크로드' - 중앙아시아와 유라시아의 육로/해로
- 로마 제국의 기록에 따르면, 비단은 서쪽으로, 금, 은과 **32** _____ 는 동쪽으로 이동되었다.
- 국지적 무역 네트워크는 여러 **33** _____ 구역간 상품을 운송 시켰다.

사하라 종단 무역로
- 기존의 지역 네트워크를 연결하였다.
- **34** _____, 노예, 금과 대추를 거래했다.
- 13세기와 14세기에 성황했다.
- 10,000 마리의 낙타 카라반.
- 세계 금의 **35** _____을(를) 운송하였다.

희귀 금속
- 금과 은은 세계 경제에 필수적이다.
- **36** _____는 은으로만 거래를 받았다.
- 압바시드 은은 **37** _____에서 발견되었다.
- 오피왕의 통치 시절의 아랍문자는 **38** _____의 동전에 새겨졌다.

신세계
- 포토시에서의 **39** _____. 발견.
- 중국의 **40** _____를 구매하기 위한 무역
- 중국 인구의 급등은 필리핀의 식민지화로 이어졌다.
- 태평양과 대서양 사이 해상 무역의 연결.

READING

READING PASSAGE 1

Questions 1-13 은 20 분이 주어지며, 아래의 Passage 1 에 기반하고 있습니다.

Questions 1-6

지문은 **A-F** 까지 6 개의 섹션으로 되어 있습니다. 아래 제목의 목록에서 각 섹션에 적절한 헤딩을 고르세요.

답안지의 1~6 번 칸에 **i~ix** 까지 올바른 숫자를 기입하세요.

헤딩 목록

i   도시 숲으로 열섬 현상을 해소
ii   도시 숲의 광범위한 건강의 이점
iii   숲과 외곽 지역의 홍수 관리에 기여
iv   숲에 의한 잡음 수준 감소
v   지구 온난화로 인한 건강 위험의 증가
vi   여러 도시에서 증가하는 기온
vii   앞으로의 방향: 나무와 도시 숲 늘리기
viii   영국의 사망률 감소
ix   숲에 의한 공기의 질 향상

---

1   섹션 **A**

2   섹션 **B**

3   섹션 **C**

4   섹션 **D**

5   섹션 **E**

6   섹션 **F**

무엇이 동물을 영리하게 하는가?

숲은 인간의 생존과 양질의 삶을 위한 필수적 요소입니다. 숲은 공기, 물, 토양을 정화하고 특히 기후를 조절합니다. 나무와 숲이 항상 도시의 풍경과 관련되는 것은 아니지만 가치를 가늠할 수 없을 만큼 소중하며 많은 경우 비가시적인 도움을 주기도 합니다. (숲은) 시멘트로 가득한 도시에서 단순히 '녹색 오아시스'라는 역할만으로 많은 유럽인에게 휴양과 건강에 도움이 되는 역할을 합니다.

얼마나 많은 사람이 도시의 공원과 녹지를 거닐고 자신의 정원을 가꾸며 가정을 녹색 식물로 채우는 일을 즐겨합니까? 녹색 환경에서 지내는 것은 행복과 신체 건강을 향상합니다. 도시의 숲과 녹지가 신체 건강과 정신적 안위를 증진하는 데 도움이 된다는 점은 여러 과학 연구를 통해 증명되었습니다. 유럽 인구의 3/4 이상이 도시 지구에서 살고 있는 지금, 나무, 숲, 그리고 녹지는 이 전의 그 어느 때보다도 큰 의미를 갖습니다.

A 기후 변화 예측 보고서들은 유럽 연평균 기온의 증가 폭이 2100 년까지 2°C 에서 5°C 까지도 상승할 것으로 예상합니다. 가장 큰 온난화가 예상되는 지역은 겨울에는 북동 유럽 그리고 여름철에는 남부 유럽입니다. 혹서는 노인 및 호흡기 증후군이나 심혈관계 질환을 앓고 있는 사람들에게 특히 위험합니다. 2003 년 혹서 기간에는 70,000 명 이상의 수많은 사망자가 유럽의 12 개 국가에서 발생했다고 보고되었습니다. 혹서기 때 공기의 질은 자주 저하되어 건강의 문제를 악화합니다.

노인들은 특히 기후변화로 인한 건강 영향에 취약합니다. 유럽에서 65 세 이상 인구의 비율은 1960 년 10%에서 2010 년 16%로 증가했습니다. 그리고 이 비율은 2060 년까지 30%로 증가할 것으로 예측됩니다. 동시에 도시지역에 사는 유럽 인구 또한 증가했습니다. 오늘날 유럽 연합 인구의 대다수가 도시지역에 살고 있습니다. 이렇듯 고령화와 도시화가 가속되어가는 사회에서 도시 지역의 숲과 녹지대는 기후로부터 사람들의 건강을 보호할 수 있도록 합니다.

B 나무와 관목은 여러 가지 방법으로 주변 지역의 기온을 내립니다. 나무와 관목의 잎은 빛과 열을 위로 반사하고 그늘을 제공하는 동시에 증산작용으로 물을 공기 중으로 보내 나무와 관목 주변의 기온을 떨어뜨립니다. 따라서 이런 자연의 반응은 도시 지역에서 열기의 악영향을 부분적으로 감소시킬 수 있습니다.

향후 70년간 도시 기온에 관한 모델링 연구들은 녹색으로 덮인 지역이 10% 감소하게 되면 도시 기온은 현재 수준보다 8.2°C 증가할 수 있다고 예측했습니다. 한편 지구의 녹색 지역이 10% 증가하게 되면 기온의 증가는 1°C 정도로 그칠 수 있다고 예측했습니다.

C 숲과 녹지는 도시와 시골지역 공기의 질을 향상합니다. 다양한 공기 오염물질, 예를 들면 교통이나 산업으로 배출된 공기 중의 오염물질을 흡수합니다. 또한 나무는 기후변화 문제의 해결을 돕습니다 — 다 자란 나무는 대기 중의 이산화탄소 약 22kg을 해마다 소비하고 그 대가로 산소를 방출합니다. 매년, 130만 그루의 나무는 공기로부터 연간 2,500t 이상의 오염물질을 제거하는 것으로 추정됩니다.

D 나무와 도시 녹지는 빗물이 땅으로 스며드는 것을 용이하게 합니다. 나무를 심고 녹지를 조성하는 것은 유럽의 녹색 인프라를 강화하고 홍수를 제어하는 데에 있어 필수적인 단계입니다.

E 도시 거주민들이 안전한 녹지의 높은 접근성을 누리고 자연과 다시 접촉할 기회와 가능성을 갖는 것 정신적 신체적 건강에도 여러 가지 이점이 있습니다. 예를 들어 영국의 전체 인구를 대상으로 조사한 한 연구에서, 녹지 환경과 더 가까이에 사는 사람들의 사망률은 다른 사망원인에 비해, 가난으로 인한 건강 영향에 대한 점을 반영해도, 약 ¼정도 낮은 것으로 나타났습니다.

또 다른 연구에서는 녹지가 10%가 증가할 때마다 기대 수명 5년 증가에 준하는 질병의 감소와 연관이 있다는 결론을 내렸습니다. 접근이 용이하고 안전한 도시 숲과 녹지는 또한 다음과 같은 건강상의 이점을 가지게 된다는 것을 찾아낸 것입니다. 아래의 이점들은 특히 노령 인구에게 중요합니다.

● 육체 활동 증가 및 비만의 감소
● 스트레스 수치의 감소 및 정신 건강의 향상
● 소음 수치 감소— 정신 및 신체적 건강 향상
● 병원에서의 회복 시간 향상
● 폭력과 범죄의 정도가 낮아지고 및 전반적인 삶의 질을 향상할 수 있는 사회 교류의 증가

F 유럽의 인구가 노령화되고 더욱 도시화되어 감에 따라 숲이 주는 '공공 보건'의 혜택이 더 증가할 것입니다. 실질적인 면에 있어서, 많은 도시가 숲과 녹지를 확장하여 안전성과 접근성을 높일 필요가 있다는 의미입니다. 따라서 숲을 조성하고 나무를 심는 것 그리고 도시 환경을 푸르게 만드는 것은 지역의 공간 계획의 중심이 되어야 할 것입니다.

도심지 주변 숲에 대한 관리는 기후변화 적응과 같은 환경적인 사항들, 그리고 인구 노령화 같은 사람에 관한 사항들을 모두 고려하여 잘 설계해야 할 것입니다.

Questions 7-9

아래 질문에 답하세요.

각각의 답안을 위해서 지문에서 **세 단어 이하 그리고/혹은 하나의 숫자** 만을 선택할 수 있습니다.

답안지의 7~9 번 칸에 답을 기입하세요.

7 현재 도시에 살고 있는 유럽인의 비율은 어떻게 되나요?

8 2100 년까지 여름 기온이 가장 많이 증가하게 될 거라고 예측 한 곳은 어디일까요?

9 어느 집단의 인구가 기후 패턴의 변화로 인해 고통받게 될 가능성이 높을까요?

Questions 10-13

아래 표를 완성하세요.

각각의 답안을 위해 지문에서 **세 개 이하의 단어**를 선택할 수 있습니다.

답안지의 10-13 칸에 답을 기입하세요.

도시 숲 조성의 주요 이점	
열섬 해소	• 잎이 **10** _____을 반사한다. • 증산작용으로 공기를 식혀준다.
공기의 질 향상	• 예를 들어 이산화탄소 같은 **11** _____을/를 제거하여 식물이 공기의 질을 향상한다. • 나무는 탄소를 흡수하고 산소를 발생시킨다.
홍수 관리	• 나무와 식물은 빗물이 토양으로 흡수되는 것을 용이하게 한다.
건강 상의 이점	• 접근 가능한 녹지는 활동을 **12** _____하)고 비만을 감소시킨다. • **13** _____과/와 소음 수준을 낮추어서 정신 건강을 향상한다.

READING PASSAGE 2

Questions 14-26 은 20 분이 주어지며, 아래의 Passage 2 에 기반하고 있습니다.

모험 즐기기

시베리아 툰드라의 고대의 대형 동물을 복원시키기 위한 목적의 야생동물 리와일딩 사업

시베리아 동북부, 콜리마 강기슭의 외진 자연보호 구역에서 한 팀의 과학자들이 황량한 툰드라 지역을 풀이 무성한 초원으로 변화시키려는 목적의 야심찬 '리와일딩' 사업으로 시간을 되돌리려는 노력을 하고 있습니다. 이 곳은 홍적세 공원으로 곧 말이나 들소 같은 익숙한 현대의 동물 종 뿐 아니라 심지어 빙하기의 가장 대표적인 동물 종인 털 매머드의 서식처가 될 것입니다.

빙하기 동안에 매머드 스텝(steppe)이라고 알려진 거대한 초원의 생태계가 유라시아와 북아메리카까지 펼쳐져 있으며 다양한 거대 초식동물과 그들의 포식자(거대 동물)의 서식지입니다. 그리고 거의 만 년 전, 홍적세에서 완신세로 넘어갔고 이 전이는 가물고 건조한 기후가 습윤 기후로 바뀐 특징이 있다고 합니다. 스텝 초원이 사라지고 오늘날은 이끼로 덮인 툰드라로 대체되었을 뿐 아니라 대부분의 거대 동물들도 사라졌습니다.

과학자들은 전통적으로 이러한 대멸종을 기후변화로 인한 것이라고 설명합니다. 하지만 러시아 과학자 팀은 이 의견에 반기를 들었습니다. 이들은 세르게이 지모프와 그의 아들 니키타 지모프로 홍적세 공원 사업의 중추적인 역할을 하고 있습니다. 두 과학자의 주장은 초기 간빙기에(두 빙하기 사이 기간) 주요 환경의 격변 없이 비슷한 기후 변화를 겪었다는 사실에 더해, 시베리아 기후가 건조기후에서 습한 기후로 바뀌었다는 것은 잘못된 과학적 근거에 의한 것이며 이 지역의 기온과 습도 모두 매머드 스텝 시기의 수치와 비슷하다는 점입니다.

기후변화의 결과 라기보다, 지모프는 시베리아 거대 동물들의 실종은 사실 초기 인간들의 과도한 사냥 때문이라고 믿고 있습니다. 초원에서 풀을 뜯던 초식 동물의 멸종이 다시 오늘날 툰드라 기후의 특징인 이끼류와 관목, 나무 개체수의 급증을 불러일으켰습니다. 세르게이는 "적절한 초식동물 생태를 신중히 회복시켜 이 풍경을 재건해야 한다."라고 말합니다.

하지만 홍적세 공원은 지모프의 환경에 대한 시험 뿐만 아니라 그 이상으로 지구 온난화를 해결하려는 역할을 목적으로 하고 있습니다. 최근 몇 해 동안 시베리아의 영구 동토층이 해동되고 있는 속도에 대한 연구원들의 우려가 커지고 있습니다. 영구 동토층은 2 년 이상 빙점 이하를 유지하는 땅이라 정의하며 지구의 주요 탄소 저장고로 전 세계의 평균 기온이 증가함에 따라 동토층이 녹기 시작하고 지구 온난화의 주요 원인인 이산화탄소, 메탄 같은 온실가스의 형태로 어마어마한 양의 탄소를 배출합니다.

거대한 초식동물 예를 들어 들소와 사향소 같은 동물들이 툰드라 지역에 나무와 관목을 제거하고 눈을 밟아 땅으로 스며들게 하여 이 현상을 해결하는 데 도움을 줄 수 있다는 이론이 있습니다. 이는 탄소를 효과적으로 저장하는 풀의 성장을 촉진할 뿐 아니라 겨울에 땅을 더 많이 냉각시키고 상대적으로 따뜻한 여름에는 동토층을 단열하여 녹는 속도를 늦춥니다.

이를 위해 1988 년에 홍적세 공원 프로젝트를 수립하여 특히 추운 지역에서 잘 적응하는 종, 야쿠티아 말들을 소개하게 되었습니다. 이후 30 년간 순록, 무스, 들소 다른 종들을 보호 지구로 들여왔습니다. 또한 가까운 미래에 영양, 야크, 그리고 낙타를 추가할 계획입니다. 홍적세 공원의 환경을 면밀히 관찰하며 알게 된 정보는, 이끼류와 관목이 평지의 초원으로 대체 되었을 뿐 아니라 목초지의 동물들이 밟고 다니는 눈 밑 땅의 온도는 큰 초식동물이 존재하지 않는 지역보다 최대 25°C 낮다는 것입니다.

하지만 이 프로젝트에 반대의 목소리가 없는 것은 아닙니다. 그중 하나 생태계에 외래종이 도입되면서 오스트리아의 수수두꺼비와 미국의 나일 농어의 경우처럼 예측하지 못한 부정적인 상황들이 나타날 수 있다는 점입니다. 또 다른 하나는 야쿠티아 말들은 그런 눈이 내리는 환경에서 자립하여 생존할 수 없으며 식량에 있어서 인간의 개입에 의존해야한다는 것입니다. 지모프팀은 이런 주장이 부정확하다며 일축했고 30 년이 지난 후에도 홍적세 공원 생태계의 성공은 계속 되고 있다는 점을 지목했습니다.

가장 '큰' 논란은—비유적으로도, 그리고 또한 말 그대로—털매머드 같은 멸종된 동물들의 잠재적인 도입입니다. 현대 코끼리보다 상대적으로 거대한 이 동물은 한때 자신들의 이름을 딴 초원을 돌아다니 만년 전 다른 거대 동물들과 같이 멸종했습니다. 오래 전에 사라지긴 했지만, 이 동물의 유해는 여전히 찾아볼 수 있습니다. 상아, 뼈, 그리고 여전히 그들의 특징인 붉은 갈색 털을 가진 미라화된 시체가 동토에 완벽하게 보존된 경우가 자주 있습니다. 이러한 유해에서 각각 하버드대와 교토대의 연구팀이 아시아 코끼리의 배아 세포에 매머드의 유전물질들을 주입할 목적으로 DNA 를 추출하였습니다. 그 결과로 나온 매머드 코끼리 교배종은 실제 털매머드는 아니겠지만 그럼에도 똑같은 생태학적 역할을 충분히 해낼 잠재성이 있습니다.

시베리아의 초원을 뛰어다니는 매머드 떼를 바라보는 것이 인상적이라는 것은 의심할 여지가 없긴 하지만 이에 대해 심각한 윤리적 의문을 제기하게 됩니다. 세계 야생 기금에 의하면 해마다 만종의 동물이 사라지고 있는데, 거액의 돈을 멸종 위기에 처한, 살아 있는 종들을 보호하는데 사용하는 편이 좋을 것이라는 주장을 하며, 매머드 종 하나를 되살리는 것에 대해 의문을 제기하는 사람들이 있습니다. 하지만 니키타 지모프는 분명하게 그 유익함을 말합니다. "나는 매머드나 혹은 다른 동물들을 위해 이 일을 하는 것이 아닙니다. 나는 단순히 세상을 초록색으로 만들겠다는 정신 나간 과학자가 아닙니다. 저는 기후 변화라는 더 큰 문제를 풀고자 합니다. 인간을 위해서 하는 것이죠. 저는 딸아이가 셋이 있습니다. 그 아이들을 위해 이 일을 하는 것입니다."

다음 진술이 독해 지문 1에 주어진 정보와 일치하는가?

답안지의 14~18번 칸에 아래 와 같이 기입하시오.

TRUE　　　주어진 정보와 일치한다면

FALSE　　　주어진 정보와 모순된다면

NOT GIVEN 해당 내용에 관한 정보가 주어지지 않았다면

14 홍적세 공원에는 현재 시베리아 매머드가 살고 있다.

15 시베리아 툰드라는 대략 만년 동안 존재해 오고 있다.

16 현대 툰드라는 이끼류와 관목이 넓게 퍼져 있는 것이 전형적인 특징이다.

17 영구 동토층은 초식동물이 부재하게 되면 기온이 상당히 올라간다.

18 교토 대학의 연구진들은 다른 팀들보다 매머드 교배종을 만드는 것에 가까이 와있다.

Questions 19-24

아래 사항을 완성하세요.

각각의 답안은 지문에서 두개 이하의 단어를 선택할 수 있습니다. 답안지에 6 번에서 11 번 칸에 답을 쓰세요.

계획의 제안된 이점

19 _____ (예. 사향 소, 들소)에 의해서 나무와 관목이 제거되면 탄소 흡수계로 작용하는 풀밭의 성장이 촉진된다.

초식 동물은 눈을 평평하게 만들고 - 여름동안
20 _____을 따뜻하게 유지하여,
21 _____의 해동을 감소시킨다.

영구 동토는 또한 **22** _____동안에 단열된다.

이 계획의 반대의견들

외래종을 공원으로 들여오면 의도하지 않은
23 _____으로 이어진다.

어떤 종들은 인간의 개입 없이는 북극의 환경에서 살아갈 수 없다.

메머드의 재활 프로젝트에 관한 윤리적 논의 ― 자금을 **24** _____ 위기에 처한 동물들을 돕기 위해 전용하기를 원하는 사람들이 있다.

Questions 25 and 26

A~E 중 두 문자를 고르시오.

답안지의 25 번과 26 번 칸에 적절한 문자를 기입하시오.

다음 중 홍적세 공원에서 일어난 일로 언급한 것은 어느 것인가?

A　건조 기후에서 습한 기후로 전환

B　무스, 낙타 그리고 야크 들여옴

C　풀의 급증

D　영구동토의 일부 지역에서 기온의 감소

E　털매머드의 DNA 의 발견

R E A D I N G　P A S S A G E　3

Questions 27-40 는 20 분이 주어지며, 아래의 Passage 3 에 기반하고 있습니다.

지문은 **A-E** 까지 5 개의 섹션으로 구성되어 있습니다.

아래 제목의 목록에서 각 섹션에 적절한 헤딩을 고르세요.

답안지의 27~31 번 칸에 **i~viii** 까지 올바른 숫자를 기입하세요.

헤딩 목록

i.	건축의 경이로운 성과물
ii.	환경영향의 균형
iii.	간사이가 바다에 지어진 이유
iv.	유명 건축가
v.	가라앉는 느낌
vi.	지역 생태계 훼손
vii.	계획된 개선사항
viii.	기초 다지기

27	섹션 **A**
28	섹션 **B**
29	섹션 **C**
30	섹션 **D**
31	섹션 **E**

간사이: 전 세계에서 가장 긴 공항

A 세계에서 가장 긴 공항은 새로운 공항이 아닌 사실 20 년도 더 된 공항입니다. 이 놀라운 공학기술의 특징은, 섬 위에 지어졌고 주변을 둘러싸고 있는 세 개의 산과 수백만 세제곱미터의 콘크리트로 건설되었습니다. 1994 년에 완공된 간사이 국제 공항은 공항의 모든 기능에 있어서 건설적 그리고 공학적으로 경이로운 업적이었습니다. 1980 년대 후반의 엔지니어와 설계자들은 일본의 간사이 지역을 재활성화 시키기 위한 방법을 모색하고 있었습니다. 이 지역은 도쿄 수출업의 빠른 성장을 따라가는 데 어려움을 겪고 있었습니다. 지역의 주민들의 시위에 떠밀려 섬에 공항을 건설하게 되었습니다. 많은 숙고 끝에 오사카 공항의 남서 방향으로 38km 되는 지역이 부지로 선정되었습니다.

B 선정된 부지 아래 바다의 전경은 층적토의 진흙으로 구성되었고 해저의 깊이는 최대 18.5m 였습니다. 놀랍게도 이 곳의 깊이는 건설에 문제가 되지 않았습니다. 하지만 해저에서 발견되는 진흙 때문에 엔지니어들에게 여러가지 문제가 생겼습니다. 토대로서 진흙의 주요 문제는 습기의 수용력 때문이었습니다. 이 문제를 풀기 위해 엔지니어들은 해상에 기반을 둔 토대를 안정화하기 위해 새롭게 등장한 기술을 사용했습니다. 모래 말뚝 120 만개를 사용하여 엔지니어들은 해저를 효과적으로 안정화하여 해당 섬의 무게를 지탱하도록 했습니다. 모래 말뚝을 만들기 위해 엔지니어들은 튜브를 진흙의 깊은 곳까지 집어넣었습니다. 그리고 수백만 톤의 모래를 주입한 후 실린더를 제거했습니다. 모래의 말뚝이 계속해서 주변 진흙의 배수관 역할을 하게 되고 지반의 습기가 포화되는 것을 방지하여 안정화합니다.

안정화된 해저 위에 48,000 개의 개별 콘크리트 4 면체를 쌓아 견고한 기반을 형성합니다. 각각의 사면체는 200t 이 나갑니다. 틀 사이에 틈을 메꾸기 위해, 1 억 7 천 8 백만 입방톤의 흙을 근처의 산으로부터 가져와 특수제작한 바지선을 사용하여 현장에 부었습니다. 방파제와 토대는 3 년 후에 완성되었습니다. 그리고 4km x 2.5 km 크기의 섬을 기반으로 공항시설의 건설이 시작되었습니다.

C 인상적인 섬 위에 엔지니어들은 심지어 더 인상적인 공항을 건설했습니다. 이 건물은 다른 건물로 건축상을 받아 유명해진 저명한 이탈리아의 건축가 렌조 피아노에 의해 설계되었습니다. 가장 인상적인 간사이 공항의 건축적 특징은 공항과 비행기의 연결을 위한 공항의 15m 의 캔틸레버 터미널 구조입니다. 환경 영향을 감소시키고 난방 및 냉방 비용을 절감하기 위한 노력으로 수동 에어컨 시스템이 설계되어 있습니다. 이 구조는 지붕의 선을 따라 변류기처럼 블레이드를 사용하여 공기가 건물을 통과할 수 있게 했습니다. 이는 30 만 세제곱 미터 크기의 건물 내부가 편안한 온도인 20° ~ 26°C를 유지할 수 있도록 합니다.

이 섬과 주도를 연결하기 위해 다리가 건설되었습니다. 이 다리는 공항으로 들고 나는 교통 체증을 원활하도록 합니다. 이 인상적인 다리는 3,750m 이고 세계에서 가장 긴 결구교입니다.

2007 년에 두 번째 섬이 완공되어 주 활주로와 터미널 사이에 증가하는 교통량 문제를 해결하라는 증가하는 압박을 어느 정도 해소했습니다. 4km x 60 m 크기로 측정되는 이 섬은 현재 추가적인 활주로의 기능으로만 사용되고 있으며 초기에 제안되었던 터미널 선택사항은 재정 문제로 인해 연기되었습니다.

D 강력한 기반 설계를 가졌음에도 불구하고 엔지니어들은 이 섬이 대략 5.7m 가라앉으리라 예측했습니다. 당시를 떠올리며 엔지니어들은 이 수치가 긍정적으로 선택한 것임을 인정합니다. 현재 이 섬은 13.05cm 가라앉았고 준공 이후 해마다 50cm 의 속도로 가라앉고 있습니다. 안정화 기술 도입을 통해서 엔지니어들은 계속해서 내려앉는 속도를 연간 6cm로 줄였습니다. 현재, 엔지니어들은 이전에 걱정했던 가라앉는 속도를 해결했다고 생각하며 공항 시설 향상을 논의 중입니다.

E 이 공항의 자랑거리인 건축 그리고 공학적 특성과 함께 섬은 인상적인 환경적 특성 또한 갖고 있습니다. 간사이 국제 공항은 아시아의 어떤 공항보다도 가장 큰 태양광 발전소를 갖고 있습니다. 또한 이렇듯 주요 환경친화적 기술뿐만 아니라 수소를 동력원으로 사용하는 차량을 사용하고 있습니다. 또한 폐수 처리 시설에서도 많은 노력을 기울이고 있습니다. 초기에 이 프로젝트는 환경적으로 매우 파괴적이라고 여겨질 수 있었지만 이러한 파괴적인 부분을 상쇄할 수 있는 방편으로 위에서 언급한 환경적 조치를 취했습니다.

현재 공항은 평균적으로 매일 920편의 비행기가 이용합니다. 그중 다수는 화물 수송기입니다. 현재 이 공항은 6 개 주요 항공 노선의 허브의 기능을 하며 설계 목적에 부응하고 있습니다. 간사이 공항은 계속해서 20 세기의 가장 위대한 공학적 성취물로 거론되고 있습니다. 20 년 된 이 건축물은 새롭게 등장하는 공학적 개가에도 자신의 위치를 유지하고 있으며 더욱 인상적인 공항이 되어가고 있습니다.

Questions 32-36

아래 도표에 명칭을 기입하세요.

각 답안에 지문에서 **두개 이하의 단어 그리고/혹은 숫자**를 선택할 수 있습니다.

답안지의 32~36 번 칸에 답을 기입하세요.

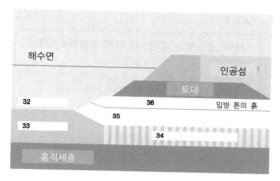

해수면

인공섬

토대

32

36

입방 톤의 흙

35

33

34

홍직세층

Questions 37-40

아래에 **A~H** 단어 목록을 사용해서 지문을 완성하시오.

답안지에 36~40 번 칸에 **A~H** 중 적절한 문자를 넣으시오.

공항의 본관 구조는 **37** _____이탈리아 건축가인 렌조 피아노가 설계하였습니다. 그는 건물을 시원하게 해주는 칼날 모양의 변류기 시리즈뿐 아니라 캔티레버 도킹 터미널같은 **38** _____특징을 포함시켰습니다. 또한 간사이와 본토를 **39** _____ 다리는 전 세계의 비슷한 형태의 다리 중에서 가장 깁니다. 늘어가는 교통 **40** _____을 해소하기 위해 추가로 섬이 건축되긴 했지만 재정의 한계로 계획된 두번째 터미널은 보류되었습니다.

A 연결하는	**B** 건축가
C 눈에 띄는	**D** 유명하게
E 체증	**F** 축하하였다
G 혼잡	**H** 연결된

WRITING

WRITING TASK 1

응시자는 이번 과제에 20 분이 주어집니다.

> 아래는 동일한 대학 캠퍼스의 *1975*년도와 *2019*년도 도면입니다.
>
> 주요 특징을 선별하여 정보를 요약하고 연관된 부분을 비교하십시오.

최소 150 단어 이상 기술하시오.

은행		우체국	숙소
	도서관		
자연과학부		체육관	
예술학부		기계공학부	
학생회관			

카페		카페	
	도서관		체육관
자연과학부			
예술학부		기계공학부	학생회관

WRITING TASK 2

응시자는 이번 과제에 40 분이 주어집니다.

다음 주제에 맞게 작성하시오.

> *최근 몇 년간 재택근무를 선택하는 사람들이*
> *급격하게 늘었습니다.*
>
> *이 현상에 대한 이유는 무엇입니까?*
>
> *이런 유형의 직장의 장단점은 무엇입니까?*

자신의 답변에 대한 근거를 제시하고 자신의 배경지식이나 경험에 기초하여 관련된 사례를 포함하시오.

최소 250 단어 이상 작성하시오.

SPEAKING

PART 1

평가자는 응시자에게 자기소개, 사는 곳, 전공 등 여러 익숙한 주제에 대해 질문한다.

예시

- **고향**

당신의 고향에 대해 이야기해주실 수 있나요?

당신의 고향에서는 무엇을 하며 시간을 보낼 수 있나요?

그곳에서 지내는 것에 만족하나요? 이유는?

- **음식**

가장 좋아하는 음식이 무엇인가요? 이유는?

어릴 때는 싫어했지만 지금은 좋아하는 음식이 있나요?

당신이 거주하는 국가는 어떤 요리로 유명한가요?

PART 2

> **당신이 존경하는 유명인에 대해 말씀해주시기 바랍니다:**
>
> **당신은 다음을 말해야 합니다:**
>
> > 그 인물이 누구인지
> > 그녀/그가 왜 유명한지
> > 이 인물에 대해 당신이 아는 것이 무엇인지
>
> **그리고 당신이 이 인물을 존경하는 이유를 설명해주십시오.**

주제에 대해 1~2분 정도 이야기할 수 있어야 한다. 사전에 무슨 말을 할지 내용을 생각할 수 있는 시간이 1분 주어질 것이다. 필요하다면 노트 필기를 할 수 있다.

PART 3

토론 주제 :

유명인에 대한 태도

당신이 거주하는 국가에서는 어떠한 사람들이 유명한가요?

유명인들의 영향력이 이전보다 더 강해졌다고 생각하시나요?

유명인은 사회의 롤 모델로서 올바르게 행동해야 한다고 생각하시나요?

유명인과 사생활

우리는 유명인의 사생활을 보호해야한다고 생각하시나요?

사람들이 왜 유명인의 사생활에 관심이 많다고 생각하시나요?

Test 4

LISTENING

PART 1   *Questions 1-10*

Questions 1-8

아래의 양식을 완성하세요.

두 개의 단어 이하 그리고/또는 하나의 숫자로 답하세요.

마일로 호텔 – 손님 예약	
체크인 정보	*손님 정보*
호텔 위치: 리버풀 객실 수: **1** _____ 체크인: 6월 12일 토요일 숙박 기간(몇 박) : **2** _____ 룸 타입: **3** 1x _____ 및 1x 트윈 총 금액: £ **4** _____	이름: 매튜 **5** _____ 생년월일: **6** _____ 1973년 주소: **7** _____ 거리, 브리스톨 우편번호: **8** _____ 전화번호: 07273 866421

Questions 9-10

아래의 문장을 완성하세요.

한 개의 단어 그리고/또는 하나의 숫자로 답하세요.

9 시내에 주차하기에는 공간도 좁고 매우 _____ 하다.

10 12 세 이하 어린이의 파크 앤 라이드 버스 비용은 £_____ 이다.

PART 2   *Questions 11-20*

Questions 11-16

아래의 질문에 답하세요.

각각의 답에 **두 개의 단어 이하 혹은 숫자**로 작성하세요.

11 WWOOF 자원봉사자들이 일하는 곳은 어디인가요?

12 이 조직은 어떠한 라이프스타일을 권장하나요?

13 자원봉사자들은 어떤 유형의 사람들과 만날까요?

14 WWOOF 커뮤니티에 가입하려면 어떻게 해야 하나요?

15 자원봉사자들은 하루에 몇 시간 노동을 해야 하나요?

16 WWOOF 구성원들이 농부들로부터 받는 보수는 무엇인가요?

Questions 17-20

A, B 또는 C 중에서 올바른 글자를 고르세요.

17 자원봉사자들은 대개 저녁을 _____과 함께 먹는다.

  A   다른 자원봉사자들

  B   다른 자원봉사자들과 호스트 가족

  C   호스트 가족

18 자원봉사자들은 _____ 옷들을 가져와야 한다.

  A   비싼

  B   오래가는

  C   새것의

19 _____을 가져오는 것은 필수이다.

  A   우천용 의류

  B   수건

  C   본인의 작업용 장갑

20 당신은 _____을 가져가야 할지도 모른다.

  A   꽤 괜찮은 신발

  B   우천용 의류

  C   침낭

PART 3   문제 *21-30*

Questions 21-25

박스 내 목록 중에서 **5개**의 답을 골라, 21-25번 문항이 끝나는 곳에 **A-H** 중 가장 적절한 알파벳을 쓰세요.

21 인구 포화   _____
22 중국과 인도의 경제   _____
23 근대 초기   _____
24 아편 전쟁   _____
25 석탄   _____

A 문제를 극복하고 경제 확장에 성공했다.
B 서유럽은 그다지 부유하지 않았다.
C 중국 인구의 대규모 증가
D 안정적인 영국 정부
E 인도와 중국은 많은 자산을 보유하고
  있었다.
F 영국 해군의 전략의 예시
G 먼 곳에서 공급되었다.
H 세계 몇 군데의 경제 성장 비교

Questions 26-30

아래의 노트를 완성하세요.

각각의 답에 **두 개의 단어 이하로 혹은 숫자로** 작성하세요.

대분기

무엇이?
• 산업 혁명은 다른 곳도 아닌 영국에서 일어났다.
• 우연히 일어난 일은 아니지만 예상하지 못한 일이었다.
• 영국의 **26** _____이고 중앙 집권적인 정부는 하나의 요인이었다.

상품들
- 영국은 인도보다 더 **27** _____하고 효율적인 능률로 면화를 취급할 수 있었다.
- 1700년대 중반 인도는 전 세계의 **28** _____의 제품을 생산했다.

식민지 지배
- 국제적인 **29** _____은 영국의 경제 발전에 도움이 되었다.
- 스페인은 **30** _____을 중국과 근접해 있다는 이유로 지배했다.
- 중국에는 북서쪽 국경 쪽에 문제가 있었다.
- 오스만 제국은 식민지 안팎으로 위협을 마주하고 있었다.

PART 4 문제 *31-40*

Questions 31-34

A - F 중에서 **4**개를 고르세요.

감정의 뇌과학

이 중 올바른 주장 **4가지**는 무엇인가요?

A 연구원들은 우리의 감정에 대해 거의 아는 것이 없다.

B 감정들은 뇌의 한 부분에 집중되어 있지 않다.

C 뇌의 가장 오래된 부분은 편도체로 알려져 있다.

D 누구든지 타인의 감정을 얼굴 표정이나 몸짓을 보고 알 수 있다.

E 정서적 고통은 대부분 편도체와 전두엽 피질에 새겨진다.

F 정서 불안은 우리의 주요 감정들의 불균형 때문에 일어난다.

Questions 35-40

A, B 또는 C 중에서 올바른 답을 고르세요.

35 리사 펠드먼 바렛은 감정을 어떠한 방식으로 표현합니까?

    A   카테고리로

    B   표현의 형태로

    C   과거의 경험으로

36 뇌는 어떤 것을 감정으로 바꿉니까?

    A   긍정적인 기억들

    B   신체적인 기억들

    C   감각 정보

37 본문에 따르면, 사람들은 감정을 어떤 방식으로 느낍니까?

    A   다른 사람과 같은 방식으로

    B   보편적으로 알려진 태도로

    C   다른 사람들과 다른 방식으로

38 '정동(affect)'이란 무엇입니까?

    A   끊임없는 존재의 상태

    B   물리적 자극에 의한 기본적인 반응

    C   특정 감정에 반응하는 학습된 상태

39 특정 상황에 대한 우리의 반응을 어떻게 바꿀 수 있습니까?

    A   경험에 대해 생각하는 방식을 바꿔서

    B   고통의 예시로 괴로움을 이용해서

    C   그것을 다른 언어로 생각해서

40 몸과 마음이 어떻게 서로 영향을 미칩니까?

A   과거의 경험에 동일한 방식으로 반응한
다.

B   서로 협력하는 방식으로 강하게 연결되어
있다.

C   감정을 만드는데 문화적인 환경을
이용한다.

READING

READING PASSAGE 1

Questions 1-14 은 20 분이 주어지며, 아래의
Passage 1 에 기반하고 있습니다.

시드니 오페라 하우스는 의심할 여지없이 호주에서
가장 눈에 띄는 건물이자 시드니와 호주의 독립적인
문화 정신의 상징이 되었다. 하얀색 물결 모양의 실
루엣, 항구 쪽 위치와 시드니 하버 브리지(Sydney
Harbour Bridge)의 곡선이 맞닿아 이 건물을 보는
사람들에게 잊을 수 없는 파노라마를 제공한다.

오늘날, 시드니 오페라 하우스는 전 세계에서 가장
바쁜 예술 공연 센터 중 하나로, 매년 2,500 개의 공
연과 행사를 개최하고, 약 150 만 명의 후원자들이
있으며, 약 4 백만 명의 방문자를 유치하는 것으로
알려져 있다. 그러나 이 놀라운 건물의 건축 과정은
논란과 논쟁을 낳았다. 높은 비용과 복잡한 공학적
문제로 끊임없는 공론화가 되었으며, 이 논란은 공사
를 완료하여 전 세계의 미적, 기술적인 업적을 인정
받았을 때 비로소 잠잠해졌다.

호주의 경제가 호황이었던 1950 년대 변화기인 1956
년, 뉴 사우스 웨일즈(New South Wales) 정부는 국
립 오페라 하우스의 디자인을 위한 국제 대회를 개
최하였다. 이 오페라 하우스는 2 차 세계대전 이후
호주의 긍정성과 낙관성을 상징하는 것이어야 했다.
심사위원들은 33 개국에서 나온 233 개의 작품 중에

서 38세 덴마크인 예른 웃손(Jørn Utzon) 의 디자인
을 선택하며 "예른 웃손의 팀이 디자인한 오페라 하
우스가 세계 최고의 건축물 중 하나가 될 수 있다"라
고 말하였다. 웃손의 혁신적이고 돛을 닮은 디자인은
관습에 반대되었으므로 큰 논란을 일으켰지만, 심사
위원들은 "해당 디자인의 장점을 확신하고 있다"라고
하였다. 웃손의 디자인은 특히 조각적인 디자인과 표
현주의를 포용하는 것으로 알려져 있다; 1920 년대
이후에 떠오른 뒤 유행세를 탄 모더니즘(근대주의)과
'유리상자'식 설계에 대한 개념과는 대조적이었다.

웃손은 오페라 하우스의 디자인은 자연의 유기적 형
태들과 건물의 후원자들에게 즐거움의 주기 위한 감
각적 경험을 만들기 위한 열망, 이 두 가지에 영향을
받았다고 설명했다. 이것을 실현하기 위해 그는 특이
한 모양과 건축자재를 사용하였다. 하얀 스웨덴 타일
로 덮인 지붕 부분은 갤리온 선의 돛에서부터 깨진
계란 껍질에까지 비교되며, 이 오페라 하우스만의 활
력과 분위기를 준다. 카디프 대학(Cardiff University)
의 건축학 교수인 리차드 웨스턴(Richard Weston)
은 이 부분을 "건축에서 가장 살아있는 표면 중 하나
이다"라고 하였으며, 그것은 밝은 태양 아래에서 눈
부시게 하얀 빛을, 그늘 아래에서는 진주 빛을 띠며,
주변의 빛을 반사시킬 때는 크림색, 핑크색 혹은 황
토색으로 빛이 난다"라고 말하였다.

엔지니어링 회사인 오브 아럽 앤 파트너스(Ove
Arup and Partners)는 이 도전을 받아들였다. 16 년
이란 시간이 걸렸고 건축 과정 내내 건축과 공학적
한계를 뛰어넘었다. 이 몇 년 동안 건축 지연과 증가
하는 비용이 개발을 더디게 하였다. 그러던 중 굉장
히 창의적인 해결책이 나왔는데 그것은 바로 오페라
하우스 복권을 만들어 비용을 충당하는 것이었으며,
496 개의 복권에서 1 억 2 백만 달러를 모았는데 오
페라 하우스 건축비 전체에 해당하는 금액이었다.

조각 같은 돛 모양의 지붕을 짓기 위해 웃손과 오브
아럽 앤 파트너스는 이 기술적 난제에 4 년 동안이나
매달렸다. 마침내 해결법을 찾았을 때, 그들은 이전
에 완성하였었던 공사들 중 일부를 재방문하여 재건

설 후 기초 보강 작업을 실시하여 수정된 구조물을 지탱할 수 있었다. 이러한 문제는 논란을 점화시켰고 결국 뉴 웨일즈 정부와 설계자와의 관계도 끝나 버리고 말았다. 1966 년에 그들의 관계는 복구가 불가능할 정도로 산산조각이 났고, 웃손은 사임할 당시에 분노에 차 다시는 호주에 돌아오지 않겠다고 맹세하였다. 그의 후임으로 건축가 토드(Todd), 홀(Hall), 그리고 리틀모어(Littlemore)가 이후 7 년 동안 건축을 완성시키게 된다.

시드니 오페라 하우스는 모든 면에서 선구적인 건축물이었다. 이 건물의 건축은 현대 건축물에 대한 실험이 세계적으로 왕성하던 시기에 호주의 건축 설계와 건설 역사에 남을 혁신적인 수많은 기술적, 창의적 해법의 모태가 되었다. 이 오페라 하우스를 건설하는데 사용될 신기술을 실험하기 위해 뉴 웨일즈 대학에 실험실을 설립하였고 이것은 대학 연구를 상업화한 세계 최초의 기관 중 하나가 되었다.

이 오페라 하우스는 공연장으로 지어졌으며 공연장, 오페라극장, 연극극장, 연극관, 스튜디오 등이 있다. 1973 년 10 월 20 일 엘리자베스 2 세 여왕이 개관한 이래 몇 년 동안 엘라 피츠제럴드(Ella Fitzgerald), 미리엄 마케바(Miriam Makeba), k.d.랭(kd lang), 빌리 코널리(Billy Connolly), 존 윌리암스(John Williams), 조앤 서덜랜드(Dame Joan Sutherland), 브린 터펠(Bryn Terfel), 멜 깁슨(Mel Gibson), 필립 글래스(Philip Glass), 루치아노 파바로티(Luciano Pavarotti), 그리고 시드나 교향악단 등 세계적인 아티스트들에게 적합한 쇼케이스를 제공하였다.

시드니 오페라하우스의 기원을 둘러싼 논란과 갈등에도 불구하고 이 건축물은 건축가의 비전, 정부의 의지, 공학, 대중의 희망의 특별한 표현이다. 무엇보다도 이 건축물은 호주인들의 머리에 강력한 존재로 각인되었다 - 호주가 어떤 나라인지를 반영하는 것만 아니라 어떠한 나라가 되고 싶은지를.

아래 질문에 답하세요.

세 단어 이하 그리고/또는 하나의 숫자를 본문에서 골라 답하세요.

1 시드니 하버 브리지와 가깝다는 점 이외에, 시드니 오페라 하우스에 대해 어떤 특징이 지나가는 사람들의 눈에 띌까요?

2 기술적인 문제 외에도, 무엇이 끊임없는 대중적 논쟁을 야기하였을까요?

3 원래 디자인에 대한 심사원들의 믿음에도 불구하고 대중들의 반응은 어떠하였습니까?

4 웃손의 디자인이 동시대 주류 건축 스타일과 비교하여 무엇이 달랐습니까?

5 오페라 하우스의 실루엣은 배의 돛 외에 무엇과 비교됩니까?

6 지붕 구조물을 건설하기 위해 엔지니어들이 얼마나 오래 걸렸습니까?

7 호주의 건축 역사와 연관하여 그 당시에 이 오페라 건물이 어떻게 보였습니까?

8 호주인의 정체성 측면에서 시드니 오페라 하우스의 위상은 어떻습니까?

Questions 1-8

Questions 9-13

각 문제의 문장 끝을 아래 보기 **A-H** 중에서
고르세요.

9   오페라 하우스가 국제적인 인정을 받기까지

10   심사위원회에서 웃손의 선택한 이유는
심사원들이 그의 건축 디자인이 _____이라고
생각했기 때문이다.

11   웃손의 비전은 특이한 형태와 구성 요소를
이용한 유기적 구조였으며,

12   비용이 증가하였음에도 불구하고, 프로젝트는
_____ 완성되었다.

13   뉴 사우스 웨일즈 대학은 _____의 선구자이다.

A   학교 캠퍼스의 최초의 분석 워크샵 중
하나를 설립하는 것
B   오페라 하우스 복권의 결과로
C   소요되는 자금과 공학적 난제를
간과하였다.
D   전쟁 후의 진보적 분위기의 상징
E   학술 연구를 수익성 있는 사업으로 전환
F   전세계적으로 유명한 디자인이 될 것
G   국책 사업과 경진대회의 지원금의 결과로
H   후원자들의 자연환경에 대한 감상을
탐닉하며 즐기며

Questions 14

A-C 중 가장 옳은 것을 고르세요.

위 본문의 제목으로 가장 알맞은 것은?

A   시드니 오페라 하우스 - 미래의 거울

READING PASSAGE 2

Questions 15-27은 20분이 주어지며, 아래의
Passage 2에 기반하고 있습니다.

커피의 유전자 변형에 대한 최근 발전

커피는 전 세계 80개 국가에서 재배되는 가장 유명
한 농작물 중 하나이다. 커피나무속(Coffea)은 대략
100여 종으로 구성되어 있으며, 그중 두 종류, 코페
아 아라비카(일반적으로 아라비카 커피로 알려져 있
음)와 코페아 카네포라(로버스타 커피로 불림)만이
상업적으로 재배된다. 전통적 생산 방식을 거친 커피
의 유전적 개량은 커피의 다년생성 때문에 속도가
더디다. 유전자 변형이 원하는 농업적 특성들을 가진
개선된 커피 품종들을 개발하는데 막대한 잠재력을
가지고 있는 것에 반해 전통적인 생산 방식으로는
개발이 어렵다. 지난 20년간, 커피 생명 공학은 특
히 유전자 이식 기술 분야에서 유의미한 진척을 보
였다.

커피는 세계에서 가장 주요한 농산물 중 하나로 원
유 다음으로 국제 무역에서 2위를 차지한다. 커피는
특히 아프리카, 아시아 그리고 라틴 아메리카와 같은
열대지방과 아열대 지방인 80개국에 펼쳐진 약
1,020만 헥타르의 땅에서 재배된다. 많은 커피 재배
국가들의 경제는 커피가 벌어들이는 수익에 따라 크
게 좌우된다. 전 세계의 커피 재배지에 거주하는 1
억 명 이상의 사람들의 수입은 이 작물의 생산으로
부터 직간접적으로 발생한다.

커피나무는 꼭두서니과인 커피나무속에 속해 있다.
커피나무속은 100여 종 이상으로 구성되어 있고 아
라비카와 로부스타 이 두 종류만 상업적으로 재배된
다. 강한 쓴맛과 높은 카페인 함유량의 특징을 가진
로부스타에 비해, 아라비카는 음료의 품질, 아로마

향의 특징 그리고 저카페인이라는 점에서 소비자 시장에서 선호된다. 아라비카는 전 세계 커피 생산량의 65%를 차지하고 있다.

아라비카 커피의 원산지는 남수단(보마 고원)과 북케냐(마사빗 산)와 더불어 주로 남서부 에티오피아의 고지대이다. 이와 대조적으로 로부스타 커피는 아프리카 대륙의 서쪽에서부터 중앙 열대지방과 아열대 지방까지, 콩고 민주 공화국 내의 높은 유전적 다양성과 함께 기니와 라이베리아에서 수단과 우간다까지 펼쳐져 있는 등 지리학적으로 넓게 분포되어 있다.

커피 재배 방식은 크게 두 가지 종으로 한정되어 있다. 그것은 아라비카와 로부스타로 세계 커피 산업에서 가장 두드러져있다. 아라비카의 초기 재배 목적은 지역 환경에 대한 생산성과 적응력을 높이기 위함이었다. 그러한 목적을 달성하기 위한 재배 전략은 개체 중에 우등한 식물들을 발견해 번식시키고, 기존 품종과 교배하는 쪽으로 향해 있었다. 1920년에서 1940년에 걸쳐 행해진 이러한 초기 재배 노력들은 건강하고 생산력이 높은 품종들을 발견하고 개발해 내는 데 상당한 성과를 거뒀다. 인도, 브라질 그리고 자메이카에서 생산된 몇 가지의 품종들은 여전히 상업적으로 재배되고 있다. 이러한 품종들은 기존 개체보다 더 높은 수준의 유전적 가변성을 가진다고 여겨진다. 1870년과 1900년 사이 동남아시아에서 등장한 대규모의 커피 잎 녹병(coffee leaf rust)은 여러 커피 생산 국가의 아라비카 재배에 치명적인 영향을 끼쳤다. 이는 세계적인 재배에 대한 초점을 질병 저항성을 강조하는 쪽으로 변화시켰다.

전통적인 재배 방식은 주로 커피의 개량을 위한 것이었지만, 선택과 교배 그리고 자손을 평가하는 등의 여러 다른 기술 또한 포함하는 긴 과정이었다. 이 중 어떠한 방법을 사용해 새로운 품종을 개발해도 최소 30년이 걸린다. 게다가 커피나무의 길어진 생산 속도와 현장 테스트의 높은 비용, 재배 과정의 부정확성 그리고 수정의 불화합성과 같은 문제들은 모두 전통적 커피 재배와 관련된 주된 한계이다.

아라비카 개량 프로그램을 가로막는 또 다른 제약은 교배를 위해 유전적으로 다양한 부모 혈통을 선정하는 것과 근본적 특성에 기초해 식물 성장 초기 단계에서의 융합 식물을 확인하는 것이다. 대부분의 상업용 아라비카 품종들이 형태가 동일하고 서로 쉽게 구분되지 않기 때문이다.

아시아, 라틴 아메리카 그리고 아프리카와 같은 몇몇 국가에서 커피는 다양한 환경적인 조건들이라는 그늘 아래에서 재배되고 다양한 미기후적인 구역에서 현저하게 다른 구조들을 보여준다. 위의 견해를 감안하면, 신뢰할 만하고 빠르고 또 커피 품종들을 구분할 수 있는 효율적인 대체 기술을 개발할 필요가 있었다.

지난 15년에 걸쳐 이종 교배 작물들은 농경지 풍경의 필수적인 부분이 되었다. 전 세계의 많은 곳에서 유전자 변형 식물들과 재배 지역의 수는 빠르게 증가하고 있다. 이는 유전자 변형 기술의 적용과 식물 재배 프로그램과의 통합 덕분에 가능해진 것이다. 그러나 지난 15년간의 상당한 발달에도 불구하고, 커피 변형은 여전히 시간이 오래 걸리고 노동력이 많이 소요된다. 게다가 DNA에 의존하지 않는 변형 프로토콜이 커피 산업에는 아직 이뤄지지 않았다. 커피의 유전자 변형은 두 가지 중요한 응용이 가능하다. 이는 (1) 유전적 기능에 대한 확인 도구로써 그리고 (2) 농업적으로 가치 있는 특색을 가진 유전자 변형 작물의 생산을 위한 용도이다.

덧붙여 커피 변형 프로그램과 투자들은 공공기업과 사기업을 포함해야 한다. 동시에 연구원들은 대중들을 교육하고 유전적으로 변형된 커피 사용의 실질적인 이점과 위험을 이해하도록 도와야 한다. 이것 만이 이러한 생산에 대한 비이성적인 두려움을 해소할 유일한 방법이며 앞날의 커피 개량을 위한 유전자 변형 기술 사용에 대한 기반을 마련할 것이다.

Questions 15-19

A, B, C 또는 D 중에서 가장 옳은 것을 고르세요.

답안지의 15-19번 빈칸에 알맞은 답을 작성하세요.

15 커피나무의 유전자 구성을 개발하는 것은
   어렵다. 왜냐하면:

A 나무를 매년 옮겨 심어야 하기 때문이다.

B 그것들은 오래 살고 자라는데 많은 해가 걸리기
   때문이다.

C DNA 를 채취하는 것은 시간이 걸리는 일이다.

D 유전자를 사용할 수 있는 종은 단 2 가지이기
   때문이다.

16 아라비카 커피와 로부스타 커피의 핵심적인
   차이는?

A 아프리카가 아닌 지역의 지리적 분포

B 상업성

C 맛과 향

D 커피 생산으로 만들어지는 수익의 정도

17 오늘날 커피나무를 번식하는 주된 목적은?

A 전염병 퇴치 능력을 더 효과적으로 개선하기
   위해서

B 생산성을 높이기 위해서

C 다양한 기후에서의 생존 능력을 발달시키기
   위해서

D 커피 맛을 개선하기 위해서

18 커피나무를 번식하는 것과 연관된 문제들의
   원인은?

A 날씨와 기후

B 그 과정에 적합한 나무들을 고르는 것

C 유전적으로 비슷한 부모 식물의 부족

D 값비싼 실험 과정

19 글쓴이는 커피의 유전자 변형의 미래에 대해
   어떻게 생각하는가?

A 잘 진행되고 있으며 변화를 줄 필요가 없다.

B 사회 구성원들은 유전적으로 변형된 커피를
   이용하는 것의 장단점을 계속해서 알고 있어야
   한다.

C 정부와 다국적 기업들은 커피 개량 연구 비용을
   보조해야 한다.

D 과학자들은 유전자 기술이 필요 없는 변형
   절차를 거의 발견해냈다.

Questions 20-27

아래 요약문을 완성하세요.

두 단어 이하 그리고/또는 하나의 숫자를 본문에서
골라 답하세요.

20 _____하는데 사용되는 두 가지 주된 커피 종
들은 아라비카와 로부스타이다. 커피의 유전자 변형
의 원래의 목적은 **21** _____하고 지역 기후에 적
응시키는 것이었다. 이를 효율적으로 하기 위해서 연
구는 성공적인 식물들을 찾고 **22** _____와의 교배
종을 만들어 내는데 집중했다. 세계의 현재 많은 품
종들은 여전히 상업적으로 재배된다.

그러한 종들은 토종 부모 나무들보다 더 넓고 다양한 **23** _____ 을(를) 가지고 있다고 여겨졌기에 선택되었다. 19세기 말, 거대한 자연의 섭리는 **24** _____ 가 많은 커피 재배 국가들의 개체군의 대다수를 파괴하는 것을 보았다. 이 재앙의 계속된 영향은 생산성과 적응력을 높이는 것에서 **25** _____ 을(를) 개발하는 것으로 관심을 옮겼다.

커피의 유전자 변형은 새로운 품종을 만들어 내는데 적어도 **26** _____ 이 걸리는 긴 과정이다. 그러면서 독자 생존 가능한 새로운 식물을 번식시키는 **27** _____ 이행도 포함해야 한다.

READING PASSAGE 3

Questions 28-40 은 20 분이 주어지며, 아래의 Passage 3 에 기반하고 있습니다.

SMS 문자: 의학 연구에서의 혁신적 자료 수집 방법

배경

문자를 주고받기 위해 휴대폰을 보편적으로 사용하는 것은 젊은이들의 일상이다. 사회적인 영역에서뿐만 아니라 교육적인 면에서도 문자 메시지는 새롭고 중요한 의사소통의 수단이 되었다. 이 연구의 목적은 의학 연구 프로젝트를 위한 자료를 수집하는 도구로써 문자 메시지를 사용하는 것에 대한 효과를 평가하는 것이다. 휴대폰은 많은 젊은이들의 필수 개인 용품으로 여겨지고 사람들은 깨어 있는 동안 휴대폰을 손에서 거의 떼어놓지 않는다. 특정한 기술의 한 부분을 포기하면 얼마나 힘들지에 대해 질문받는다면 응답자들은 인터넷, TV 및 유선 전화기에 이어 현재는 휴대폰이 없으면 가장 어려울 것이라고 대답할 가능성이 높다. 이 말의 결론은 휴대폰으로 전송하는

SMS 가 사람들과 연락을 주고받는데 매우 효과적이고 값싼 도구가 되었다는 것이다. 휴대폰의 높은 소지율과 빈번한 사용은 휴대폰이 건강 관리를 포함한 현대 생활의 모든 분야에 소통의 도구로써 굉장한 가능성이 있다는 것을 보여준다.

최근 의학 문헌에 대한 보고서는 건강 관리 환경에서의 많고 다양한 SMS 사용들을 발견했다. 예를 들어 예방약과 같은 경우, 여행 접종 주기에 여행 백신 시리즈의 달성 알림 문자 메시지 발송이 2회와 3회 복용 간염 백신의 준수율을 크게 개선했다는 점에서 효과적인 간섭 수단인 것으로 밝혀졌다. 덧붙여 유사한 청소년기의 아이를 둔 부모에게 예방주사 알림을 보내는 것 또한 좋은 평가를 받았다. 대체로 부모들은 문자 메시지대로 십대 자녀들을 위한 예방 접종을 정기적으로 할 것이라는 응답을 했다.

과민성 대장 증후군(IBS) 처치를 위한 프로바이오틱(인체에 이로운 미생물 성장을 촉진)의 효율성과 안전성을 평가하는 임상 제어 실험(RCT) 도중 단면적 연구가 실시되었다. 이 연구의 목적은 단문 메시지 서비스(SMS)를 통한 주간 증상 보고서의 응답률 평가였다. 연구 대상은 말레이시아의 사립 의학 대학생이었다. 이들은 이전의 대학 전반 조사를 통해 로마 기준 III 에 근거해 과민성 대장 증후군을 앓고 있는 것으로 확인되었다.

연구 대상들은 매일 프로바이오틱스를 받는 치료군과 플라시보 (속임 약) 집단으로 임의로 배치되었다. 그들은 연구 초기와 그 후 매주 총 8 주 동안 8 개 항목의 설문지에 수치를 기록하도록 요구받았다. 모든 연구 대상들에게 증상 수치를 문자 메시지로 전송할지 또는 이메일로 전송할지에 대한 선택권이 주어졌다. 실험 대상자들이 대면 진료에 올 것을 상기시키며 기준선(baseline)에서, 즉 총 8주간의 연구의 시작과 끝에 과민성 대장 증후군의 삶의 질 평가에 대한 34 개 항목의 종이 설문지를 작성하도록 SMS 문자 메시지를 전송했다.

결과

단문 메시지 서비스(SMS)를 이용한 전체 연구 대상

중 38 명의 주간 증상 수치 응답률은 100%였다. 연구 전체를 걸쳐 총 342 개의 보고서들이 제출되었다. 이 중 33.3%는 알림 메시지 없이 제출 당일에 제출했고, 60.0%가 1 회 알림 후에 제출일 다음 날, 6.1%가 2-3 회의 알림 후 제출일을 2-3 일이 지나 제출했으며, SMS 와 휴대폰 알림 및 대면 접촉에 이어 0.6%가 5 일이 지나 제출을 완료했다. SMS 증상 보고서는 정시에 도착하거나 늦어진 것에 관계없이 모두 완벽하게 작성되었다. SMS 알림의 도움으로 모든 실험 대상자들은 연구의 처음과 끝에 종이로 된 IBS 삶의 질 평가를 빠짐없이 작성할 수 있었다.

이 연구에서 단문 메시지 서비스(SMS)는 의학 대학교에 재학 중인 학생들의 주간 증상 일지 데이터를 수집하는, 실현 가능한 도구인 것으로 밝혀졌다. Stone 등에 보고된 바에 의하면 종이에 기록하는 일지는 확실치 않은 유효성에 의해 영향을 받을 수 있다는 점을 유념한 과학자들은 애초부터 증상의 수치를 기록하는데 종이 일지를 사용하는 것을 고려하지 않았다.

연구 자료 수집을 위해 SMS 문자 메시지를 이용하는 것에 관한 이전의 실험들은 성공적이었다. DM Haller 등은 일차의료 연구에서 임상 제어 실험을 실시했다. 이 실험에서 일차의료 서비스의 치과 의사, 보건의 및 안경사와 같은 젊은 사용자에게 상담에 만족했는지 질문했다. 응답을 SMS 로 보내거나 또는 진료실을 떠나기 전에 카드에 작성하는 두 가지 선택지가 있었다. SMS 답변은 종이 카드 응답률 85.6%에 비교했을 때 80.2%의 응답률을 보였다.

결론

이 연구는 휴대폰으로 문자 메시지를 보내는 것은 의학 실험 응답을 위한 주간 증상 보고서를 수집하는 훌륭한 도구로, 실험 대상들에게 대면 진료에 참석할 것을 알리고 더 복잡한 종이 평가서를 기입하도록 한다는 사실을 발견했다. 주간 증상 보고서의 응답률 100%는 SMS 제출을 위한 간단한 숫자 코드를 사용함으로써 촉진되었다. 과민성 대장 증후군의 삶의 질 평가 종이 설문지는 실험 대상자들의 진료소 방문을 위해 전송된 SMS 알림에 의해 주로 촉진되어 비슷하게 완벽한 응답률을 기록했다. 휴대폰을 통한 SMS 의 이점은 많다. 이는 저렴하고 언제나 어디에서나 보낼 수 있으며, 다른 사람들이 있을 때 덜 거슬리고 조금 더 사적이다. 그리고 중요한 것은 휴대폰은 젊은 사람들 사이 소통의 가장 일반적인 방식이라는 점이다. 말레이시아에서는 휴대폰 점유율이 90%가 넘고, 아마도 도심지에서는 더 높은 사용률을 보일 것이다. 이러한 휴대폰 점유율의 높은 집중도는 의사회가 소통할 수 있도록 그리고 의학 연구 목적뿐만 아니라 건강 관리의 다양한 측면으로 환자들에게 접근할 기회를 열어 주었다.

Questions 28-34

아래의 노트를 완성하세요.

세 단어 이하 그리고/또는 하나의 숫자를 본문에서 골라 답하세요.

의학 연구에서의 문자 메시지

배경
- 휴대폰은 사람들과 소통하기 위한 유용한 도구이다

- 현대 생활의 **28** _____에서 사용될 수 있다.
- 여행 접종을 맞는 환자들에게 알림을 보내는데 이용된다.
- 실험은 SMS가 주 단위 증상 보고의 **29** _____에 얼마나 효과적이었는지 측정하는 것을 목표로 하고 있다.

결과
- 응답률 100%의 수치.
- 342개의 보고들이 전송되었는데, 제출일이 지나 **30** _____한 것이 가장 낮은 비율을 차지했다.

• 과민성 대장 증후군 **31** _____ 설문지는 실험 기간 시작과 마무리 단계에 작성되었다.
• Stone 등은 종이로 된 일지가 **32** _____ 에 의해 영향받을 수 있다는 사실에 주목했다. 사람들은 문자 메시지 보다 **33** _____ 로 더 만족스러운 보고서를 제출했다.

결론

• SMS 문자 메시지는 정기적인 증상 보고서를 모으고 환자에게 알림을 보내는 데 사용되는 아주 훌륭한 수단이다.
• 직접적인 **34** _____의 사용은 응답자가 주간 보고서를 작성하고 제출하는 것을 더 수월하게 했다.

Questions 35-40

다음의 진술들이 **Reading Passage 3**에 주어진 정보들과 일치합니까?

TRUE 주어진 정보와 일치한다면

FALSE 주어진 정보와 모순된다면

NOT GIVEN 해당 내용에 관한 정보가 주어지지 않았다면

35 대부분의 현재 젊은이들은 하루 종일 휴대폰을 들고 있다.

36 환자들이 모든 예방 치료 주기 진료에 방문하도록 알리는 메시지를 보내는 것은 성과가 없을 것이라고 여겨졌다.

37 말레이시아의 과민성 대장 증후군 연구에서 연구 대상들을 나눌 때 아무런 기준이 없었다.

38 과민성 대장 증후군 연구의 연구 봉사자들은 전체 연구 기간 동안 주 단위로 건강 수준에 대한 설문지를 작성해야 했다.

39 DM Haller 등의 연구는 일차의료 제공에 대해 대부분의 환자들이 만족하고 있다는 것을 알아냈다.

40 종이 설문지가 100%의 응답률을 얻어낸 이유는 연구 대상자들이 SMS 알림을 받은 것이 주원인이었다.

WRITING

WRITING TASK 1

응시자는 이번 과제에 20 분이 주어집니다.

> *아래의 도표는 어떻게 전기가 풍력 원동기로부터 발생하는지 보여줍니다.*
>
> *주요 특징들을 선택하고 작성하면서 정보를 요약하고, 관련이 있는 경우 비교해 주세요.*

최소 150 단어 이상 기술하시오.

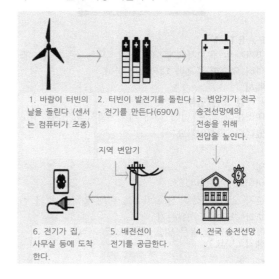

1. 바람이 터빈의 날을 돌린다 (센서는 컴퓨터가 조종) 2. 터빈이 발전기를 돌린다 - 전기를 만든다(690V) 3. 변압기가 전국 송전선망에의 전송을 위해 전압을 높인다.

지역 변압기

6. 전기가 집, 사무실 등에 도착한다. 5. 배전선이 전기를 공급한다. 4. 전국 송전선망

WRITING TASK 2

응시자는 이번 과제에 40 분이 주어집니다.

다음 주제에 맞게 작성하시오.

> **몇몇** 사람들은 청년들이 과한 스트레스를 받고 있다고 말합니다.
>
> 이것의 원인이 무엇인가요?
>
> 권장하는 해결책이 있나요?

자신의 답변에 대한 근거를 제시하고 자신의 배경지식이나 경험에 기초하여 관련된 사례를 포함하시오.

최소 250 단어 이상 작성하시오.

SPEAKING

PART 1
평가자는 응시자에게 자기소개, 사는 곳, 전공 등 여러 익숙한 주제에 대해 질문한다.

예시

• **일 또는 공부**

여러분이 하는 일에 대해 얘기해봅시다. 일을 하고 있나요, 학생인가요?

일

어디서 근무하나요?

혼자 일하는 것을 선호하나요, 함께 일하는 것을 선호하나요? [그 이유는?]

10년 후에도 같은 일을 하고 있을 거라고 생각하나요?

• **옷**

여러분에게 옷은 중요한가요? [그 이유는?]

여러분이 사는 나라의 전통 의상을 입어본 적 있나요?

PART 2

> 여러분이 누군가에게 주었던 선물에 대해서 말해주세요:
>
> 이렇게 말해 주세요:
>
>   선물은 ____입니다.
>   ____에게 주었습니다.
>   ____한 이유로 선물했습니다.
>
> 그리고 왜 그 선물을 골랐는지 설명해 주세요.

주제에 대해 1~2분 정도 이야기할 수 있어야 한다. 사전에 무슨 말을 할지 내용을 생각할 수 있는 시간이 1분 주어질 것이다. 필요하다면 노트 필기를 할 수 있다.

PART 3

토론 주제 :

선물 주기

왜 우리 사회의 사람들은 선물을 줄까요?

여러분이 사는 나라의 사람들에게 선물을 주는 것은 얼마나 중요한가요?

여러분의 조부모님 세대와 달리 선물 주기 문화가 달라졌다고 생각하나요?

선물들

선물을 고를 때 가격과 노력 중 어떤 것이 더 중요한가요?

남성과 여성은 다른 종류의 선물을 선호할까요?

대본

TEST 1

PART 1

A 안녕하세요, Fabulous Furniture 입니다. 무엇을 도와드릴까요?

C 안녕하세요, 물어보고 싶은 것이 있어서 전화했는데요. 그쪽 회사에서 주방 기구들을 산 것들이 있거든요.

A 주문번호를 불러주시겠어요?

C 네, 245… 아 아니네요, 254 80 66 94X 입니다.

A 94X, 감사합니다. 그리고 우편번호도 불러주시겠어요?

C 네, PH6 5UX 입니다.

A 확인을 위해서 성을 말씀해주세요.

C 네, Chieves 입니다.

A 철자가 어떻게 되죠?

C C H I E V E S 입니다.

A 감사합니다. 주문하신 것이 차콜 그레이 Country Vintage 제품인데, 맞죠?

C 네, 맞아요.

A 어떤 부분을 도와드릴 수 있을까요?

C 일단, 배송이 지난주에 됐어요.

A 정확한 날짜를 알 수 있을까요?

C 10 월 17 일이요.

A 그리고, 문제가 무엇이죠?

C 음, 당신 쪽 사람들이 설치를 했는데, 찬장 중에 하나에 검은 자국이 남았어요.

A 아이고, 저런.

C 네, 그리고 문 중에 하나가 고장이 나서 잘 열리지가 않아요.

A 저런, 죄송합니다.

C 아 그리고, 서랍 열었을 때 서랍 손잡이가 떨어져 나갔어요!

A 아이고, 유감입니다. 그게 전부인가요?

C 그게 전부인가요?! 그래서, 와서 고쳐 주셨으면 하는데요.

A 당연히요, 달력을 한 번 보겠습니다. 음, 토요일 괜찮으신가요?

C 이번주 토요일이요? 네, 좋을 것 같네요. 시간은요?

A 10 시나 12 시 30 분에 가능합니다.

C 12 시 30 분이 낫겠네요.

A 네. 문제 해결을 위해서 무료로 사람을 보내겠습니다.

C 감사합니다.

A 별 말씀을요. 도움이 되었다면 다행입니다. 다른 도와드릴 부분이 있을까요?

C 아니요, 아니요. 감사합니다. 들어가세요.

A 들어가세요. Fabulous Furniture 에 전화 주셔서 감사합니다!

PART 2

안녕하세요 여러분, 공학부에 오신 것을 환영합니다. 제 목소리가 들리나요? 좋습니다. 먼저, 여러분 모두가 잘 적응하길 바라고, 우리와 함께 하는 시간이 유용하고 기억에 남는 경험이 되었으면 좋겠습니다.

그래서, 오늘 아침에는 학부, 시설, 규칙 등에 대해서 간략하게 설명하려고 합니다. 지금 여러분이 보고 있는 대로, 우리는 지금 접수처와 정문의 바로 맞은 편에 있는 식당에 있습니다. 카페도 따로 있는데, 도서관 옆에 있는 접수처 좌측 복도에 있습니다. 도서관 맞은 편에는 자습 공간이 있고, 학생들이 사용할 수 있는 컴퓨터와 프린터가 있습니다. 학습 공간은 점심시간에 문을 닫는 수요일을 제외하고 매일 5 시까지 운영됩니다. 접수처 우측에 화장실이 있고, 화장실 맞은편에 학부 학생지원 사무실이 있습니다. 수업에 대한 질문이 있다면 매일 10 시 30 분에서 4 시 30 분까지 운영되니 방문하시면 됩니다. 학생지원실 옆에는 잡지, 신문, 편안한 소파가 있는 학생 휴게실이 있습니다.

여러분이 사용할 강의실은 1, 2, 3 층에 있고, 강의와 개별 지도시간은 최소 90% 이상 출석해야 합니다. 만약 그러지 못한다면, 강의를 드롭하라는 요구를 받을 수 있습니다. 강의 시간에 잘 맞춰 도착해야 하며, 도서관과 자습 공간을 매주 1 회 이상 이용할 것을 권장합니다. 강의와 개별 지도 시간뿐만 아니라, 본인이 원한다면 학부 주도로 진행되는 많은 스포츠 클럽에 참여할 수 있습니다. 저는 여러분이 많은 클럽들 중 하나에 참여할 것을 강하게 추천합니다. 당연히, 건물 내 모든 공간은 금연이며, 강의실에서의 음식물 섭취는 금지되어 있다는 것을 꼭 기억하시기 바랍니다.

지금쯤 이면 여러분, 많이 배가 고플 것 같은데, 짧은 휴식 시간을 보낸 뒤에 간략한 캠퍼스 투어가 진행될 것이고 10 시 30 분에 여기서 다시 만나서 학부 직원을 만날 것입니다. 그래서 앞에 보이듯이 과자들이 많이 준비되어 있고, 차량 커피도 있으니 잘 휴식 하다가 9:45 분에 다시 집합 해주시면 제 동료인 Teresa 가 캠퍼스 투어를 진행해줄 겁니다. 감사합니다. 이따 봅시다.

PART 3

P 안녕하세요, 들어오세요.

K 안녕하십니까.

L 안녕하세요.

P Kevin 씨, Louisa 씨, 전염병에 관련된 발표를 진행했죠. 어떻게 된 것 같아요?

K 글쎄요, 무난했다고 생각합니다. 청중들이 흥미를 보이기는 했는데, 제가 너무 긴장했어요.

L 슬라이드가 너무 많았다고 생각하는데, 분명히 모든 사람들이 관심을 가진 것 같아 보였어요.

P 저도 전적으로 동의합니다. 여러분은 모두의 관심을 잘 끌었고, 청중들은 모두 필기를 하고 있었어요. Louisa, 사실 저는 여러분이 몇 슬라이드를 더 해도 괜찮았을 거라고 생각해요. 하지만, 매 슬라이드마다 적혀 있는 내용의 양을 줄일 수도 있었을 거에요.

K 네… 사실 슬라이드 수는 25 개 밖에 없었어요. 흠… 어떤 말씀이신지 알겠습니다. 슬라이드에 텍스트가 너무 많았죠.

P 이제, 여러분의 발표에 대해서 얘기해볼게요. 잘 진행된 것 같나요?

K 아까 말한 것처럼, 너무 긴장했습니다.

L 하지만 나는 네가 알아챌 수 있었을 거라고 생각하지 않아.

P 음, 당신은 발표 내내 화면만 쳐다보고 있었어요. 말을 하는 동안 청중을 쳐다보는 방법을 통해서 청중들과 어울리도록 해야 합니다. 다음번에는 의식적으로 청중을 쳐다보려는 노력을 해보세요.

K 좋은 지적 감사합니다.

P Louisa 는 어떻게 생각해요? 본인이 어떻게 했다고 생각해요?

K 내 생각에 너는 잘 한 것 같아.

L 사실 저도 많이 긴장했고, 청중이 잘 들을 수 있었는지 모르겠어요.

P 그래요, 안 들려서 조금 힘들 때가 있었어요. 다음 번에는 정말 본인의 목소리를 내고 성량을 높이도록 해야 합니다.

L 네… 그 부분을 정말 신경 써야할 것 같아요.

P 그리고, 장비는 어땠나요?

K 글쎄요… 슬라이드 순서와 계속 씨름했어요.

L 맞아요. 정말 힘들었어요!

P 그랬었죠. 기억하세요! 항상 실제 발표를 하기 전에 리허설을 해보세요!

P 자, 이제 내용에 관해서 얘기해볼까요, 여러분은 정의로 시작했죠. 맞나요?

K 네, 그리고 나서 전염병의 몇 가지 사례들을 제시했습니다.

L 그리고 나서 전염병이 얼마나 빨리 사람 간에 퍼지는지에 관해 얘기했습니다.

P 그런데, 동물을 전염병의 빠른 확산 요인 중 하나로 언급하지 않은 것이 맞나요?

K 음, 간단하게 다루기는 했어요.

L 네, 발표 항목 중에 한 줄이었습니다.

P 그렇군요. 그 다음은요?

K 전염병을 예방할 수 있는 방법들에 관해 얘기했습니다.

L 네, 예를 들어 식품의 안전성, 손 씻기와 청결함, 백신의 중요성 등이요.

P 음, 이 내용은 다 잘 되었네요.

K 감사합니다.

L 그리고 마지막 섹션은 전염병 발생 요인들의 연쇄적인 반응(cascade)을 다루었습니다.

P 그 부분은 어떻게 진행했다고 생각해요?

K 글쎄요, 제 생각에는 복합적인 인도주의적 긴급 사태들이 공중 보건에 중대한 위협을 끼쳤다는 것과 전염성 질병의 위험성을 악화시킨다는 메시지를 전달한 것 같습니다.

L 네… 그리고 제가 생각하기에는 에볼라 사태와 같이 청중들이 이미 알고 있는 사례를 든 것이 청중들이 더 재미있게 발표를 듣게 한 요소라고 생각합니다.

P 동의합니다. 대량의 인구 이동, 영양 결핍, 식량 부족과 오염된 음식에 대한 노출에 관한 부분은 특히 잘 다루어졌습니다.

K 감사합니다.

P 그래서, 전반적으로 괜찮은 발표였지만 다음 발표 전에 보완하면 좋을 요소들이 조금 있네요. 특히 발표 슬라이드에 신경을 쓰고 발표할 때 자신감을 더 보여줘야 할 것입니다. 그래도 잘 했습니다, 둘 다.

K 감사합니다. 정말 도움이 많이 되었습니다.

L 네, 감사합니다.

PART 4

신사 숙녀 여러분 안녕하십니까. 저의 강연 "늑대 - 당신이 언제나 알고 싶은 것"에 오신 것을 환영합니다.

자, 늑대의 외형과 사이즈 등 몇 가지 정보들로부터 시작하겠습니다. 그래서, 학술명 'Canis lupus'의 회색늑대는 코부터 꼬리까지 대략 1.5 미터의 몸길이를 가지고 있습니다. 남쪽에 사는 개체보다 먼 북쪽의 개체들이 몸집이 더 큰데, 1.8 미터까지 성장하기도 합니다. 믿거나 말거나, 늑대의 몸무게는 86 킬로그램이나 나가는 걸로 알려져 있답니다! 늑대의 털은 두 겹으로 되어있고, 그 중 위에 덮여 있는 층은 먼지로부터 자신의 몸을 보호하고, 아래의 층은 방수의 역할을 합니다. 털의 색은 회색, 흰색, 붉은색, 갈색, 검은색 등의 임의의 조합으로 만들어집니다.

자, 그래서 그들은 어떤 동물일까요? 늑대는 무리를 지어 생활하는 동물이고, 무리로 사냥하는 사냥꾼들입니다. 다시 말해, 그들이 선호하는 먹이를 사냥할 때 협력한다는 것이죠. 늑대는 육식 동물이고 사슴, 엘크(c.f. 유라시아 대륙에 서식하는 사슴), 무스(c.f. 북아메리카에 서식하는 사슴) 등 큰 동물들을 사냥하곤 하는데, 곰을 사냥하진 않습니다. 그런데, 늑대는 설치류나 토끼 같은 작은 동물들을 먹기도 합니다. 늑대는 몇 일 정도 음식을 먹지 않고도 생활할 수 있습니다. 그들은 계급 사회를 이루고 있는데, 자신이 속한 무리 중 가장 우등하고 우월한 수컷이 가장 먼저 식사를 합니다. 다 자란 늑대는 음식을 삼켰다가 다시 뱉은 음식물을 자식들에게 먹입니다.

그런데, 무리라는 것이 정확히 무엇일까요? 무리는 보통 하나의 가족 단위를 말하는데, 가족이 없는 늑대는 다른 무리에 합류하기도 합니다. 하지만 한 무리의 늑대는 평균적으로 10 마리를 말하지만, 많을 때에는 25 마리까지 한 무리를 형성하기도 합니다. 늑대는 체취와 울부짖는 소리로 자신의 영역을 표시하고, 침입자가 있다면 상대가 누구든 싸웁니다. 늑대는 엄청나게 빠르고 하루에 15 마일 정도를 달릴 수 있습니다.

서식지에 대해 말해보자면, 늑대는 아시아, 북아메리카뿐만 아니라 유럽 일부 지역에서 발견되기도 합니다. 숲에 살기도 하고, 산에 살기도 하고, 초원, 심지어는 사막에 살기도 합니다. 늑대는 종종 마을이나 도시에서 발견되기도 합니다. 수세기의 사냥 때문에 영국 지역에서는 늑대가 아예 멸종했는데, 다시 늑대를 야생에 다시 살게 할 계획이 있긴 합니다. 늑대를 야생으로 돌려보내면 사슴의 개체 수를 낮추어서 사슴 때문에 감소하고 있는 특정 식물군이나 조류의 개체 수를 늘릴 수 있는 이점이 있다고 말하는 주장에 따라서요.

늑대가 사람을 공격하는 경우는 매우 드뭅니다. 하지만 만약 늑대와 대면하게 됐다면 여러분은 어떻게 행동해야 할까요? 글쎄요, 우선적으로 절대 달아나거나 등을 보이면 안됩니다. 똑바로 눈을 쳐다보세요. 절대로 무서워하는 모습을 보이거나 당신이 겁먹었다는 것을 보여주면 안됩니다. 대신 스스로를 위협적으로 보이게 만드세요. 양팔을 머리위로 들어올리거나 큰 소리를 내는 것을 통해서 내가 위협적이라는 것을 보여줄 수 있습니다. 하지만 바라건대, 여러분은 이런 상황에 놓인 여러분이 없으시길 바랍니다!

자, 이제 이 아름다운 생명체에 대해서 조금 더 많이 알게 되었네요. 제 책은 접수처에서 구입할 수 있고, 여러분이 원한다면 개인적으로 사인해 드리기 위해 저는 여기 있겠습니다. 오늘 강연에 와 주셔서 감사하고, 질문 있나요?

TEST 2

PART 1

Cl 좋은 아침입니다! Good Bank 입니다. 무엇을 도와드릴까요?

Cu 아, 안녕하세요. 주소 변경을 해서 알려드리려 전화 드렸습니다.

Cl 네. 고객님. 성을 알려주시겠습니까?

Cu 성이요? 아, 네. 그린소프(Grinthorpe)요.

Cl 브린소프요.

Cu 아니요...그린소프요. G R I N T H O R P E

Cl 아, 네. 이름이 어떻게 되시죠?

Cu 카이엔입니다.

Cl 카이엔의 철자를 한번 불러 주시겠습니까?

Cu 네, 그럼요. C, A, Y, E 2 개, N, E 요.

Cl 카이엔...네. 그리고 카이엔 양의 생년월일을 알 수 있을까요?

Cu 1999 년 5 월 6 일입니다.

Cl 좋습니다. 이전 주소의 우편번호를 알 수 있을까요?

Cu 아…, BN7 2QR 이요… 아, 죄송해요! 2RQ 요.

Cl 아 네. 그리고 호칭은 어떻게 되시는지요?

Cu Ms. 입니다.

Cl 네, 그리고 계좌번호를 알려주시겠습니까?

Cu 자동으로 나타나지 않나요?

Cl 네, 하지만 본인께서 직접 문의 하시는지 확인 차 여쭙는 겁니다.

Cu 네. 6629438 입니다.

Cl 네. 그럼, 새 주소를 알려주시겠습니까?

Cu 네, 91A 크레센트 드라이브입니다.

Cl 크레센트 철자를 알려주시겠습니까?

Cu C R E S C E N T.

Cl 네. 브리지턴에 있는 거 맞으시고요?

Cu 맞습니다.

Cl 그리고 우편번호는요?

Cu BN8 2PR 입니다.

Cl 감사합니다, 그린소프 양. 고객님의 정보들을 입력했습니다.
그리고, 이메일 주소를 확인할 수 있을까요?

Cu 네, 그럼요. cgrinthorpe@quickmail.com 입니다.

Cl 좋습니다. 도와드릴 수 있는 다른 업무가 있을까요?

Cu 잔액조회 좀 할 수 있을까요?

Cl 네, 잠시만 기다려주십시오.

Cu 네.

Cl 네, 고객님의 잔액은 274 파운드 36 펜스입니다.

Cu 아… 그보단 많을 줄 알았네요. 아, 한 가지 더. 제 카드가 다음 달에 유효기간이 끝나는데, 언제쯤 새 걸 받을 수 있을까요?

Cl 이번 주 말에 우편으로 보내 드릴 예정이니, 다음 주 수요일 전에는 받으실 수 있을 겁니다.

Cu 좋네요. 감사합니다.

Cl 언제든지요. 안녕히 가십시오.

Cu 수고하십시오.

PART 2

안녕하십니까, 여러분을 화창한 섬, 빌라요르카로 오신 것을 환영합니다! 여러분 모두 편히 앉아 계시는지요? 일단, 와 주셔서 감사합니다. 우선 섬에 대해서 간단히 알려드리고 저희가 제공하는 환상적인 투어서비스에 대해서 알려드리겠습니다.

먼저, 몇 가지 조언드릴 사항을 알려드리겠습니다! 충분한 양의 선크림을 바르는 것을 까먹지 마세요. 해안 쪽에 꽤나 선선하게 바람이 불지만 하나의 속임수일 수도 있습니다… 그러니 꼭 조심하세요. 일광화상보다 나쁜 게 또 있을까요! 아, 그리고 수영장에 관해 몇 마디 드립니다. 클로린이 흡수되기까지 시간이 걸리기 때문에 9 시 이전 수영은 금해주시길 부탁드리고, 어린이는 보호자 없이 수영을 할 수 없습니다. 공놀이나 튜브류의 기구도 이용 금지입니다.

호텔은 해수욕장에서 몇 분 안 걸리는 거리에 있습니다. 선베드당 5 유로로 파라솔과 선베드를 대여할 수 있습니다. 또 해수욕장에는 바가 비치되어 있습니다. 아… 그리고 건물을 돌면 오후 9 시까지 열리는 수퍼마켓이 있습니다. 가격이 꽤 있는 편으로, 시내에 있는 마켓을 이용하심이 좋을 듯합니다. 41 번 버스를 타면 시내로 갈 수 있습니다. 한 가지 기억하실 점은 버스를 탑승하시기 전, 호텔 프런트에서 구매할 수 있는 티켓을 구매하셔야 합니다. 시내까지는 대략

10분 정도 소요되며 배차는 15분 간격으로 되어 있습니다.

여러분이 참여하실 수 있는 종일/반나절 여행코스가 다량으로 있습니다. 이 섬 주변의 섬 네 개를 다니고 배 위에서 점심식사를 할 수 있는 종일 호핑 투어가 있습니다. 세 개의 섬에 위치한 환상적인 바닷가에서 충분히 수영할 수 있고, 다른 하나의 섬에서는 한 시간의 도보투어가 준비되어 있습니다. 대체 상품으로는 섬 주변을 돌고 해질녘에 섬을 바라볼 수 있는 반나절 보트투어가 준비되어 있고, 이 상품은 제가 강력히 추천 드립니다. 또 하나의 상품으로는…뭐랄까요, 조금 더 문화적인 투어가 있습니다. 이 상품에서는 감탄할 만한 성당과 수도원을 방문하고, 섬의 아름다운 광경을 볼 수 있는 산 정상의 작은 교회에서 투어를 마무리합니다. 또 현지와인을 맛볼 수 있는 섬 내 포도밭 투어가 있습니다. 대개 항상 인기가 있는 투어지요. 마지막 상품으로, 반나절 코스로, 현지 셰프 마리아와 함께 요리경험을 할 수 있는 상품이 있습니다. 그녀의 농가 주방에서 여러분의 요리 능력을 시험해 볼 수 있습니다. 가격에 관한 상세정보는 공고판에 있습니다. 그리고 기억하세요… 추억은 영원히 남지만… 탄 피부는 그렇지 않습니다!

마지막으로, 여러분이 이제 막 도착하신 것은 알지만, 떠나실 때에 관해 몇 가지 공지 드리겠습니다. 떠나시는 날, 오전 10시까지 방을 비워 주시고 수영장 옆에, 저 쪽에 짐을 놔두시면 되겠습니다. 10시 30분에 프런트에서 여러분을 픽업하겠습니다.

자, 상품 예약하고 싶으신 분 있으신 가요?

PART 3

J 안녕 마리아. 논문은 어떻게 되고 있어?

M 오… 안녕 제임스. 음, 사실 조금 허덕이고 있어.

J 이런. 뭐가 문젠데?

M 이제 막 정리되기 시작했어, 사실. 필기도 많고 사진복사본도 많은데, 결합시키기를 못 하겠어… 어디서 시작을 해야 될지도 모르겠네?

J 그럼… 내용은 강사님하고 상의 해봤어?

M 응. 장 별로 분류해 뒀어.

J 그래, 컬러코딩을 하는 건 생각해 봤어?

M 무슨 말이야?

J 그러니까, 다른 색상의 형광펜을 써서, 어느 장을 하고 있느냐에 따라 노트를 형광칠하는거지.

M 그거 되게 좋은 아이디어다. 포스트잇 노트들에도 똑같이 할 수 있겠네.

J 바로 그거야!

M 알았어. 근데 조사결과들도 정리하기가 힘든 것 같아.

J 음… 무슨 방법을 썼는데? 인터뷰?

M 음, 30명의 샘플로 인터뷰를 진행하고, 설문지도 배포했거든. 그래서 그 모든 결과들을 모아서 분석해야해. 정말 최악이야!

J 음, 우선 조사결과들을 타이핑하고 컴퓨터가 막대그래프와 파이그래프를 만들게끔 하면 되지.

M 응. 그게 좋겠다.

J 아… 그리고 팁 한 가지 더. 연구를 진행하면서 출처 정리를 하는 걸 꼭 기억해… 안 그러면 평생 걸릴거야. 그냥 궁금해서 물어보는데, 조사결과들이 뭐였어?

M 음, 흥미롭게도, 인터뷰에 응한 이들 중 3분의 1 이상이 주기적으로 플라스틱과 종이를 재활용한다고 했는데, 인터뷰 노트들과 문항들을 보니까, 절반 이상이 그들은 항상 음식물 쓰레기를 재활용하지는 않고 폐기물 수집에 불만족스러웠다 더라고.

J 와… 그거 문제네. 그래서 어떤 해결법을 고안해냈어?

M 음, 일단 당연히 도시민들에게 친환경적인 마음가짐을 가지게끔 하는 것이 오늘 날의 가장 큰 과제 중 하나야. 스웨덴의 어느 도시에서 진행한 연구에서 정보 전단지를 배포하는 것의 장기적, 단기적 효율성을 평가했는데, 전단지가 배포된 지 1년 후까지도 통제집단과 처치집단 간에 극명한 차이가 있었다는 점이 보여졌어.

J 그거 좋은 정보네.

M 낭비된 음식물과 음식물 쓰레기가 온실가스 배출의 10분의 1 정도에 기여하고 농업에 쓰이는 물이 터무니없이 많은 양으로 소모되며 전세계적으로 수십억 달러의 경제적 손실을 발생시킨다는 사실, 알고 있었어?

J 맞아. 말도 안되는 일이지.

M 쓰레기 매립지에서 발생하는 오염의 영향과 토양으로 돌아가는 양분들의 재활용의 중요성에 대해서도 알아 보았어. 당연하게도, 매립지로 가는 음식물 쓰레기를 줄여야 하겠지, 거기선 이산화탄소보다 25배나 강력한 메탄이 발생하기 때문에 말이야.

J 음, 내가 보기에는, 마리아 너는 뭘 써야 할지 이미 알고 있는 것 같아. 그래서, 전단지를 제외하고, 고안해낸 다른 해결법 있어?

M 음, 정부의 TV 홍보 캠페인의 유효성과 몇몇 국가에서 시행하는 벌금제의 영향에 대해서도 조사해 보았어.

J 멋지다! 그럼 조사 결과들을 타이핑할 수 있도록 해봐.

M 도와줘서 고마워, 제임스. 벌써 한결 마음이 놓인다!

PART 4

좋은 오후입니다. "직장 내 행복" 교육시간에 오신 여러분을 환영합니다. 여러분도 잘 아시다시피, 직원의 행복은 더 나은 생산성을 뜻하고 고용주에게 요즘만큼 직원의 고용 유지가 중요한 때가 없습니다. 새로운 직원을 뽑는 것보다 이처럼 하는 것이 시간의 효율적 이용으로도 이어지겠죠.

그럼, 직원들의 만족감을 보장하기 위해서 직장 내에선 어떤 것들을 해야 할까요? 먼저, 몇 가지 실용적인 사항들입니다. 각 직원이 충분한 개인작업공간이 있는가? 편하게 일을 할 수 있는 공간이 충분히 제공되는가? 직원들의 책상에 수납용 쟁반/바구니, 문구류, 또 개인 용품까지 둘 수 있는 충분한 공간이 있는가? 방 안으로 창을 통해 자연광이 들어오는가? 충분한 냉난방이 있는가? 소음은 어느 정도인가? 만약 개방형 계획 사무실이라면 모두에게 적합한 조건인가? 조용한 곳에서 방해 없이 일을 하길 원하는 이들을 위한 조용한 공간이 있는가? 직원들이 재충전하고 휴식을 취할 수 있는 공간이 있는가? 만약 그렇다면, 생산성과 생산실적이 증가하겠죠. 이 모든 요소들이 다 중요합니다.

두번째로, 회사의 문화를 받아들이게끔 사람들에게 동기를 부여하는 것이 키입니다. 부여받은 직원들은 더 나아가, 문화적 단합을 만들고 퍼뜨리는 연쇄반응을 일으킬 것입니다. 즉, 그들에게 자유를 주되, 그들의 행동에 대한 책임 또한 부여하세요.

그리고 성장을 위한 기회를 제공하는 것이 중요합니다. 커리어 성장은 직원 참여도와 충실도에 있어 결정적인 부분입니다. 합의된 대상에 대해 의논 후, 매니저들에게 적합한 교육을 제공하고 그들이 자신들의 팀에게 똑같이 할 수 있게끔 조언을 하면 직원 만족도와 보유를 높일 수 있을 것입니다.

이와 연결 지을 만한 사항은 정기적 소통의 중요성입니다. 여러분의 팀이 불만을 표출하는 것을 가능케 하는 것이 정말 중요합니다. 그들의 의견을 듣지 못하고 걱정을 해결해주지 못하는 것은 그들의 생산성과 사기에 악영향을 끼칠 것입니다. 직원들이 여러분들에게 연락하고 걱정을 이야기할 수 있게끔 해야합니다. 그렇게 하지 못한다면 직원들은 본인들이 저평가 받고 있다고 느끼게끔 할 수도 있으니, 그들의 이야기를 듣는 것에 시간을 투자하고 답변해주시기 바랍니다.

비슷한 사항으로, 팀과 소통을 해야 합니다. 특히 변화가 우려되는 곳에서 직원들을 소외시켜두지 마세요. 투명함이 키입니다… 직원들은 그들의 업무에 대한 목적을 알고 있어야 합니다. 공동체로서의 더 큰 소속감과 여러분의 직원들이 회사 비전과 회사결정들의 이유를 이해할 수 있게끔 하기위해서는, 성공, 그리고 가능하다면, 실패도 공유할 수 있도록 하세요.

동일하게 중요한 사항은 직원들이 안전지대를 벗어나서 일할 수 있도록 동기와 영감을 부여하는 능력입니다. 팀에게 업무와 새로운 책임을 위임함으로써 팀이 더 성장하고 발전할 수 있고, 이는 참여도와 생산성을 높게 하여, 개인과 단체 모두에게 이롭습니다.

마지막으로, 휴식 시간을 권장토록 하세요. 기억하세요. 당신의 팀이 모든 연차를 다 쓰고 건강한 워라밸을 갖게끔 하는 것이 중요합니다. 그럼… 질문 있으신가요?

TEST3

PART 1

W 좋은 아침입니다, 힐즈 스포츠 센터입니다. 무엇을 도와드릴까요?

M 안녕하세요, 제가 최근에 근처로 이사를 왔는데 이곳에 회원 등록을 하고싶습니다.

W 네 알겠습니다, 우선 저희는 다양한 멤버십 프로그램이 있습니다. 어떤 종류의 운동들을 하실 생각이신가요?

M 음, 수영과 헬스를 하고싶고 종종 레슨도 받고싶습니다. 이건 추가 비용이 있나요?

W 네, 그룹 운동을 하시려면 요금을 지불하셔야 하지만, 회원은 할인이 적용됩니다. 네, 그래서, 제가 말씀드렸듯, 여러 종류의 회원권이 있습니다. 하나씩 설명 드릴까요?

M 네, 제가 웹사이트를 들어가보지 않아서 어떤 것들이 있는지 모르겠습니다.

W 알겠습니다. <u>저희는 스탠다드, 프라임, 골드 회원권이 있습니다.</u> <u>스탠다드 회원권은 월 £12.99 이고,</u> 수영장 이용이 포함되어 있지만, 단체 수영 강습과 어린이 교육 시간대를 피해 이용해 주셔야 합니다.

M 네, 또 다른 혜택이 있나요?

W <u>음, 네, 말씀드렸듯 회원의 경우 그룹 운동 비용이 할인됩니다. 기존 금액은 £8 이지만 £5.99를 지불하시면 됩니다만, 할인율도 회원권 종류에 따라 상이합니다.</u>

M 네, 괜찮은 것 같네요. 한산한 시간대는 언제 인가요?

W 평일에는 오전 10시 - 오후 3시, <u>주말을 포함하면 오전 8시 이전과 오후 8시 이후입니다.</u> 매일 오전 6시 - 오후 10시가 한산한 시간입니다.

M 네 좋네요. 다른 회원권은 어떤가요?

W 네, 프리미엄 회원권은 £18.99 입니다. <u>아무 때나 수영장을 이용하실 수 있고,</u> 강습은 10일 전에 예약하실 수 있습니다. 오 이런, 죄송합니다, 최근에 방침이 바뀌었어요. 8일 전부터 강습을 예약하실 수 있고 헬스장은 £2 로 이용하실 수 있습니다.

M £2 만 내고 원하는 시간에 헬스장을 이용할 수 있다는 말씀이신가요?

W 네, 하지만 처음에는 개인 트레이너가 본인에게 맞는 운동과 장비를 알려주는 입문자 세션을 수강하시는 것을 추천 드립니다.

M 회원권이 있을 때 그 금액은 얼마인가요?

W 스탠다드 회원권의 경우 £32 를 모두 지불하셔야 하고, 프리미엄은 £25, 골드 회원은 £12.50 입니다.

M £12.50 은 괜찮은 금액이네요. 그런데 골드회원은 얼마인가요?

W 네, 골드회원은 가장 높은 등급의 회원권이고, 수영장과 헬스장을 무제한으로 자유롭게 이용하실 수 있으며, 한 달에 두 번 추가요금 없이 지인을 데려올 수 있습니다. 그리고 9홀 골프 연습장도 £20 의 추가 비용으로 저렴하게 이용하실 수 있습니다. 자세한 내용을 다시 확인해보니, <u>골드 회원권은 헬스장을 추가요금 없이 무료로 이용하실 수 있으며 6개월마다 개인 트레이너에게 30분씩 강습을 받으실 수 있습니다.</u>

M 흠, 생각보다 더 좋은 것 같은데요. 가격은 어떻게 되나요?

W 월 £63 입니다. 매일 방문하신다면, 매우 좋은 가격 효율입니다. 그리고 혹시 커플 할인에도 관심 있으신가요?

M 아니요, 제 아내는 헬스장을 좋아하지 않아서요. 그렇지만 할인을 받는다면 좋아할 거예요! 제가 요가나 수영을 해보라고 설득해 볼게요.

W 아, 죄송하게도, 저희가 요가실은 없지만 필라테스 수업은 아주 인기가 많습니다.

M 좋습니다, 혹시 체험 상품은 없나요?

W 있습니다, 헬스장과 다른 강습 한가지를 무료로 하실 수 있습니다. <u>또한 매달 £6.99 의 정액제를 지불해주시면 선불 서비스도 제공합니다.</u> 이는 이용 3일전에 온라인 예약을 할 수 있도록 해줍니다.

M 제 생각에 전 프리미엄 멤버십부터 시작해야 할 것 같습니다. 어떻게 결제하면 되죠?

W 좋은 선택입니다! 몇 가지 개인정보를 알려주신 후 휴대폰으로 결제를 진행해 주시면 됩니다. 신용카드 가지고 계신가요?

M 네. 프리미엄 가격이 얼마라고 하셨었죠?

W £18.99 입니다.

M 저기, 사실, 생각이 바뀌어서 스탠다드로 할게요. £12 라고 하셨었죠?

W 네, £12.99 입니다.

M 좋습니다, 그걸로 진행해주세요.

W 알겠습니다. 이름 좀 알려주실 수 있나요?

M 네, 개리입니다.

W R 이 들어가는 거 맞죠?

M 네, G-A-R-Y 요.

W 그리고 성은요?

M 리차즈입니다.

W 네, 그리고 주소는요?

M LN7 4RZ, 노스 하이캄, 61 웰스 크레센트입니다.

W 61 웰스 크레센트, 노스.. 어디요?

M 노스 하이캄이요, H-Y-K-E-H-A-M.

W 좋습니다, 우편번호는요?

M LN7 4RZ 요.

W LN7 4RZ. 네. 리차드씨. 결제는 어떻게 하시겠어요?

M 직불카드로요.

W 네, 카드번호 좀 알려주시겠어요?

M 네, 5931 2527 6793 1058 입니다.

W 5931 2527 6793 1058. 유효기간은요?

M 음, 12/21 요.

W 2021 년 12 월이요.
좋습니다, 계좌에서 2 시간내로 출금이 될 것이고, 언제든 회원권을 받으러 오시면 됩니다. 혹시 모를 상황에 대비한 조회번호는 AQS 763 41 입니다.

M 네, AQF 763 41 요.

W 죄송합니다, AQS 입니다. foxtrot 의 F 가 아닌 sierra 의 S 에요.

M 제 은행은 추가 확인을 해서 송금하는데 보통 2 시간 이상 걸립니다. 그래서 24 시간이 될 수도 있어요.

W 맞아요, 같은 은행을 사용하는 고객분들이 몇몇 계십니다. 괜찮아요. 출금이 24 시간 이내로 되지만, 조회번호를 말씀하시면 아무 때나, 회원권 카드를 받아 가실 수 있어요.

M 좋네요, 도움 주셔서 감사합니다. 지금 개인 트레이너를 예약해도 될까요?

W 네, 가능하지만 이용해 보시고 하시는 것이 더 괜찮을 겁니다. 처음 무료 체험을 통해 저희 트레이너 몇몇 분을 만나 본 후에 개인 강습을 예약하시면 됩니다.

M 알겠습니다, 감사합니다. 저녁에 카드를 가지러 올 게요.

W 좋습니다, 힐즈 스포츠 센터에 등록해 주셔서 감사합니다.

PART 2

좋은 오후입니다, 대나무 월드에 오신 것을 환영합니다. 제 이름은 지나이고, 대나무 월드 투어를 즐겁게 안내드릴 가이드입니다. 지도에서 확인하실 수 있으시듯, 이 곳은 양말과 칫솔 같은 제품들을 만드는 공장과 숲이 공존합니다. 일회용품 사용이 늘어나는 요즘, 본인이 직접 대나무로 만든 제품들을 사용함으로써 일회용품 사용 자제에 대한 깨달음과 원동력을 얻기를 희망합니다.

우선 수많은 장점을 가진 대나무에 관한 간단한 설명부터 드리겠습니다. 대나무는 빠르게 성장하는 식물로 친환경 작물이 되었고, 건축물의 뼈대, 천, 컵 등으로 활용할 수 있습니다. 기적의 작물이란 수식어가 붙었고, 다양한 상황에 사용할 수 있을 뿐만 아니라 자외선 차단과 항균성의 물질이 포함되어 있습니다.

대나무는 매우 물을 많이 먹는 성질의 솜과 달리, 관개가 필요 없고, 대부분의 해충에 면역이 있고 많은 노동력이 필요하지 않습니다. 그냥 심어 두면 잘 자라는 것을 볼 수 있습니다. 잘 자라는 것뿐만 아니라, 빠른 성장 덕분에 3-5 년 내로 수확할 수 있으며, 같은 질량의 나무보다 35% 더 많은 산소를 배출하고, 대나무는 탄소 중립적이고, 거의 모든 곳에서 잘 자라며, 환경에 미치는 영향은 다른 재료의 생산과 비교했을 때, 극미합니다.

아… 오늘의 일정으로 넘어가겠습니다. 우선 대나무로 가득한 숲을 스스로 걸어보고, 부지 반대편에 저희의 베스트 셀러인 양말과 칫솔을 제작하는 공장 투어를 할 것입니다. 제가 장담하는데, 대나무로 보석을 만드는 것을 보리라고 상상도 하지 못하셨을 것입니다! 공장과 숲을 방문한 후 돌아와서 오전 11

시에 짧은 휴식시간을 가질 것입니다. 이 후에, 대나무 산업에 진출하기 위한 팁과 네트워킹에 대한 안내, 그리고 마케팅과 판매에 대한 설명을 들으시게 됩니다. 발표자 로빈 하인즈와 질의응답이 있을 예정이니, 설명을 듣고 살짝 이해가 안되는 부분들이 있다면 그때 확인하시면 되겠습니다. 1시에 점심식사가 제공됩니다. 여기, 대나무 접시와 컵에 제공되는 다양한 죽순 요리를 맛보실 수 있습니다.

네, 이제 시작해 보겠습니다. 부지에 입장하기전, 지도를 모두에게 나누어 드릴 테니, 지도를 잘 확인해 주시기 바랍니다. 한시간 정도 걸어 다닐 시간이 있으며, 본인의 속도에 맞춰 구경하시면 됩니다.

좋습니다, 벽에 붙어있는 지도를 보시면, 저희는 여기 입구에 있고, 왼쪽에는 공장으로 가는 통로가 있습니다. 공장 내부로 들어가기 전, 5년간의 사업기간 동안 개발한 제품들이 있는 전시실을 방문하시길 추천 드립니다. 저희 바로 앞의 화면에서, 대나무 월드의 역사와 시작의 의의에 대한 간략한 설명이 있습니다. 입구의 오른쪽에 있는 캐비닛은 "대나무 월드의 미래"라는 제목으로 우리의 비전과 방향을 제시합니다. 그 반대편, 인접한 벽면에는 현재와 이전의 제품 모형이 있습니다. 동쪽 벽을 향하고, 뒤를 돌아 이중 문을 지나 직진하면, 공장으로 향하는 통로가 나옵니다

구불구불한 길을 지나, 이중문을 하나 더 지나십시오. 대나무로 만든 신발 커버를 신어 주시고, 좌측에 작은 보관함이 있습니다. 우측 벽에 안전수칙이 있으니 읽어 주시기 바랍니다.

공장에 들어서면, 두 개의 큰 창문을 통해 좌측으로는 목걸이와 반지를 제작하는 생산실을 보실 수 있습니다. 우측으로는 다회용 컵과 접시가 있습니다. 나머지 구역은 죄송하게도 방문객들에게 공개되지 않지만, 공장이 어떻게 운영되는지를 간단하게 확인하실 수 있습니다. 두 개의 큰 창문 중간에 안내책자가 걸려있으니, 자유롭게 읽어 주시고, 원하신다면 사진 촬영도 가능합니다. 숲으로 나가는 좁은 길 뒤쪽 계단을 따라 내려가면 생산과정을 더 자세히 보

실 수 있습니다. 그리고 다른 구역으로 진행하기전 신발 커버를 쓰레기통에 버리는 것을 기억해 주시겠어요?

그 후, 숲으로 나가셨을 때, 경작지를 따라 동그랗게 굽어진 길을 따라 가셔야 합니다. 이 길의 북쪽은 어린 대나무를 심는 묘목장으로, 좀 더 저희가 주목해서 볼 수 있는 공간입니다. 숲의 중앙에는 담수호가 있어 관개가 별로 필요 없는 식물들에게 대기중 수분을 공급합니다. 또한 이 호수는 화재 발생시에 유용하게 쓰이고 야생 생물들에게도 도움을 줍니다. 길을 따라 계속 남쪽으로 가면 각종 장비와 농기구를 보관하는 창고가 있습니다. 수확기간에, 창고는 매우 바빠집니다. 여러분이 보고 계신 부지는 기존 20에이커에서 현지 농부에게 땅을 구매하여 현재 32에이커 대나무 숲을 보실 수 있습니다. 길을 따라 계속 가시면 매점이 있는데, 저희 직원들이 근무 시간 중 언제나 들러 먹고 마실 간식을 구매할 수 있습니다.

이 길은 원을 따라 다시 이곳으로 돌아오고, 문을 통해 다시 들어오실 수 있습니다. 한 시간정도 후인 오전 11시에 여기서 만나도록 하겠습니다. 관광을 하시면서 질문이 있으시면 바로 답변 드리도록 하겠습니다. 중앙에 있는 책상에서 지도를 챙겨 주시고, 즐거운 시간 되시길 바라겠습니다, 이따 뵙겠습니다.

PART 3

A 제 수업 하나가 너무 골치 아프네요.

B 정말요? 뭐가 문제인데요? 평소에 어떤 일이던 척척 하시고 학생들도 선생님 수업에서 배우는 것이 많다고 생각하는데요.

A 고맙습니다! 제 생각엔 대부분의 문제가 제 수업의 목적과 관심이 매우 다양한점에서 비롯되는 것 같아요. 어떤 학생은 석사 학위를 취득하기 위해 아이엘츠 모든 영역에서 7등급을 받아야해요. 그 학생은 밝고 진취적으로 열심히 하지만 정확성은 꽤 떨어져요. 또 다른 학생은 쓰기 실력이 매우 뛰어나지만 말을 전혀 못해요! 그래도 다른 학생은 시험은 잘 보지만 수업에 참여를

시킬 수 없어요. 다른 학생들은 해야 할 것을 잘 하지만, 한 특정한 학생은 창밖만 바라보고 있어 요!

B 정말 답답하겠어요.

A 그러니까요! 그리고 이들을 어떻게 도와줄지도 모르겠어요. 이것저것 시도해 봤지만, 이제 어찌 해야 할지 모르겠어요!

B 그 반에 대해 선임 선생님과 얘기해 봤어요? 이 학생들을 가르치는 선생님이 또 있나요? 그들이 뭔가 도움이 될 수 있을 지도요.

A 둘 다 좋은 생각인 것 같아요. <u>선임 선생님과 다 른 선생님들께도 여쭈어 봐야겠어요. 선생님은 어때요? 선생님 수업들도 항상 활발하잖아요.</u>

B 흠, 확실히 다양한 강점과 목적을 가진 학생들을 가르치는 건 어려운 것 같아요. 학생들의 강점과 약점에 따라 짝을 지어줘 보는 것은 어때요?

A 아 그건 생각해보지 못했어요. 그게 정확히 뭔가 요?

B <u>물리적 힘과는 전혀 상관이 없어요! 학생들이 각 자 잘하는 분야를 비교적 약한 분야와 함께 가르 쳐주고 배울 수 있게 짝을 지어주는 것이에요.</u> 선생님 학생 두 명중, 글쓰기는 잘하지만 말하기 는 못하는 학생과 말은 많이 하지만 정확성 문제 가 있는 학생을 생각했어요. 그 둘이 잘 협업할 것 같아요. 서로 작문 분야를 도와줄 수 있을 것 이에요. 그러니까, 학생들이 서로 평가를 해주면, <u>정확성 문제를 가진 학생은 선생님께 배우는 것 보다 같은 학생에게 평가받는 것이 더 쉽게 자신 의 문제점을 찾아낼 수 있고,</u> 말하기에 자신이 있는 학생과 같이 앉아있으면 말을 잘 하지 않는 학생이 상대적으로 낯을 덜 가리지 않을까요?

A 정말 좋은 생각이에요! 꼭 그렇게 해봐야 겠어요. 그럼 수업에 참여하고 싶어하지 않는 학생들은 어떻게 할까요?

B 그건 좀 어려운 문제네요. 저는 다른 선생님들이 어떻게 하는지를 살펴볼 것 같아요. 하지만 그 학생들과 직접 얘기해보는 것도 괜찮을 것 같아 요. 개별 지도를 하실 때 학생들에게 수업이 어 떤지에 대해 물어보면 될 것 같아요. 학생들이 수업이 어렵다고 느끼거나 지루하다고 생각해서 일 수도 있어요. <u>혹은 저희는 모를 학생 개인적 인 일에 대한 것일수도 있구요.</u>

A 감사합니다, 정말 도움이 많이 되었어요! 지금 바로 다른 선생님들을 찾아가봐야 겠어요!

B 다른 선생님들이 점심식사부터 드시게 하는게 좋 을 것 같아요!

B 수업은 좀 어때요? 제가 말한 것들 중 도움된 것들이 있었나요?

A 안녕하세요 밥! 네, 아주 좋아요. 선생님이 알려 주신 강점과 약점에 맞게 짝을 지어줬는데, 제가 선생님께 말했던 학생들뿐만 아니라 모든 학생 들에게 도움이 많이 되었어요! <u>각자 파트너에게 질문하는 것이 도움이 많이 된 것 같고,</u> 서로를 보완하는 학습방법이 효과적인 것 같아요. 제가 말했던 학생들이요, 작문은 잘 하지만 말하기가 안되는 학생과 정확성은 부족하지만 유창성은 꽤 괜찮은 학생 둘은, 정말 멋지게 해내고 있어 요! <u>둘이 만약 같이 시험을 친다면, 둘 모두 밴 드 9 등급을 받을 수 있을 거에요!</u>

B 정말 대단하네요! 학생들이 서로 평가해줄 때 도움이 되나요?

A <u>네, 두 학생 모두 서로의 문제점을 잘 찾아줬습 니다.</u> 서로에 대한 평가를 해주는 것에 대한 효 과를 제가 간과했어요. 둘 모두 서로의 생각을 발전시키는데 많이 도움이 되어서 특히 자신감 이 많이 생겼다고 생각해요. <u>가장 좋은 점은 제 수업에서 말을 하지 않던 학생들이 기꺼이 자원 해서 질문에 답변을 하는 거에요!</u>

B 멋지네요! 학생들에게 도움을 주었다고 느낄 때 기분이 좋죠. 학생들이 곧 시험을 치나요?

A 네, 둘 모두 이번 달 말에 시험을 봅니다.

B 그 창밖만 보는 다른 학생은요?

A 오 맞아요, 그 학생이 가장 어려웠어요! 그 학생 은 이미 시험을 봤는데 반을 옮기고 싶진 않아 서 <u>이미 시험을 봤기 때문에 수업이 지루했던 것이었어요,</u> 그럼에도 제 수업을 좋아해서 옮기 고 싶지 않다고 해요!

B 와우! 선생님이 아주 잘 하고 계신 것 같아요!

A 아마도요! 아니면 학생들이 그냥 아이엘츠를 좋 아하는 것일 수도?

PART 4

오늘 강의에서는 여러분들에게 반직관적으로 보일 수도 있는 질문에 대해 다룰 것입니다. 1800 년대 이후만이 세계 역사로 성립할 수 있을까요? 비교적 생소할 수 있는 주제지만, 세계 역사는 역사적 사건들을 특정 국가, 집단, 지역 혹은 지방 자치체와 같은 작은 범주가 아닌 세계적인 관점에서 바라봅니다. 역사적 사건을 넓은 관점에서 바라보면, 세계 역사가 서양 우월주의적 관념을 떨쳐낼 기회를 줍니다.

예시를 우선 드리겠습니다. 1497 년, 송하이 왕국의 지도자 아스키아 알-하즈 무하마드는 메카로의 순례를 마쳤습니다. 돌아오는 길에, 그는 자신에게 이슬람계, 신앙심의 선구자의 역할을 하는 아미르 알-머미닌과 칼리파라는 이슬람교 칭호를 붙였습니다. 아프리카 서부에 있는 그의 왕국에는, 팀북투에 있는 산코레 라는 모스크가 있었고, 1581 년 카아바와 동일한 구조물을 재 건설하기로 한 아킵 빈 우마의 메카 순례 이후 재건축되었습니다. 이러한 문화 모방 행위는 인도 북부의 비부르에서도 찾아볼 수 있는데, 시마르칸드와 헤라트에 있는 페르시아 귀족들의 이슬람 중심지의 화려함을 반영하여 모스크와 궁전을 세웠습니다. 19 세기 이후 '팀북투'라는 단어는 유럽식 의식과 매우 먼 것을 의미하기 위해 사용되었지만, 수 세기 전 이들의 리더는 1374 년 프랑스의 찰스 5 세를 위해 만든 카탈란 지도에 그려져 있습니다. 그 지도에 만사무사 왕은 금더미와 함께 영향력이 있고 부유한 모습으로 묘사되었습니다.

영광스러운 로마 제국 이후 유럽이 몰락하는 '어둠의 시대'에 대해 이야기하기 위해, 신대륙의 발견과 '서구의 부흥'을 일으킨 산업 혁명덕에 크게 성공하여 떠오른 유럽중심적 이야기를 해보겠습니다. 세계사를 1800 년 이후의 기간으로만 생각하는 것은 유럽중심적 관점에 어긋날뿐더러 역사적 무지를 나타냅니다. 세계 네트워크의 형성과 연결성을 결정적 요인으로 삼았을 때, 기원전 4,000 년 전에 세계 역사 및 말길들임에 대한 증거가 있습니다. 중앙아시아 스텝지대에서 말을 사육하는 유목민이죠. 연결성은 다음 세 가지 관점으로 나눠볼 수 있습니다: 상품, 사람, 이념의 이동. 이념의 이동의 경우, 종교적, 학문적, 혁신적, 그리고 문화적으로 쪼갤 수 있습니다. 오늘날 우리는 이러한 요소들을 세계 통일의 수단으로 보고 근대의 연결성을 조사할 것입니다.

글로벌 거래 네트워크는 이미 오래전부터 존재해왔습니다. 중앙아시아와 유라시아 대륙의 '실크로드'는 수 천년간 중앙아시아 스텝지대의 상품을 유라시아와 동아시아 지역으로 바다를 통해 운송되며 운영되어왔습니다. 로마제국의 문서에서 실크를 사기위해 서부의 금, 은과 양모로 동부와 교류했음이 지속적으로 나타납니다. 이 거대한 글로벌 네트워크와 더불어, 유라시아와 아프리카 사이에서 다양한 지역 생태계를 통해 상품들을 교환하는 유연한 무역 네트워크가 형성되어 있었다는 증거가 있습니다.

이러한 국지적 네트워크가 널리 퍼져 당시 현존했던 지역 네트워크들을 기반으로 발전된 실크로드나 사하라 종단 같은 장거리 네트워크가 가능해서 경제적 여건에 유연하게 반응할 수 있었습니다. 노예, 소금, 금과 대추 같은 다양한 물건을 교역한 사하라 무역은 1000 년이 넘게 지속되며, 낙타를 이용해 험난한 지형을 통해 상품을 날랐습니다. 무역이 가장 성황을 이뤘던 13 세기와 14 세기에는 사하라 무역에 10,000 마리의 낙타가 동원되어 서아프리카에 매장되어 있던 금의 3 분의 2 분량을 옮겨 마르세유, 밀라노와 제노바에 있는 금융회사들을 부유하게 했습니다.

이 항로는 서아프리카와 다른 문명들: 로마 제국, 비잔티움, 아랍, 영국(19 세기) 그리고 1415 년 리스본에서 만사무사를 부유하게 했다는 황금을 찾기 위해 항해를 한 포르투갈인들을 연결했습니다. 이는 포르투갈인들이 국제 무역 네트워크를 형성하게끔 했으며, 결과적으로 무역의 활성화를 위해 아프리카와 아시아 해안에 걸쳐 전초 기지를 배치하게 되었습니다.

'실크로드'와 사하라 종단무역 이외에, 8 세기에 바이킹이 스칸디나비아에서 나와 동서로 나가 약탈, 교역을 하며 정착하며 북쪽 루트가 활성화되었습니다. 동유럽과 러시아는 볼가 강 하부의 카스피해에 무역

루트를 형성하였고, 최종적으로는 콘스탄티노플, 바그다드가 은화를 주고 모피와 노예(대부분 포획된)를 이슬람 제국과 거래했습니다. 따라서 역사적으로 무역로는 국제적 범주로 발전되었습니다. 이러한 발전의 이유 중 하나는 희귀 금속을 거래하기 위해서 였습니다.

금과 은은 세계 경제를 좌우하는 매우 중요한 역할을 해왔습니다. 바이킹들은 은화들로 거래를 요구했었고, 스칸디나비아 압바시드에서 발굴한 무수한 은화들이 그 증거가 됩니다. 아 동전들은 서유럽 항만 도시에도 퍼져 유럽 동전들에 모조품이 많았는데, 특히 영국 앵글로색슨 지역에서 오파 왕이 통치하던 시절 아랍어로 적힌 종교적 글이 새겨진 금화가 가장 유명합니다.

800-1100 년도 서유럽에서 바이킹 문제는 양날의 검이었습니다: 정부는 바이킹들에게 보호를 명목으로 하는 보호금을 종종 지불하였지만, 이 덕분에 서유럽을 국제 경제권에 들어설 수 있게 했다는 것을 화폐와 다른 증거들을 통해 알 수 있습니다. 바이킹에 관한 아랍문자는 프랑크족 검에 대해 종종 언급하는데, 서부에서 제작되어 북부나 혹은 먼 동쪽까지도 거래되었음을 암시합니다. 바이킹은 콜롬버스가 항해하기 전, 최소 바그다드부터, 혹은 페르시아만, 심지어는 바스크인들이 대구낚시를 하던 북미 동쪽 해안까지도 활동했다는 증거가 있습니다.

유럽인들이 동부로의 더 용이한 접근성을 얻기 위해 떠난 콜롬버스의 항해로 아메리카를 점령한 이후, 현재 볼리비아로 알려진 포토시에서의 은의 발견이 아메리카 대륙의 경제를 세계로 진출시켰습니다. 중국이 화폐를 종이 화폐에서 은으로 변경한 후, 중국의 실크를 구매하기 위해 은을 사용했는데, 중국에서의 수요와 가격이 1540 년도와 1640 년도 사이 급격하게 증가했습니다. 중국의 인구 급증으로 인한 1700-1750 년대 또 한 번의 수요와 가격의 증가는 스페인의 해상무역에 활력을 불어넣어 필리핀 식민지화에 힘을 실어주었습니다. 신세계를 이뤄낸 은은 동쪽으로만 운송되지 않았습니다. 부에노스 아이레스와 카르타 헤나에서는 아프리카 노예 거래에 사용되었으며, 태평양과 대서양 사이의 해상무역을 연결시켰습니다.

TEST 4

PART 1

M 안녕하세요.

W 안녕하세요, 마일로 호텔에 오신 것을 환영합니다. 무엇을 도와드릴까요?

M 좋은 아침이에요. 우리는 브리스톨에서부터 자동차로 달려 방금 도착했답니다. 여기 리버풀에 며칠 머무를거에요. 방을 예약할 수 있을까요?

W 네. 물론입니다, 손님. 며칠간 머무르실 예정이십니까?

M 우린 화요일에 떠날 예정이에요. 그럼, 어디 보자... 4 일이네요.

W 어떤 객실로 예약해드릴까요? 더블룸, 트윈룸이나 싱글룸 중에서요?

M 실은, 방 두 개가 필요해요. 제 아내와 두 아이들도 함께 왔거든요. 아이들은 8 살과 10 살, 아니, 8 살과 11 살이에요. 큰 아이가 막 생일이 지나서요. 그러면 아이들은 트윈룸으로 아내와 저는 더블룸으로 할게요.

W 현재 욕실이 달려있는 객실 두 개가 예약 가능한 상태입니다.

M 좋아요. 하루에 얼마인가요?

W 확인해볼게요... 트윈룸은... 하루에 35 파운드고, 더블룸은 하루에 50 파운드입니다.

M 네, 그 정도면 적당하네요. 그러면 객실 두 개에 4 일간 머무르면 얼마인가요?

W 그러면... 총 340 파운드입니다.

M 그건 다른 것들도 전부 포함된 금액인가요?

W 네, 세금과 조식이 포함된 금액입니다.

M 좋습니다. 신용카드로 지불할 수 있을까요?

W 그럼요, 아멕스를 제외하곤 전부 가능합니다. 우선 하루치를 먼저 지불해 주고 차액은 체크아웃 시에 결제하셔도 됩니다. 또는 지금 전부 지불하셔도 됩니다.

M 지금 전부 낼게요. 무조건 화요일까지는 머무를 테니까요.

W 네, 좋습니다. 예약을 위해 몇 가지 여쭤봐도 될까요? 성함이 어떻게 되시나요?

M 매튜 패러데이입니다. 철자는 F-A-R-R-A-D-A-Y 예요.

W 생년월일이 어떻게 되십니까?

M 1973년 11월 15일입니다.

W 1973년 11월 5일이요?

M 아뇨, 15일이요.

W 아, 죄송해요. 주소는요?

M 괜찮아요. 스텐버리가 273번지예요. 철자는 S-T-A-N-B-U-R-Y 이고 브리스톨, BS24 2JP 입니다.

W BS24 2JP 요?

M 네, 맞아요.

W 전화번호도 알려주시겠어요?

M 제 핸드폰 번호는… 잠시만요, 확인 좀 할게요, 도무지 외울 수가 없다니까요… 여기 있네요… 07273 866421 이에요.

W 네, 확인됐습니다. 객실 예약이 완료되었습니다.

M 여긴 도시 외곽 지역이라 그런데, 시내 중심가로 가는 법 좀 알려주시겠어요? 내일 갈 것 같아서요.

W 음, 차로 가실 수 있지만 시내는 주차요금이 조금 비싸서요, 특히 하루 종일 계실 예정이라면 말이죠. 그리고 주차장도 금방 차서 운이 좋아야 한 자리가 있을 거예요.

M 그렇군요, 쇼핑도 좀 하고, 관광도 하고 항구 근처를 산책할 것 같아서 아마도 하루 종일 있을 거예요.

W 그렇다면 택시나 버스를 타는 게 좋을 거예요… 파크 앤드 라이드(대중교통 연계 시스템)가 길 아래쪽에 있어요.

M 그렇군요. 그건 얼마인가요?

W 편도로 1인당 2.50 파운드입니다. 아, 자녀분들 나이가 어떻게 되나요? 12세 이하의 아이들 요금은 1.50 파운드 밖에 안 해요. 잔돈을 거슬러 주지 않고, 버스가 30분에 한 대씩 오기는 해도 말이에요. 안타깝게도 돌아오는 티켓은 구매할 수 없어요. 하지만 여기서 그다지 멀지 않아요. 나가서서 헤레필드 웨이 쪽으로 우회전하고 약 5분 정도 걸어가면 돼요. 시내까지는 대략 15분 정도 걸려요.

M 그렇군요. 택시는 어떤가요? 가격이 얼마나 하고 예약은 어떻게 할 수 있나요?

W 시내까지 약 15파운드에요… 아, 아니요, 최근에 가격을 올렸네요. 18 파운드 정도라고 할 수 있겠네요. 택시는 저희가 불러드릴 수 있습니다.

M 그렇군요, 좋아요. 저흰 아마도 파크 앤 라이드 버스를 이용할 것 같아요.

W 아니면… 사실 걷는 걸 좋아하신다면 걸어가셔도 돼요. 강가의 길을 따라 걸으시면 돼요. 인기 있는 산책로라 많은 관광객들이 산책을 한답니다. 30분 정도 걸리지만 산책하기 좋은 길이에요.

M 그렇군요, 고마워요. 몇 개의 선택지가 있군요. 얘기 좀 해 봐야겠네요. 전 가서 가족들을 데려와야겠어요. 지금 차에서 기다리고 있는데 아이들은 벌써부터 신이 나 있거든요.

W 네, 그럼요. 마일로 호텔을 선택해 주셔서 감사합니다.

PART 2

안녕하세요, 여러분. 우핑(WWOOFING)을 소개하는 이 자리에 와주셔서 감사합니다. 이렇게 많은 분들이 와주셔서 정말 기쁩니다. 여러분의 열정에 불을 지펴 전 세계 곳곳으로 여러분들을 보내드릴 걸 기대하고 있습니다. 제 이름은 타일러이고 오늘 여러분의 가이드를 맡았답니다.

우선 우핑이 무엇일까요? 이는 유기농 농장에 대한 전 세계적인 기회를 의미합니다. 우리는 여기 영국 지부에 있지만 우핑은 전 세계 유기농 농장들의 네트워크입니다. 우프(WWOOF)는 여러분과 같은 자원봉사자들과 전 세계의 유기농 재배자들과 농부들을 맺어주는 운동입니다. 우리의 목표는 신뢰와 비영리적인 교류를 바탕으로 문화와 교육적인 경험들을 증진시켜 상호 간에 이익이 되고 지속 가능한 국제 사회를 건설하는 데 도움을 주는 것입니다.

그러면 이제 우리의 목표가 무엇인지 물어보고 싶을 겁니다. 아마도 여러분은 우리에 대해서 친구나 인터넷에서 이야기를 들었고 참여하는데 관심이 생겨서 여기 모였을 거예요. 좋습니다, 우리의 목표는 전 세계의 청년들에게 유기농 재배를 실천하고 지속 가능한 생활 방식에 대해 배울 기회를 제공하는 것입니다. 이것은 여러분을 지구와 연결하고, 가치관과 정신을 공유하는 비슷한 사람들을 만날 수 있도록 도우며, 노동 집약적인 농업 방식에 자원봉사자들의 서비스를 제공함으로써 도움이 필요한 농부들에게 도움을 주며, 여러분이 자연, 땅, 그리고 지역 문화에 대한 영감을 주는 경험을 할 수 있도록 도와드립니다.

그러면 어떻게 참여할 수 있을까요? 일단, 여러분은 여기 오면서 이미 첫 발을 내디뎠어요. 여러분이 관심이 있다는 것을 표현하고 메일 수신 리스트에 연락해보세요. 그러면 여러분은 아마 2 주 안에 호주로 날아가게 될지도 몰라요.

국제 우핑 커뮤니티의 회원이 되기 위해서는 5 가지의 간단한 단계를 거쳐야 해요. 가입하기, 호스트 찾기, 호스트에게 연락하기, 계획 세우기, 그리고 가장 중요한 부분으로, 즐기기입니다.

여러분이 너무 흥분하기 전에 알아둬야 할 몇 가지 사항이 있답니다. 많은 예비 자원봉사자들이 묻는 하나의 중요한 질문은 본인이 과연 우프 봉사자로 적합할 지입니다. 만약 당신이 유기농과 지속 가능한 생활에 진정한 관심과 열정을 가지고 있다면, 여러분은 본인의 경험을 최대한 활용하게 될 거예요. 특히 여러분이 기꺼이 배우고 경험을 공유할 의향이 있다면 말입니다. 여러분은 숙식을 대가로 일주일에 5 일을, 매일 약 5 시간의 육체노동을 하는 등 열심히 일할 준비가 되어 있어야 하며, 자신의 생활 공간을 다른 사람과 기꺼이 나눌 수 있어야 합니다. 여러분은 다양한 문화와 배경을 가진 사람들을 만나는 것에 열의가 있어야 하고, 현지어에 대한 기본적인 지식이 있어야 합니다. 예를 들어, 여러분이 만약 아시아나 남아메리카에 가게 된다면, 기초 언어 수업을 받게 될 것입니다. 또한 여러분은 지역 농부들에게 받은 만큼 다시 갚아주고 싶어 해야 합니다. 단순히 하루 먹고 자기 위한 봉사활동이 아니니까요.

만약 여러분의 이야기처럼 들리신다면, 그다음 질문은 아마도 보통의 우프 데이(WWOOF day)가 포함하는 게 어떤 것일지 일 겁니다. 음, 여러분이 일할 농장의 유형에 따라 다르겠지만, 여러분은 일찍 일어나야 하고, 쉴 수 있는 주말을 제외하고, 날마다 열심히 일해야 합니다.

일반적으로 여러분은 매일 하루의 반을 호스트 농장에서 일하면서 유기농적인 움직임과 지속 가능한 농업에 대해서 배우고, 동물들에게 먹이를 주고, 작물을 수확하고 무료의 숙식을 제공받으며 보내게 될 것입니다. 호스트 농장과 우퍼 간에는 돈이 오갈 수 없다는 점을 명심하세요. 식사시간은 다른 사람과 함께 보낼 것입니다. 조식은 쉐어 키친에서 뷔페 스타일로 제공되니 아침에 식사를 하면 되고 여러분이 원하신다면, 저녁에는 동료 봉사자들과 호스트 가족과 함께 둘러앉아 저녁 식사를 할 수 있습니다. 점심은 여러분에게 달려 있습니다. 일부의 농부들은 점심을 제공하고 다른 농부들은 제공하지 않으니, 떠나기 전에 확인하세요. 체류 기간은 다양합니다.

마지막으로, 여러분은 무엇을 가지고 갈지에 대해 고민해봐야 합니다. 분명 기본적인 것들도 챙기겠지만, 무엇보다 더러워지거나 손상되어도 상관없는 질긴 옷과 방수가 되는 재킷과 같은 우천용 의류, 악천후를 대비한 쓸 만한 신발이나 부츠를 가져가는 것이 중요합니다. 많은 농장들이 리넨 시트를 제공하지 않기 때문에 침낭과 수건이 필요할 수도 있으니 만약을 위해 확인해 볼 가치가 있습니다. 가기 전에 날씨를 확인하고 그에 맞춰서 짐을 싸세요. 확실히 프랑스 남부의 여름과 겨울은 크게 다르니 적절한 옷이 필요할 것입니다. 또한 여러분은 농장 일에 적합한 부츠와 장갑을 직접 구해야 하는지 일부 호스트 농부들이 빌려주는지 확인해야 합니다. 지역적인 요소도 고려하세요. 바퀴가 달린 가방은 돌 길에서는 유용하지 않을 수도 있으니, 배낭을 가지고 오는 것을 생각해 보세요.

자, 이제 다 됐습니다. 만약 이것들이 여러분 이야기처럼 들리고 여러분이 즐기며 할 수 있을 것 같다면,

여러분을 막을 수 있는 건 아무것도 없을 거예요. 만약 여러분이 생각했던 것과 다르다면 자유롭게 떠나셔도 좋습니다. 잠시 쉬었다가 호스트 구하기와 여기서부터 어떻게 나아갈지에 대한 정보가 담긴 프레젠테이션이 있을 예정입니다. 그 후에는 한 시간 동안 여러분의 모든 질의에 답해드리며 여러분들이 시작할 수 있도록 도와드릴 것입니다.

일단은 이 정도만 얘기하겠습니다. 라운지 밖에서 차나 커피와 비스켓을 마음껏 드시고 20 분 후에 다시 돌아와 주세요. 감사합니다.

PART 3

P 그럼, 대분기(the Great Divergence)에 대한 여러분의 주된 결론은 무엇인가요?

L 음 굉장히 흥미로운 주제라는 점을 언급하고 싶습니다. 왜 다른 곳이 아닌 영국에서 산업혁명이 일어났는지 한 번도 생각해 본 적이 없었어요. 하지만 분명히 이 주제는 왜 영국에서 일어났을 것이라고 추측했는지 스스로 생각하고 질문하게 만들었어요. 그런데 제가 대분기에 대해 더 읽어볼수록 그건 일종의 우연처럼 느껴졌어요.

J 저도 동의합니다. 어느 정도는요. 하지만 그게 우연이었다고는 전혀 생각하지 않습니다. 그게 거기서 일어났다는 점은 놀랍지만요.

P 토론거리가 생겨서 기쁘네요. 왜 우연이라고 생각하나요, 린다?

L 그건 정말 무작위로 발생하는 것처럼 보여요! 저는 대분기 이전에는 얼마나 중국과 인도가 세계 경제에 중요한 역할을 하는지 몰랐어요!

J 저는 동의하지 않아요. 전 그들이 그렇게 중요하다고 생각하지 않아요! 교수님은 책에서 인구 과잉에 대해 언급하셨죠. <u>영국이 최초의 석탄 엔진을 건설할 무렵 이미 그들은 그들의 경제를 지나치게 확장했다고 생각합니다.</u>

L 제임스, 내가 봤을 땐 넌 너무 멀리 간 것 같아. 나도 <u>인구 과잉이 문제였다는 걸 알아. 하지만 중국과 인도의 경제는 다양화되고 있었어!</u> 그들은 근세 서유럽보다 더 많은 자본을 가지고 있었다고!

P 그래요, 둘 다 흥미로운 점들을 지적했어요. 신용 거래와 선박 문제에 대해서는 어떻게 생각하나요?

J 네 교수님. 음, 전 유럽의 신용 시스템과 영국의 국제 선박 통제가 확실히 유리한 위치에 서는 데 도움이 됐다고 생각합니다. <u>아편 전쟁을 보면 알 수 있죠!</u>

L 영국 제국주의의 전형적인 예시인 아편 전쟁을 보라니! 아뇨, 전 중국의 문제는 인구 제한 때문이라고 생각해요. 인구 과잉이 223%라고 했던가요? <u>그러니까 그들의 경제 활동에 필요한 석탄은 막대한 인구를 먹여 살려야 했지만, 문제는 너무 멀리 떨어져 있었던 거죠. 석탄 생산지가 내몽골일 거예요, 그렇죠?</u>

P 훌륭한 지적이에요, 린다. 제임스, 이에 대해 어떻게 생각하나요?

J 음, 자원이 그곳에 없었다는 점에서 인구 과잉이 중국의 성장을 저하했다는 린다의 지적에는 저도 동의해요. 그런데 흥미롭게도, 이 시기에 영국의 제조업은 급속도로 발전하지 않았나요?

P 맞아요, <u>안정적이고 중앙 집권적인 영국 상황이 이러한 혁신이 일어나는데 중요한 역할을 했다고 생각하긴 해요.</u>

J 물론이죠! 그리고 영국은 그쯤에 인도를 거의 통제하고 있었어요. 방적기들을 발명해낸 뒤에 우리는 <u>인도 사람들보다 더 품질이 우수하고 더 저렴한 면화를 생산할 수 있었어요.</u>

P 글쎄, 인도는 면화 수출국 보다 수입국이 되었지요? 린다, 이 시기의 인도의 발전에 대해 어떻게 생각하나요?

L 네, 음, 인도는 동인도 회사가 등장하기 전까지 잘 해내고 있었어요. 물론 그게 우연이라고는 생각하지 않아요. 그건 이미 무굴 제국의 통치에서 드러난 기회들과 약점들을 이용하는 EIC 장교들의 문제에 가까워졌어요. <u>1750 년도에 인도는 전 세계의 25%의 제품을 생산해냈어요.</u>

P 좋은 지적이에요, 린다. 유럽의 이 모든 자본이 어디서 흘러 들어왔을까요?

L 오, 맞아요! 대서양 횡단 경제에서요. 에세이에 적는 걸 깜빡 잊었어요. <u>특히 대서양을 횡단하는 노예 무역은 영국을 부유하게 만들었어요,</u> 신대륙에서 온 설탕과 다른 원자재들의 무역도 함께요.

J 네, 그건 맞아요. 하지만 신대륙의 경제는 양쪽 방향으로 나아갔어요. 필리핀은 오로지 중국과 근접하다는 이유로 스페인 영토가 되었어요. 그들의 부는 스페인인들의 수요에 의해 신대륙의 은광에서 나왔어요.

P 훌륭해요, 여러분들은 어떻게 전 세계 시스템이 각기 다른 지역의 수요와 공급에 의해서 돌아가는지 볼 수 있어요.

L 네, 저에게는 바로 그 점 때문에 이번 주의 주제가 무척이나 흥미로웠어요. 참 재미있는 점은 그들의 경제를 쌓아 올리기 위해 노력하면서, 내외부적 갈등에 대처하는 방식인 것 같아요. 정말 복잡하지만요!

P 예를 들어 주겠어요?

L 네! 음, 두 가지를 들 수 있어요. 중국은 그들이 석탄을 얻는 북서부 지역으로부터의 위협 때문에 자원을 과도하게 늘려야 할 필요가 있었어요. 그리고 오스만 제국은 a) 자국과 자국민들의 막대함과 다양성을 b) 이집트와 같은 내부적인 위협과 영국, 프랑스 그리고 러시아로부터의 외부적인 위협에 대처하고 있었어요.

J 네 말에 동의해, 린다. 이 모든 사실에도 불구하고 그렇게나 빠르게 영국이 발전하고 산업화를 이룬 것이 놀라운 점이라고 생각해. 18세기와 19세기의 도시화 비율을 봐!

P 좋습니다, 그럼 이제 추진과 유인 요인(push and pull factors)을 볼까요...

PART 4

오늘 저는 감정의 신경학에 대해 우리가 얼마나 조금 밖에 알지 못하는지 그리고 왜 우리가 안다고 생각한 것조차 정확하지 않은 지에 대해서 이야기하고자 합니다. 여러분 중 많은 분들은 아마도 인사이드 아웃이라는 영화를 본 적 있을 겁니다. 이 영화는 젊은 사람의 뇌 속으로 들어가 다섯 가지의 주요 감정들을 통해 보여집니다. 기쁨, 분노, 슬픔, 혐오 그리고 공포의 감정이지요. 영화가 우리의 내적 혼란을 소위 말하는 주요 감정의 불균형에 의한 것으로 깔끔하게 묘사한 것에 반해서, 현실은 오히려 더 복잡합니다.

때로는 연구원들은 감정이 뇌의 특정 부분, 구체적으로 말하면 뇌의 가장 오래된 부분인 '파충류 뇌'에 위치해 있다고 말합니다. 그 말도 일리 있습니다. 편도체와 전두엽 피질을 잇는 신경 연결 통로가 정신적인 충격을 겪는지 방식에 종종 중요한 역할을 하기 때문입니다. 그러나, 뇌 정밀 검사, 감정의 생리, 얼굴의 움직임과 감정을 좌우하는 전기적인 신호들, 몸짓 언어 그리고 감정들을 연구하는 등의 최선을 다한 우리의 노력에도 불구하고 우리는 '감정 회로'의 어떠한 증거도 발견하지 못했습니다. 따라서 연구원들은 뇌의 특정한 어느 부분에도 감정이 연결되어 있지 않다고 결론지었습니다.

한 세기가 훨씬 넘도록, 연구원들은 문화 전체를 가로지르는 감정의 보편성에 대한 증거를 기대하며 찾았습니다. 그들은 이 세상 어디에 살던 관계없이 사람들은 서로의 얼굴 표정과 몸짓 언어에서 감정을 '읽어낼 수 있다'라고 여겼습니다. 그러나 어린 아기의 감정 표현에서 이론의 한 가지 중요한 문제점이 발견됩니다. 이 감정 이론은 아기가 어떤 특정한 상황에 처하게 되면 어떤 알아볼 수 있는 감정 표현을 할 것을 주장했습니다. 하지만 실험은 예상하지 못한 결과를 가져왔습니다. 공포나 기쁨과 같은 한 가지의 보편적인 감정 표현 따위는 존재하지 않아 보이며, 연구원 리사 펠드먼 바렛의 표현에 의하자면 오히려 우리는 '얼굴 움직임의 다양한 개체군'을 가지고 있었습니다. 어떠한 감정도 뇌의 특정한 한 부분에서 생성되지 않으며 마찬가지로 인간의 감정 표현은 다원적입니다.

펠드먼 바렛은 감정의 다양한 형태와 표현에 의해, 감정보다는 감정의 카테고리로 생각하는 편이 낫다고 말합니다. 그녀는 감정을 묘사하기 위해 새로운 이론을 만들었습니다. 그것은 구성된 감정 이론으로 당신의 뇌가 과거의 경험을 이용한다고 가정하고, 그것을 개념으로 조직합니다(소셜 미디어에서 우리가 해시태그로 정리하고 검색하는 방식을 생각해보세요). 뇌가 감각 입력 신호를 받으면, 어머니 집의 부엌에서 퍼져 나오는 기분 좋은 냄새와 같은, 과거 경험에 기초해서 이것을 감정으로 전환합니다. 이러한 경우에 우리는 주방에서 나는 맛있는 냄새가 긍정적인 기억과 합쳐져 행복과 혹은 배고픔을 느끼게 되며 우리의 뇌는 두 가지 예상을 할 것입니다: 1. 어머니가 요리를 하고 계신다, 2. 맛있는 음식일 것이다.

이러한 정서적인 경험은 우리의 삶의 경험이 다 다른 것처럼 각 개인에 따라 다르게 존재합니다. 우리가 다른 사람들과 공감하고 서로의 경험들을 비교할 수 있기는 해도, 어떤 사람도 다른 누구와 똑같은 인생을 살아오지 않았기 때문에 모든 우리의 경험, 즉 우리의 모든 감정들은 개개인마다 다릅니다.

그러면 이 감각 입력은 어디에서 오는 것일까요? 바로 우리의 신체입니다. 내부 자극 수용기의 과정을 통해 뇌는 신체감각을 해석합니다. 그런 다음 이러한 감각들은 감정의 카테고리로써 과거 경험에 기반한 일련의 복잡한 뇌의 예측들을 이용해 소셜 미디어 유추를 계속하기 위해 할당되거나 꼬리표가 달립니다.

감정(emotion 정서)를 정동(affect)과 혼동해서는 안 됩니다. 정동은 신체감각을 바탕으로 한 감정의 더 단순한 상태입니다. 우리는 정동을 그것들이 마치 나침반의 동서남북 방향처럼 결합하고 분리됨에 따라 변화하는 4 가지 핵심 부분들로 나눌 수 있습니다. 그것은 기쁨/불쾌함, 또는 흥분 그리고 침착함입니다. 감정과는 달리 정동은 태어났을 때부터 존재하고 의식적이든 무의식적이든 활성화된 상태로 지속됩니다. 감정을 느끼는 것은 하나의 의식적인 과정입니다. 반면에 정동을 느끼는 것은 무의식적인 과정입니다. 마치 숨 쉬는 것처럼 말이지요. 정동은 물리적인 감각에 의해 정신이 영향받을 때고, 감정은 그러한 물리적인 감각을 경험과 예측을 바탕으로 해석되어 복합된 정신 감정이 만들어질 때를 말합니다.

그래서 정동은 태어날 때부터 존재하고 감정은 그렇지 않은 것입니다. 우리가 감정을 느끼기 위해서는 인생의 경험이 있어야 합니다. 사실상 우리는 정서적인 개념을 형성하는 능력을 평생 동안 발달시키고 또 재발달시키고 있습니다. 감정은 우리에게 우연히

일어나는 일이 아닙니다. 내외부적 자극에 대한 반응으로 우리가 만들어 낸 것이지요.

감정이 진짜가 아니라는 말은 아닙니다. 그저 우리가 구상한 현실의 한 부분일지라도 감정은 문화, 사회 그리고 언어의 더 넓은 개념과 같습니다. 사실 감정은 집단적 의도(공유된 정보와 이해를 바탕으로 한 개념의 존재에 대한 동의) 그리고 언어라는 이 두 가지 인류 개념을 통해 우리에게 실체화되었습니다. 서로 다른 언어와 문화를 거쳐 감정을 표현하는 단어들은 변화하고 바뀌고 겹쳐집니다.

그러므로 감정은 어떻게 그리고 왜 우리가 그것에 대해 생각하는지에 기초해 존재합니다. 만약 우리가 어떠한 경험에 대해 생각하는 방식을 바꾸면 우리는 감정 '태그(tag)'를 둘러싼 정신적 구조를 바꿔 그것을 더 긍정적으로 또는 더 부정적으로 만들 수 있을 것입니다. 이것은 수천 년 동안의 우리의 문화의 한 부분이었습니다. 고대 그리스 스토아 철학과 고통의 불교 철학을 예시로 떠올려 보세요.

운동에서 한 가지 예가 분명히 드러납니다. 우리가 운동이 몸에 좋다는 것을 알아도, 때때로 운동은 불쾌한 감정을 일으키기도 합니다. 우리가 운동할 때 신체적인 통증이 있기도 합니다. 어떤 사람들은 그 통증을 불행과 불쾌함과 같은 부정적인 감정의 카테고리로 분류할 수 있습니다. 하지만 운동선수나 운동을 즐기는 사람들은 운동할 때 통증을 느껴도 그 고통을 마음속으로 긍정적으로 생각해 구축하거나 혹은 격렬한 운동과 관련된 엔도르핀 상승과 같은 더 긍정적인 신체적 감각들에 집중할 수 있기 때문에 감정을 분류할 때 그 면에 초점을 맞춥니다. 어쩌면 그들이 느끼는 신체적 피로에도 불구하고 운동을 아주 상쾌한 경험이라고 표현할지도 모릅니다.

요약하자면, 감정을 신체감각, 과거 경험 그리고 예측을 통해 우리가 만들어 내는 감정의 카테고리라고 표현하는 더 적절합니다. 우리는 문화적으로 제한되어 있는 언어를 사용해 이 카테고리를 말로 표현할 수 있으며 어떻게 우리가 감정을 느끼는지를 고의적으로 바꿀 수도 있습니다. 특정한 사건이나 활동에

대한 우리의 감정을 재분류함으로써 우리의 삶의 경험을 재구축하고 감정 카테고리를 재정의 하는 것과 같이 말입니다. 그러므로 뇌와 신체는 서로 영향을 끼치며, 개인의 생리와 우리의 사회적, 문화적, 물리적 환경으로부터의 입력과 함께 감정의 카테고리를 만들어 내는데 협력하는 방식으로 깊게 연결되어 있습니다.

Sample Answers for Writing Tasks

TEST 1

WRITING TASK 1

이 선 그래프는 1987 년부터 2017 년까지 어학원에서 공부한 세계 여러 지역의 학생 수를 보여주고 있습니다.
전 기간에 걸쳐 전반적으로 어학원에서 공부하는 멕시코 학생들의 수가 가장 많았고, 반면 베트남 학생들이 가장 적었습니다.
자세히 보자면, 학원에 입학한 멕시코 학생들의 수는 1987 년에 약 65 명이었습니다. 이 숫자는 10 년간 꾸준히 증가하여 72 명에 도달했으며 이후 2017 년까지 안정적으로 유지되었습니다. 한편, 일본과 중국 학생들의 수치는 1987 년 각각 24 명과 32 명에 그쳤습니다. 그러나 1997 년부터 2017 년까지 40 명과 60 명에 달하는 상당한 상승세를 보였습니다.
반면 유럽과 베트남 학생들의 상황은 달랐습니다. 1987 년과 1997 년 사이에 유럽 학생들의 수가 소폭 상승했음에도 불구하고, 그 수는 크게 떨어져 마지막 해에는 21 명의 낮은 수치를 기록했습니다. 한편, 일정 기간 동안 베트남 학생들의 수는 10 명보다 더 적었습니다.

WRITING TASK 2

흔히 돈을 많이 주나 단조로운 직업을 추구하는 것에 여러 이점들이 있다고 여겨지는 반면, 일부 사람들은 돈을 적게 주더라도 즐거운 직업을 갖는 것이 더 낫다고 주장합니다. 그러나 삶의 질을 고려한다면 저는 월급을 많이 주는 직업을 가지는 것이 더 낫다고 주장하고 싶습니다.
우선, 왜 일부 사람들이 돈을 적게 주는 직업을 추구하는지에 대한 몇 가지 이유가 있습니다. 무엇보다 일반적으로 돈을 많이 주는 직업들은 과다한 업무를 해낼 것을 요구합니다. 흔히 사람들은 할 일이 쌓여 있으면 부담감과 스트레스를 느낍니다. 그들의 관심사와 능력에 관련된 것을 찾아볼 시간이 없기 때문입니다. 게다가 오늘날의 사람들은 보통 삶을 즐기기 위해 일하기 때문입니다. 다시 말해, 대부분의 사람들은 그들의 생활필수품, 교육, 취미들에 지불하기 위해서 일합니다. 그러므로 사람들은 그들에게 신체적, 정신적인 질병을 가져올지도 모르는 스트레스를 많이 주는 직업을 원하지 않습니다.
반면, 돈을 많이 주는 직업을 추구하는 것에는 명확한 이점들이 있습니다. 첫째로, 대게 돈은 사람들에게 동기를 부여합니다. 돈을 많이 받는 사람들은 자신의 분야에서 전문화 할 수 있는 취미와 교육에 흔히들 더 많은 기회를 가지고 있습니다. 만약 별이가 기본적인 욕구를 충족할 정도만 된다면, 사람들은 아마도 집, 자동차, 교육에 돈을 쓰는 것 같은 다른 목표들을 충족하지 못할 겁니다. 또한 단조롭든 그렇지 않든 간에 돈을 많이 주는 직업을 가지게 되면, 그 직업은 존경할 만하고 지위가 높은 것임이 분명합니다. 또한, 그 또는 그녀의 지식과 능력을 기를 건강한 근무 환경에서 일할 기회를 줄 수 있습니다.
결론적으로, 누군가는 돈을 적게 주더라도 즐거운 직업이 더 낫다고 주장하나, 돈은 많이 주지만 단조로운 직업이 사람들에게 동기를 부여하고 안정을 줄 수 있다는 것은 분명합니다. 그러므로, 사람들은 돈을 많이 주는 직업이 주는 여러 가지 이점들을 고려해야 합니다.

TEST 2

WRITING TASK 1

이 막대그래프는 매주 정기적으로 6 가지의 다른 종류의 스포츠를 하는 남성과 여성의 비율을 비교하고 있습니다.
축구, 사이클 그리고 조깅이 남성들 사이에서 더 인기 있는 반면, 남성보다 더 많은 여성이 테니스와 그룹 스포츠에 참여하고 있다는 사실이 분명하게 보입니다.
자세히 살펴보면, 여성이 오직 35% 에 불과한 것에 비해 남성의 70% 는 매주 자전거를 탑니다. 규칙적으로 축구를 하는 남성의 비율은 거의 30% 에 달하는 수치로 여성의 비율보다 훨씬 높습니다. 조깅에서도 비슷한 패턴이 나타납니다. 남성의 약 40% 는 매주 조깅하는 것을 즐기지만, 5분의 1 미만의 여성만이 규칙적으로 조깅을 합니다.

한편, 테니스와 수영의 수치는 정반대의 패턴을 보여줍니다. 매주 테니스를 치는 여성의 비율은 약 35%이고 그것은 남성의 비율(30%)을 근소하게 앞서고 있습니다. 또한 남성(약 25%)와 비교했을 때, 40% 이상의 여성이 수영하기를 즐깁니다. 여성 대부분이 그룹 스포츠에 규칙적으로 참여하고, 단 5% 남성만이 참여하는 것이 눈에 띕니다.

WRITING TASK 2

지난 몇 십 년에 걸쳐, 지구온난화는 심각한 세계 문제가 되었습니다. 몇몇 사람들은 이 문제와 씨름하기 위해서 각국의 정부들이 가능한 한 빨리 협력해야 한다고 주장하는데, 저는 그 의견에 전적으로 동의합니다.

우선, 정부의 간섭만으로는 지구 온난화를 이겨낼 수 없다는 의견에 옹호하는 몇 가지 논쟁들이 있습니다. 유해가스를 방출하는 공장에 엄격한 규제들을 도입하거나, 대중교통 많이 이용하기 또는 지구의 온도를 낮추기 위해 나무 많이 심기에 대한 사람들의 인식을 바꾸는 캠페인을 여는 것은 개개인들의 도움 없이는 그다지 유용하지 않을 것입니다. 게다가 정부들은 시민들의 안전과 혜택에 직접적으로 관련된 과제에 더 집중해야 합니다. 예를 들면 여전히 전 세계의 많은 사람들이 내전이나 기근에 고통받고 있습니다. 그러니 정부의 우선순위는 시민의 삶의 질과 사회적 안정감을 향상시키는 데 있으며, 지구 온난화는 세계적으로 시급한 문제가 아니라고 흔히들 말합니다.

그러나 저는 전 세계의 정부들이 지구 온난화 과정을 늦추고 우리의 미래 세대들을 위한 환경을 유지하는 중요한 역할을 해야 한다고 굳게 생각합니다. 그 이유 중 하나는 지구 온난화의 속도와 규모가 전례 없는 수준에 달하고 있고, 결과적으로 따뜻해진 기후가 날씨 패턴을 바꾸고 있기 때문입니다. 전 세계의 많은 지역들에서, 홍수나 가뭄과 같은 많은 종류의 재난들은 인류에게 위협이 됩니다. 게다가 재난의 피해는 빈곤한 사람들이 더 큽니다. 그러므로 너무 늦기 전에 세계의 정부들이 즉시 조치를 취해야 할 때입니다. 또 다른 이유는 정부가 개인보다 세계적 협동을 요청하고 천연자원들을 추출하고 이산화탄소 같은 온실가스를 일으키는 사업들을 규제할 더 큰 힘을 가지고 있기 때문입니다. 따라서 지구 온난화를 포함한 환경적인 문제들은 전 세계적인 규모에서 다뤄져야 합니다.

끝으로 현재 정부가 착수해야 할 힘든 과제들도 많겠지만, 만약 각국 정부들이 기후 변화와 지구 온난화 문제를 우선순위에 두지 않는다면 그때는 너무 늦을 것이라고 확신합니다.

WRITING TASK 1

이 두 개의 설계도는 1975년과 2019년 사이에 대학 캠퍼스에서 일어난 변화들을 보여주고 있습니다.

전반적으로, 설계도들의 가장 큰 특징은 학교 캠퍼스가 좀 더 단순해졌다는 것입니다. 또한 도서관, 공학 대학교 그리고 자연 과학 대학교에는 변화가 없었습니다.

자세히 살펴보면, 1975년에는 도서관, 우체국, 체육관 그리고 공학 대학교가 캠퍼스 중심에 위치해 있었습니다. 또한 동쪽에도 몇 개의 시설들이 있었습니다. 은행과 자연 과학 대학교는 도서관 맞은편에 위치했고, 반면 예술 대학교와 학생회관은 남동쪽에 위치해 있었습니다. 마지막으로 기숙사 건물들이 캠퍼스 서부에 큰 부분을 차지했습니다.

반면 44년이 지난 후에는, 학교는 캠퍼스를 더 효율적으로 사용하기 위해서 기숙사 건물을 없앴고 도서관, 공학 대학교 그리고 자연 과학 대학교는 같은 위치에 남아있게 됩니다. 은행과 우체국이 있던 자리에는 새로운 카페테리가 문을 열었습니다. 설계도의 오른쪽 부분에는 큰 체육관과 학생회관 건물이 지어졌습니다. 흥미롭게도 예술 대학교는 캠퍼스 남동쪽에 추가되었는데 결과적으로 학교는 더 많은 학생들을 수용할 수 있게 되었습니다.

WRITING TASK 2

오늘날에는 집에서 더 많은 비즈니스 활동이 이뤄지고 있습니다. 왜 이런 일이 일어나고 있는지에 대해서는 몇 가지 이유가 있는데, 저는 그 변화가 퇴보로 보인다고 생각합니다.

우선, 왜 집에서 비즈니스 활동을 하는 것을 선택하는 사람의 수가 늘어나는지에 대한 몇 가지 이유가 있습니다. 무엇보다 재택근무는 직원에게 늘어난 유연성과 그들의 일정을 완전히 마음대로 하도록 제공합니다. 예를 들자면, 워킹맘은 아이들을 돌보는 것과 회사 상황에 관한 소식을 접하기 위해 회의에 참여하는 것 사이에서 멀티태스킹 하는데 굉장한 도움이 된다고 생각할 것입니다. 게다가 직원들이 자택에서 근무할 수 있도록 허락하는 것은 회사의 경비를 아끼는 데 도움이 될 수 있습니다. 즉, 주로 인터넷에서 운영되는 회사들은 전기세, 인쇄 문서들, 회의나 훈련 절차를 위한 장비들의 비용을 아낄 수 있습니다.

반면, 이러한 유행의 모든 면이 비즈니스에 도움이 되는 것은 아닙니다. 첫째로, 재택근무에 의존하는 것은 정보의 흐름에 실패가 있을 수 있기에 방해가 될 수 있습니다. 설명하자면, 모두가 회사에서 제공되었던 모든 장비들을 마련할 수 있는 것은 아닙니다. 그러므로 접속이 끊기거나 컴퓨터가 망가지면 업무 중단과 생산성 저하를 가져올 수 있습니다. 게다가 사람들은 직접적인 지도가 없으면 사무 능력을 완전히 이해하는데 어려울 수 있습니다. 그것은 교육 훈련을 받는 직원들이 그들이 인터넷으로 배운 것을 적용해볼 수 없기 때문입니다. 또한 제대로 하고 있는지 아닌지 알려주는 사람이 아무도 없기 때문에 그들은 실제 업무에서도 서투를 수 있습니다.

결론적으로, 자택에서 근무하는 것이 몇 가지 긍정적인 효과들을 가져올 수 있어도 대부분의 영향들은 해롭다는 것이 명백합니다. 그러나 이러한 유행은 재택근무가 제공하는 유연성에 대한 늘어난 수요 때문에 앞으로도 계속될 가능성이 높습니다.

TEST 4

WRITING TASK 1

이 순서도는 풍력 터빈들을 사용해 전기를 생산해내는 과정을 설명하고 있습니다.

풍력을 전력으로 전환하는 과정에는 터빈의 회전 날개로 시작해 사용자에게 분배하는 것으로 끝나는 뚜렷한 여섯 가지의 단계가 있습니다.

풍력을 사용한 전기 생산 과정의 첫 번째 단계는 바람이 불 때 날이 돌아가면서 풍력을 기계적인 힘으로 전환하는 것입니다. 타워에 위치한 센서는 컴퓨터에 의해 제어되어 바람의 속도와 범위를 유지할 수 있습니다. 다음으로, 터빈들은 690V의 낮은 전압을 생산하는 발전기를 돕니다. 전기가 생산되기 시작하면, 장거리에 걸쳐서 국가 전력망에 전송할 전압을 높이기 위해 변압기로 옮겨집니다. 그 다음으로는, 전압을 줄이는 현지 변압기들로 전기가 배전선을 통해 전달됩니다. 마지막으로 가구들, 사무실, 농장 등으로 분배됩니다.

WRITING TASK 2

오늘날, 전 세계 많은 지역의 청소년들이 많은 스트레스를 받고 있습니다. 이러한 현상 뒤에는 여러 원인들이 있지만, 학부모와 교사가 그들의 스트레스 수준을 낮추는 효과적인 해결책들을 생각해 낼 수 있다고 생각합니다.

어린 시절의 스트레스에는 몇 가지 근본적인 원인들이 있습니다. 다른 무엇보다도 청소년은 부모로부터 성공하고 성취하라는 압박을 받습니다. 흔히 대부분의 학부모들이 자녀가 학교에서 좋은 성적을 내도록 부추기며, 명문 대학교에 진학해, 훌륭한 직업을 가지기를 바라는 것이 보입니다. 만약 그들이 학교 공부를 따라가지 못하거나 시험에서 낮은 성적을 받으면 실망하거나 실패를 두려워하게 될 것입니다. 또한 친구들과 같은 반 학우들로부터 오는 또래 압력은 청소년기에 주된 영향을 끼칠 수 있습니다. 청소년들이 친구들에 크게 영향을 받고 소속감을 느끼기를 원하는 것은 자연스러운 현상입니다. 그러나 친구를 사귀는 게 어려울 수도 있습니다. 그러니 몇몇 아이들은 다른 학우들의 그룹에 맞추기 위해 노력하느라 스트레스를 받을 수 있습니다.

청소년들의 스트레스를 완화시키고 그들의 웰빙을 높이려면 학부모와 교사가 중요한 역할을 맡아야 한다고 생각합니다. 자녀의 능력을 고려하지 않는 일부의 학부모들은 달성 불가능한 학업적 목표를 설정하고 그들의 자녀가 너무 많은 것을 해내기를 기대합니다. 이러한 기대들이 학생들에게 많은 스트레스를 가져다줄 수 있습니다. 그러므로 학부모들은 그들의 의견을 존중하며 현실적인 학업 목표들을 추구하도록 격려해야 합니다. 또한 교사들은 같은 반 학우와 문제가 있는 아이들에게 더 신경을 쓰고, 그들의 감정을 표출하도록 그리고 또래 무리로부터의 소외에 대한 공포를 극복하도록 도와야 합니다.

끝으로, 현대 사회의 아이들과 십 대 청소년들은 학업과 동료 압박 때문에 많은 스트레스를 느낍니다. 따라서 교사와 학부모들이 학업적 스트레스를 줄이고, 그들이 가지고 있는 불안과 그 압력에서 오는 공포를 이해하는 끊임없는 노력이 필요합니다.

Sample Answers for Speaking

TEST 1

PART 1

E 어디 사는지 말해주세요. 아파트인가요 주택인가요?

C 저는 아파트에 삽니다. 방 3개, 화장실 2개와 큰 거실과 주방이 있습니다. 10층에 위치해 있는데, 마음에 들어요.

E 제일 좋아하는 방이 어디인가요? 그리고 이유는요?

C 저에게는 제 방이 최고의 공간입니다. 침대에 누워 편하게 쉬면서 영화를 보는 걸 좋아하거든요.

그리고 가족으로부터 떨어진 개인 공간이 가끔은 필요하거든요. 그래서 그곳이 제일 좋아하는 방입니다.

E 당신의 집에 사는 것에 대한 장점과 단점들이 무엇인가요?

C 글쎄요, 저희 집에서 제가 좋아하는 건 경치입니다. 거실 창밖으로 산을 볼 수 있거든요. 단점은 주방입니다. 조금 좁아요. 제가 요리하는 걸 정말 좋아하기 때문에 조금 더 여유 공간이 있었다면 좋았을 것 같아요.

E 보통 생일을 기념하는 편인가요?

C 네. 저는 보통 생일날 가족들과 외식하는 편입니다. 가끔은 생일 전 주말에 축하를 할 때도 있습니다. 또 생일날에는 저희 어머니가 미역국을 끓여 주십니다.

E 지난 생일에는 무엇을 했나요?

C 가족들과 바비큐 식당에 갔습니다. 모두 고기를 좋아해서 이런 종류의 식당에 가는 걸 좋아해요. 그날은 정말 즐거웠어요.

E 당신의 나라에서는 대부분의 사람이 파티를 열어서 생일을 축하하나요?

C 그렇지 않은 것 같습니다. 사람들은 보통 파티를 열기보다는 가족이나 가까운 친구들이랑 같이 저녁을 먹어요. 유치원이나 초등학교를 다니는 아이들이 같은 반 친구들과 함께 생일 파티를 하기도 하지만요.

PART 2

C 제 기억에 남을 만한 몇 개의 휴가를 보내 봤지만, 오늘 말씀드릴 것은 친한 친구 두 명과 베트남에 갔을 때입니다. 그건 지난 10월이었어요, 저희는 며칠 휴가를 내서 베트남의 해안 도시인 다낭으로 가기로 결정했어요.

저희는 수요일에 도착해서 일요일까지 머물렀어요. 그러니까 총 4박이었지요. 긴 시간은 아니었지만 저희는 거기서 아주 좋은 시간을 보냈습니다.

이번 휴가에 무엇을 했는지에 대해 말씀드리자면, 저희는 쌀국수와 분짜 같은 진짜 베트남 음식을 많이 먹었어요. 또 음식, 옷 그리고 모든 종류의 기념품을 파는 길거리 시장도 갔어요. 가족에게 줄 것들을 많이 샀는데 특히 상인과 흥정하는 게 재미있었습니다.

날씨 때문에라도 이번 휴가를 절대 잊을 수 없을 거예요. 저희는 햇볕이 쨍쨍한 해변 휴일을 기대했는데, 실제로는 거기 있는 동안 계속 비가 왔어요. 매일 천둥 폭풍이 쳤다니까요! 처음에는 조금 짜증이 났지만 최선을 다해 재미있게 놀았어요.

PART 3

E 당신의 나라의 사람들은 여행 가는 것을 좋아하나요?

C 네, 그럼요. 한국 사람들은 다른 나라에 여행 가는 걸 좋아합니다. 요즘에는 동남아시아에 가는 게 일반적이죠, 왜냐하면 날씨가 일 년 내내 뜨겁고 한국에서도 그렇게 멀지 않거든요. 또 사람들은 일이나 공부 같은 일상생활에서 벗어나 휴식이 필요하니까요. 저는 여행이 기분전환을 할 수 있는 좋은 방법이라고 생각합니다.

E 사람들은 휴가 목적지를 어떻게 정하는 경향이 있나요?

C 음, 제 생각에는 예산이 가장 중요한 요소인 것 같습니다. 사람들은 목적지를 고르기 전에 얼마큼이나 쓸 수 있는지를 봅니다. 일본에서의 4일과 호주에서의 2주는 차이가 많이 나니까요.
그뿐만 아니라 날씨도 중요해요. 한국의 겨울은 굉장히 추워요. 그래서 사람들이 더운 지역에 가는 걸 좋아하죠.

E 어떤 사람들은 휴일에 해외여행을 가는 것보다 집에 머무는 걸 선호하는 데 왜 그럴까요?

C 제 생각에는 여행하는 게 꽤나 힘든 일이기 때문에 그런 것 같습니다. 목적지에 도착하기 위해서는 버스나 비행기 또는 기차를 타야 하니까요. 거기에다가 당신이 그 나라 언어나 문화를 모른다면 새로운 곳을 돌아다니는 것은 스트레스가 될 수 있습니다.
어떤 사람들은 그 들이 편안함을 느끼는 곳에서 벗어나기를 원하지 않습니다. 대신 휴일 기간 동안 집에 머물며 충분히 휴식을 취하는 것을 선호해요.

E 오늘날의 여행은 몇 십 년 전의 여행과 비교해 어떻게 달라졌나요?

C 네, 확실히 달라졌습니다. 지금은 여행이 훨씬 저렴해져 일하는 사람이라면 거의 누구나 해외 여행을 갈 수 있어요. 반면, 몇 십 년 전에는 달랐어요. 부자들만 여행을 갈 수 있었죠.
또, 인터넷 덕분에 다른 나라들에 대한 정보를 얻는 게 더 쉬워져서 가기 전에 식당이나 액티비티들을 찾아볼 수 있어요.

E 관광 산업이 중요하다고 생각하나요?

C 물론이죠. 일부의 나라들은 관광에 굉장히 의존하고 있습니다. 관광객들이 없다면 호텔, 레스토랑, 쇼핑몰 등에서 실업 문제가 일어날 수도 있을 거예요. 그뿐만 아니라 관광은 장소를 활기차고 신나게 만들어요. 그래서 저는 관광의 좋은 점이 아주 많다고 생각합니다.

E 사람들이 관광객으로 외국 여행을 할 때 무엇을 해야 하거나 해서는 안 된다고 제안하겠습니까?

C 저는 그들이 '부탁합니다'나 '감사합니다'처럼 간단한 현지어 몇 마디를 배워야 한다고 말할 것 같습니다. 관광객들이 그렇게 노력한다면 현지인들이 고마워할 것 같아요.
그들이 해서는 안 되는 것에 대해 말하자면, 법을 어기거나 현지 문화에 실례가 되는 행동을 해서는 분명히 안 되겠죠. 현지인들이 하는 것처럼 규칙에 따라야만 해요.

TEST 2

PART 1

E 어떤 취미를 가지고 있나요?

C 저는 스포츠에 관심이 많습니다. 보통 일주일에 두 번 정도 동료들과 함께 테니스를 칩니다. 그건 굉장히 재미있고 저를 건강하게 해줘요. 또 저는 영화광이라 일주일에 한 번은 영화관에 갑니다.

E 사람들이 취미를 가지는 게 중요하다고 생각하나요? 그 이유는요?

C 물론이죠. 취미는 사람들이 일이나 공부에서 얻는 스트레스를 해소하도록 도와요. 취미를 가지는 것은 사람의 마음을 건강하게 해준다고 생각합니다.

E 어렸을 때와 비교해 현재 다른 취미를 가지고 있나요?

C 네. 제가 어렸을 때는 농구를 많이 하곤 했지만 요즘에는 전혀 하지 않습니다. 또 초등학생 때는 만화책을 많이 읽었지만 중학생 때 그만뒀습니다.

E 당신의 나라에서는 어떤 취미들이 인기가 있나요?

C 한국에서는 스포츠가 일반적인 취미입니다. 날씨가 좋으면 언제나 사람들이 축구나 배드민턴을 하는 걸 볼 수 있습니다. 또, 한국에서 산에 가기 굉장히 쉽기 때문에 등산이 어르신들에게 매우 인기가 있습니다.

E 쇼핑을 좋아하나요? 그 이유는요?

C 그럼요, 좋아합니다. 전 뭔가 새로운 걸 사는 기분을 즐깁니다. 그건 기분이 우울할 때 제가 힘을 내게 만들어 주거든요. 쇼핑을 가면 저는 주로 옷이나 신발을 사요.

E 쇼핑을 혼자 하는 걸 좋아하나요? 또는 다른 사람과 함께 하는 걸 좋아하나요? 그 이유는요?

C 혼자 쇼핑하는 걸 선호합니다. 다른 사람들과 함께 쇼핑을 가면 서둘러야 할 것 같은 느낌이 들거든요. 반면, 혼자 가면 서두르지 않아도 되고 아무 데나 제가 가고 싶은 가게에 갈 수 있어요.

PART 2

C 오늘 저는 제가 가장 좋아하는 음식에 대해서 말씀드리겠습니다. 그 음식은 떡국이라고 합니다. 떡은 '쌀 케이크'를 의미하는데 그래서 그건 쌀 케이크 스프라고도 할 수 있어요.
설날에 가족들과 함께 새해를 축하하기 위해서 떡국을 먹습니다. 떡국은 밥을 말아서 먹는 일반적인 국이고 또 굉장히 건강한 음식이에요.
떡국의 재료는 떡, 마늘, 얇게 썰린 소고기, 달걀, 미역 조금, 소금과 참기름입니다. 모든 맛들이 다 섞일 때까지 물에 끓여주면 됩니다. 저는 꽤 만들기 쉬운 편이라고 생각하지만, 솔직히 말씀드리자면 보통 저희 어머니가 식구들에게 만들어 주시는 편입니다. 어머니께서는 물의 양이 굉장히 중요하다고 하셨어요. 국물은 하얀색인데 그것은 일 년의 새로운 시작을 상징한다고 해요. 아마도 그래서 전통이 된 것 같습니다.
떡국을 좋아하는 가장 큰 이유는 떡국이 18 세기부터 이어진 한국의 전통이기 때문입니다.

저는 전통을 지키고 과거를 잊지 않는 것이 중요하다고 생각해요. 또한 평소에 자주 먹는 음식은 아니기 때문에 떡국을 먹을 때면 중요한 날처럼 느껴집니다.

그리고 떡국을 먹을 때마다 가족들과 둘러앉기에 가족과 함께 보내는 시간이라고 연관시켜 생각합니다.

PART 3

E 현재, 스스로 요리를 해 먹는 사람이 옛날보다 더 줄어들었다고 생각하나요?

C 네. 정말로 그렇게 생각합니다. 요즘 사람들은 바쁘기 때문에 요리할 시간이 없습니다. 한국에서는 야근이 일반적이기 때문에 집에 돌아오면 다들 지쳐 있거든요.
또한, 배달 앱들이 최근 몇 년간 발달했기에 사람들은 용이함과 편리함 때문에 그것들을 사용합니다.

E 요리하는 것이 과거에 비해 어떻게 달라졌다고 생각하나요?

C 흥미로운 질문이네요. 제 생각에는 요즘에는 재료들이 더 다양해진 것 같습니다. 사람들은 실험하고 퓨전 음식을 만들어 내는 것을 좋아해요. 반면, 과거에는 요리가 조금 더 단순했습니다. 그저 에너지를 얻기 위한 것이었죠.

E 어떤 사람들은 텔레비전의 요리 프로그램이 사회에 긍정적인 영향을 끼친다고 주장합니다. 다른 사람들은 동의하지 않지만요. 당신의 의견은 어떠한 가요?

C 사람들의 식단에 긍정적인 영향을 미친다고 생각합니다. 흔히 프로그램들이 맛있고 건강한 음식을 소개하기 때문에요. 이러한 프로그램 때문에 일부 사람들은 요리에 영감을 받았을 것이라고 확신합니다. 그러니 분명 사회에 도움이 되는 것이지요.

E 미래에 먹는 습관이 달라질 것이라고 생각합니까?

C 그렇게 생각하지 않습니다. 사람들은 계속해서 패스트푸드나 인스턴트를 먹을 것입니다. 그것들은 싸고 맛있기 때문이죠. 정신없이 바쁜 사회이기 때문에 그 습관들을 끊고 건강하고 집에서 요리한 식사를 하는 것으로는 돌아가기 어려울 것입니다.

E 젊은 사람들의 음식과 건강한 식습관에 대한 젊은 사람들의 태도를 개선하려면 어떻게 해야 한다고 생각하나요?

C 학교가 큰 역할을 할 수 있다고 생각합니다. 교내에서 불량식품을 먹는 것을 금지하고 건강하게 먹는 학생들에게는 상을 줘야 합니다. 그것이 학생들이 건강을 신경 쓰도록 도울 수 있다고 생각합니다.
또한 학부모도 가정에서 아이들이 영양가 있는 음식을 섭취하게 할 책임이 있습니다.

E 당신의 나라에서 사람들은 건강한 식습관에 대한 충분한 교육을 받는다고 생각하나요?

C 전혀 그렇게 생각하지 않습니다. 이러한 종류의 주제는 흔히 학교에서나 사회 전반적으로 간과되는 경우가 있습니다. 건강해지는 것보다 일이나 교육에 좀 더 초점이 맞춰져 있어요.
그렇긴 해도 어떤 것이 건강하고 건강하지 않은 것인지는 알고 있습니다. 일부의 사람들은 별로 신경 쓰지 않지만요.

TEST 3

PART 1

E 당신의 고향에 대해서 설명해 줄 수 있나요?

C 제 고향은 서울입니다. 한국의 수도이죠. 아주 큰 도시라 항상 뭔가를 할 수 있습니다. 괜찮은 식당들과 카페들이 구석구석에 있으며 한강을 따라 푸르고 경치가 아름다워요. 그곳은 살기 좋아요.

E 고향에서 무엇을 하며 여가시간을 보내나요?

C 서울에서는 할 수 있는 게 아주 많습니다. 미술관에 가거나 영화 관람, 맛있는 음식 먹기, 거의 모든 것들을 할 수 있어요. 서울에서 지루해지기는 어려울 거예요.

E 미래에 당신이 고향에서 살고 있는 모습이 그려지나요?

C 음, 두어 해 정도 해외에서 공부할 계획이지만 결국 서울로 돌아갈 것이라고 생각합니다. 나이가 더 들면 가족들 근처에서 살고 싶어요.

E 좋아하는 음식이 무엇인가요? 그 이유는요?

C 한식을 좋아합니다. 매운 국물과 쌀로 만든 요리들을 정말로 좋아하기에 한식이 저에게 딱

맞습니다. 제가 가장 좋아하는 요리는 밥과 야채를 곁들인 매운 돼지고기에요.

E 어렸을 적에는 싫어했던 음식을 좋아하나요?

C 네. 어렸을 때는 편식이 심했습니다. 저는 야채를 전혀 좋아하지 않았지요. 그렇지만 지금은 식사를 할 때 야채를 많이 먹으려고 노력하고 실제로 즐기면서 먹습니다.

E 당신의 나라에서는 어떤 요리가 유명한가요?

C 가장 전통적인 요리는 김치찌개인 것 같습니다. 김치찌개는 발효된 양배추, 고기 그리고 야채를 모두 함께 끓인 매운 찌개로 밥과 함께 나와요. 그 맛의 조화는 아주 훌륭해요.

PART 2

C 한국에 대중들에게 사랑받는 많은 유명인들이 있지만 제가 존경하는 한 사람이 있습니다. 그 사람은 김연아입니다. 그녀는 피겨 스케이팅 선수였지만 현재는 은퇴한 상태에요.

그녀는 선수 생활을 하는 동안 2010년과 2014년의 올림픽 금메달, 은메달을 포함해 수많은 메달들을 땄어요. 그 외에도 수년 동안 많은 세계 기록들을 깼습니다. 그녀가 유명해지기 전에는 피겨 스케이팅이 한국에서 그렇게 인기 있지 않았지만, 그녀 혼자의 힘으로 스포츠의 이름을 널리 알렸어요.

스포츠 스타로서 말고도 김연아가 그렇게 유명한 데에는 또 다른 이유가 있습니다. 그것은 그녀의 놀라운 자선 활동 때문이에요. 사람들이 부를 과시하기를 좋아하는 시대에 유명한 운동선수가 젊은 사람들에게 좋은 롤 모델이 되는 것을 보는 건 대단한 일인 것 같아요.

저는 그녀의 성격 때문에 진심으로 그녀를 존경합니다. 그녀는 불우한 아동들을 돕고 사람들이 줄 수 있는 것을 주도록 장려해요. 제 생각에는 그녀가 말하면 사람들이 듣는 것 같아요. 아마도 그녀의 현실적이고 존경할 만한 사람이라는 평판 때문이겠지요.

PART 3

E 어떤 류의 사람들이 당신의 나라에서 유명한가요?

C 재능 있는 가수나 배우들이 한국에서 유명하게 되는 편인 것 같습니다. 다른 나라와 비슷할

거라고 생각합니다. 사람들은 밴드나 배우를 우러러보니까요.

또한 여기서는 스포츠 스타들도 굉장히 인기 있어요. 토트넘 선수 손흥민을 들어보신 적 있으시겠죠? 한국 사람들은 그의 축구 실력 때문에 그를 정말로 숭배해요.

E 예전보다 지금 유명인들의 영향력이 더 크다고 생각하나요?

C 네. 그렇다고 말할 수 있을 것 같습니다. 인터넷과 텔레비전의 발달로 그들은 대중과 더 맞닿아 있습니다. 과거 그랬던 것 보다요. 인스타그램으로 예를 들자면 유명인들은 몇 번의 간단한 클릭으로 그들의 팔로워들과 가까워지고 메시지를 보낼 수 있어요. 이러한 사실은 그들이 더욱 영향력을 가지도록 만들죠.

E 유명인들이 사회의 롤 모델로서의 역할을 할 책임이 있다고 생각하나요?

C 까다로운 질문이네요. 유명인들은 그들이 원하는 대로 행동할 자유가 있지만 만약 아이들이 그들을 우러러보고 있다면 그때는 다르다고 생각합니다. 예를 들어 만약 아이들이 어떤 배우를 존경하면 그 배우는 대중의 주목을 받을 때 신경 써서 행동해야 합니다. 아이들은 쉽게 영향을 받기 때문에 아마 유명인들을 따라 할 수 있으니까요.

E 유명인들의 사생활을 존중해야 한다고 생각하나요?

C 네. 그래야 한다고 강력하게 생각합니다. 유명인들도 사람이고 그들도 사생활을 가질 권리가 있습니다. 또한 매체나 대중들에게 사생활이 침해되면 유명인들이 스트레스를 받거나 우울해질 수도 있고요.

E 왜 사람들이 유명인들의 사생활에 그렇게 관심이 많다고 생각하나요?

C 저는 호기심이 인간의 본성이라고 생각합니다. 사람들은 무대에서 가수를 보고 영화에서 배우를 봅니다. 그리고 그들의 개인적인 삶들을 궁금해하죠. 게다가 일부의 팬들은 유명인들에 진심으로 집착하기도 합니다. 예를 들어 한국에서는 케이팝은 아주 큰 산업이고 좋아하는 가수의 모든 것을 알기를 원하는 광신도들이 굉장히 많아요.

TEST 4

PART 1

E 일을 하고 있나요, 학생인가요?

C 저는 현재 엔지니어로 일하고 있습니다.

E 어디서 일하나요?

C 삼성에서 일하고 있습니다. 근무지는 수원이고 서울에서 30 분 정도 걸리죠.

E 혼자 일하는 것을 선호하나요, 함께 일하는 것을 선호하나요? 그 이유는요?

C 음, 전 함께 일하는 것이 더 낫다고 생각합니다. 다른 사람들에게 동기와 에너지를 얻을 수 있기 때문입니다. 다른 사람들이 제게 의지할 때 저는 더 효율적이게 되는 경향이 있어요.

E 10 년 후에도 같은 일을 하고 있을 거라고 생각하나요?

C 네. 그러길 바랍니다. 저는 제 직업을 사랑해요. 그래서 미래에 직업을 바꿀 계획이 전혀 없어요. 미래에 대해서 확신하기는 어렵지만, 현재는 바꾸고 싶지 않습니다.

E 당신에게 옷은 중요한가요?

C 네. 저는 꽤 패션에 관심이 많습니다. 깔끔하게 차려입는 것은 중요하다고 생각합니다. 좋은 첫인상을 줄 수 있기 때문이죠. 게다가 좋은 옷을 입고 있을 때 자신감이 올라가는 것 같습니다.

E 당신이 사는 나라의 전통 의상을 입어본 적 있나요?

C 아뇨. 요즘에는 입지 않습니다. 제가 어렸을 때는 특별한 한국의 명절날에는 전통의상을 입곤 했지만 어른이 되고는 입지 않아요.

PART 2

C 누군가에게 준 선물에 대해서 말씀드리겠습니다. 3 년 전쯤이에요. 저는 어머니 생신에 새 노트북을 드렸어요. 그날은 어머니의 60 세 생신일이었고, 그 날은 한국에서 아주 특별한 날이에요. 평소에는 그저 꽃과 작은 선물만 드렸는데 이번에는 돈을 아끼지 않기로 했습니다.

저희 어머니께서는 이미 노트북을 가지고 계셨지만 그건 꽤나 오래되고 느렸습니다. 전원을 켜는 데는 하루 종일 걸렸고 이따금씩 먹통이 됐어요. 두어 번 사용해 봤는데 미칠 뻔했던 게 기억이 납니다. 어머니가 어떻게 그렇게 오랫동안 사용하셨는지 모르겠어요.

그래서 동네 컴퓨터 가게에 가서 상품들을 살펴봤습니다. 정말 선택지가 많아서 결정을 내리기가 어려웠죠. 영업 직원은 삼성 모델을 저에게 팔려고 했어요. 그는 모든 기능들을 설명해 주었고 그것이 가게에서 제일 좋은 모델이라고 했죠. 하지만 조금 비싸서 하루 동안 생각해보기로 했습니다.

결국 저는 돌아가서 그걸 샀어요. 그리고 그러길 잘 했다고 생각합니다. 왜냐하면 어머니께서 선물을 받으셨을 때 너무나 행복해하셨거든요. 어머니가 엄청 좋아하셨고, 그걸 사용해서 제 동생들 그리고 손주들과 화상 전화를 하셨어요.

PART 3

E 우리 사회에서 사람들이 선물을 주는 이유가 무엇인가요?

C 글쎄요, 제 생각에는 가장 큰 이유는 그들이 누군가를 신경 쓰고 있다는 걸 보여주기 위해서 인 것 같습니다. 선물이 그걸 보여주기에 좋은 방법이니까요. 또 가끔은 선물을 줘야 할 거 같아서 주기도 합니다. 이따금씩 사람들은 선물을 사야 한다는 압력을 느끼거든요.

E 당신의 나라에서 사람들에게 선물을 주는 것이 얼마나 중요한가요?

C 대부분의 나라들과 비슷하다고 생각합니다. 사람들은 생일이나 특별한 경우에, 사랑하는 사람들에게 선물을 줍니다. 중요도는 그 관계에 따라 다르다고 말할 것 같아요. 만약 누군가와 가까운 사이라면 선물을 주는 게 중요하다고 생각해요.

E 선물 주기 문화가 당신의 조부모님 세대에 비해 달라졌다고 생각하나요?

C 그렇다고 생각합니다. 저희 조부모님들이 젊으셨을 때는 지금과 매우 달랐습니다. 사람들은 선물에 쓸 돈이 별로 없었으니까요. 음식과 필수품들을 사는 것이 더 중요했지요.

반면, 요즘에는 쓸 수 있는 소득이 더 늘어서 화려하고 고급스러운 선물을 살 수 있습니다. 요즘 사람들은 더 세속적인 것처럼 보여요.

E 선물을 고를 때 가격과 노력 중 어떤 것이 더 중요한가요?

C 저에게는 그게 얼마나 그 사람을 신경 쓰고 있는지 보여주기 때문에 들인 노력이 더 중요해요. 예를 들면, 수제 선물에는 많은 시간과 노력이 필요해요. 그래서 단순히 많은 돈을 쓰는 것보다 더 중요하다고 생각합니다.

E 남자와 여자는 서로 다른 종류의 선물을 좋아하나요?

C 그렇게 생각하지 않습니다. 한국에서는 전자기기나 디자이너 의류가 남성과 여성 모두에게 인기가 많아요. 그래서 그다지 차이점이 없는 것 같습니다. 작년의 가장 인기 있었던 선물은 에어팟이에요. 많은 남성과 여성들이 착용하고 있는 걸 볼 수 있어요. 이런 면에서는 남성과 여성을 나누기 어려운 것 같습니다.

Secret Career를 보유한 현지 IELTS 전문가들과
ed:m education 연구진들이 함께 IELTS에 대한 연구를 오랜시간 진행해 왔습니다.

최고의 교육컨텐츠가 만들어지고
여러분이 학습하기까지 ed:m이 기울이는 노력들을 소개합니다.

ed:m 어학연구소

01 끊임없는 연구와 국제 교류

국내외 IELTS 전문가들과의 지속적인 교류를 통해 IELTS 교수법, 시험출제, 채점의도 등을 연구합니다.

02 커리큘럼 선정

강의와 교재에만 의존하지 않고 출제/채점기준에 맞춰 커리큘럼을 추가하거나 빠른 학습진행을 위해 커리큘럼을
기획하여 최적의 학습과정을 위한 뼈대를 만듭니다.

03 컨텐츠 내용 구성

커리큘럼에 따라 더 좋은 학습 방법을 연구해 최적의 컨텐츠 내용을 구성합니다.

04 최종 컨텐츠 검증

최종 구성된 컨텐츠는 국내외 IELTS 전문가들과 다시 한번 논의를 하여 적합성 여부를 확인하고 빠르고 효과적으로
학습할 수 있도록 2차 검증을 진행합니다.

최고의 ed:m IELTS 컨텐츠를
지금 확인해보세요.

www.edmclass.com

ed:m IELTS Please complete all required fields.

IELTS Listening Answer Sheet

Centre number :

Test date (shade ONE box for the day, ONE box for the month and ONE box for the year.)

Day : 01 02 03 04 05 06 07 08 09 10 11 12 13 14 15 16 17 18 19 20 21 22 23 24 25 26 27 28 29 30 31

Month : 01 02 03 04 05 06 07 08 09 10 11 12   Last 2 digits of the **Year :** 19 20 21 22 23 24 25 26 27 28

#	Answer	V / X	#	Answer	V / X
1		V X	21		V X
2		V X	22		V X
3		V X	23		V X
4		V X	24		V X
5		V X	25		V X
6		V X	26		V X
7		V X	27		V X
8		V X	28		V X
9		V X	29		V X
10		V X	30		V X
11		V X	31		V X
12		V X	32		V X
13		V X	33		V X
14		V X	34		V X
15		V X	35		V X
16		V X	36		V X
17		V X	37		V X
18		V X	38		V X
19		V X	39		V X
20		V X	40		V X

Total Score		Band Score	

ed:m IELTS

Please complete all required fields.

IELTS Reading Answer Sheet

Centre number :

Test date (shade ONE box for the day, ONE box for the month and ONE box for the year.)

Day : 01 02 03 04 05 06 07 08 09 10 11 12 13 14 15 16 17 18 19 20 21 22 23 24 25 26 27 28 29 30 31

Month : 01 02 03 04 05 06 07 08 09 10 11 12   Last 2 digits of the Year : 19 20 21 22 23 24 25 26 27 28

#	Answer	V X	#	Answer	V X
1		☐ ☐	21		☐ ☐
2		☐ ☐	22		☐ ☐
3		☐ ☐	23		☐ ☐
4		☐ ☐	24		☐ ☐
5		☐ ☐	25		☐ ☐
6		☐ ☐	26		☐ ☐
7		☐ ☐	27		☐ ☐
8		☐ ☐	28		☐ ☐
9		☐ ☐	29		☐ ☐
10		☐ ☐	30		☐ ☐
11		☐ ☐	31		☐ ☐
12		☐ ☐	32		☐ ☐
13		☐ ☐	33		☐ ☐
14		☐ ☐	34		☐ ☐
15		☐ ☐	35		☐ ☐
16		☐ ☐	36		☐ ☐
17		☐ ☐	37		☐ ☐
18		☐ ☐	38		☐ ☐
19		☐ ☐	39		☐ ☐
20		☐ ☐	40		☐ ☐

Total Score		Band Score	

ed:m IELTS   Please complete all required fields.

IELTS Writing Answer Sheet - TASK 1

Candidate Name		ID	

Module (shade one box) :   Academic ☐   General Training ☐

Test date

D	D	M	M	Y	Y	Y	Y

Teacher	
Current score		Target score	
Submission date		Use time	

Do not write below this line

ed:m IELTS

Please complete all required fields.

Candidate Name		ID	

Module (shade one box) : Academic ☐   General Training ☐

Test date

D	D	M	M	Y	Y	Y	Y

Teacher	
Current score	
Target score	
Submission date	
Use time	

ed:m IELTS

Please complete all required fields.

Centre number :

Test date (shade ONE box for the day, ONE box for the month and ONE box for the year.)

Day : 01 02 03 04 05 06 07 08 09 10 11 12 13 14 15 16 17 18 19 20 21 22 23 24 25 26 27 28 29 30 31

Month : 01 02 03 04 05 06 07 08 09 10 11 12   Last 2 digits of the Year : 19 20 21 22 23 24 25 26 27 28

1		V X	21		V X
2		V X	22		V X
3		V X	23		V X
4		V X	24		V X
5		V X	25		V X
6		V X	26		V X
7		V X	27		V X
8		V X	28		V X
9		V X	29		V X
10		V X	30		V X
11		V X	31		V X
12		V X	32		V X
13		V X	33		V X
14		V X	34		V X
15		V X	35		V X
16		V X	36		V X
17		V X	37		V X
18		V X	38		V X
19		V X	39		V X
20		V X	40		V X

Total Score		Band Score	

ed:m IELTS   Please complete all required fields.

IELTS Reading Answer Sheet

Centre number :

Test date (shade ONE box for the day, ONE box for the month and ONE box for the year.)

Day : 01 02 03 04 05 06 07 08 09 10 11 12 13 14 15 16 17 18 19 20 21 22 23 24 25 26 27 28 29 30 31

Month : 01 02 03 04 05 06 07 08 09 10 11 12   Last 2 digits of the Year : 19 20 21 22 23 24 25 26 27 28

#		V X	#		V X
1		☐ ☐	21		☐ ☐
2		☐ ☐	22		☐ ☐
3		☐ ☐	23		☐ ☐
4		☐ ☐	24		☐ ☐
5		☐ ☐	25		☐ ☐
6		☐ ☐	26		☐ ☐
7		☐ ☐	27		☐ ☐
8		☐ ☐	28		☐ ☐
9		☐ ☐	29		☐ ☐
10		☐ ☐	30		☐ ☐
11		☐ ☐	31		☐ ☐
12		☐ ☐	32		☐ ☐
13		☐ ☐	33		☐ ☐
14		☐ ☐	34		☐ ☐
15		☐ ☐	35		☐ ☐
16		☐ ☐	36		☐ ☐
17		☐ ☐	37		☐ ☐
18		☐ ☐	38		☐ ☐
19		☐ ☐	39		☐ ☐
20		☐ ☐	40		☐ ☐

Total Score		Band Score	

ed:m IELTS

Please complete all required fields.

IELTS Writing Answer Sheet - TASK 1

Candidate Name		ID

Module (shade one box) :   Academic ▭   General Training ▭

Test date

D   D   M   M   Y   Y   Y   Y

Teacher	
Current score	Target score
Submission date	Use time

Do not write below this line

ed:m IELTS

Please complete all required fields.

IELTS Writing Answer Sheet - TASK 2

Candidate Name		ID	

Module (shade one box) :   Academic ☐   General Training ☐

Test date

D	D	M	M	Y	Y	Y	Y

Teacher	
Current score	
Submission date	

Target score	
Use time	

ed:m IELTS

Please complete all required fields.

IELTS Listening Answer Sheet

Centre number :

Test date (shade ONE box for the day, ONE box for the month and ONE box for the year.)

Day : 01 02 03 04 05 06 07 08 09 10 11 12 13 14 15 16 17 18 19 20 21 22 23 24 25 26 27 28 29 30 31

Month : 01 02 03 04 05 06 07 08 09 10 11 12   Last 2 digits of the Year : 19 20 21 22 23 24 25 26 27 28

#	Answer	V	X	#	Answer	V	X
1				21			
2				22			
3				23			
4				24			
5				25			
6				26			
7				27			
8				28			
9				29			
10				30			
11				31			
12				32			
13				33			
14				34			
15				35			
16				36			
17				37			
18				38			
19				39			
20				40			

Total Score		Band Score	

ed:m IELTS

Please complete all required fields.

IELTS Reading Answer Sheet

Centre number :

Test date (shade ONE box for the day. ONE box for the month and ONE box for the year.)

Day : 01 02 03 04 05 06 07 08 09 10 11 12 13 14 15 16 17 18 19 20 21 22 23 24 25 26 27 28 29 30 31

Month : 01 02 03 04 05 06 07 08 09 10 11 12   Last 2 digits of the Year : 19 20 21 22 23 24 25 26 27 28

#		V X	#		V X
1		▭ ▭	21		▭ ▭
2		▭ ▭	22		▭ ▭
3		▭ ▭	23		▭ ▭
4		▭ ▭	24		▭ ▭
5		▭ ▭	25		▭ ▭
6		▭ ▭	26		▭ ▭
7		▭ ▭	27		▭ ▭
8		▭ ▭	28		▭ ▭
9		▭ ▭	29		▭ ▭
10		▭ ▭	30		▭ ▭
11		▭ ▭	31		▭ ▭
12		▭ ▭	32		▭ ▭
13		▭ ▭	33		▭ ▭
14		▭ ▭	34		▭ ▭
15		▭ ▭	35		▭ ▭
16		▭ ▭	36		▭ ▭
17		▭ ▭	37		▭ ▭
18		▭ ▭	38		▭ ▭
19		▭ ▭	39		▭ ▭
20		▭ ▭	40		▭ ▭

Total Score		Band Score	

ed:m IELTS Please complete all required fields.

IELTS Writing Answer Sheet - TASK 1

Candidate Name [ ] ID [ ]

Teacher [ ]

Module (shade one box) : Academic [ ] General Training [ ]

Current score [ ] Target score [ ]

Test date [ ][ ] [ ][ ] [ ][ ][ ][ ]
D D M M Y Y Y Y

Submission date [ ] Use time [ ]

___

Do not write below this line

ed:m IELTS

Please complete all required fields.

IELTS Writing Answer Sheet - TASK 2

Candidate Name		ID	

Module (shade one box) :   Academic ☐   General Training ☐

Test date

D	D	M	M	Y	Y	Y	Y

Teacher	
Current score		Target score	
Submission date		Use time	

ed:m IELTS
Please complete all required fields.

IELTS Listening Answer Sheet

Centre number :

Test date (shade ONE box for the day, ONE box for the month and ONE box for the year.)

Day : 01 02 03 04 05 06 07 08 09 10 11 12 13 14 15 16 17 18 19 20 21 22 23 24 25 26 27 28 29 30 31

Month : 01 02 03 04 05 06 07 08 09 10 11 12   Last 2 digits of the Year : 19 20 21 22 23 24 25 26 27 28

1		V X	21		V X
2		V X	22		V X
3		V X	23		V X
4		V X	24		V X
5		V X	25		V X
6		V X	26		V X
7		V X	27		V X
8		V X	28		V X
9		V X	29		V X
10		V X	30		V X
11		V X	31		V X
12		V X	32		V X
13		V X	33		V X
14		V X	34		V X
15		V X	35		V X
16		V X	36		V X
17		V X	37		V X
18		V X	38		V X
19		V X	39		V X
20		V X	40		V X

Total Score		Band Score	

ed:m IELTS

Please complete all required fields.

IELTS Reading Answer Sheet

Centre number :

Test date (shade ONE box for the day, ONE box for the month and ONE box for the year.)

Day :   01 02 03 04 05 06 07 08 09 10 11 12 13 14 15 16 17 18 19 20 21 22 23 24 25 26 27 28 29 30 31

Month : 01 02 03 04 05 06 07 08 09 10 11 12   Last 2 digits of the Year : 19 20 21 22 23 24 25 26 27 28

1		✓ ✗	21		✓ ✗
2		✓ ✗	22		✓ ✗
3		✓ ✗	23		✓ ✗
4		✓ ✗	24		✓ ✗
5		✓ ✗	25		✓ ✗
6		✓ ✗	26		✓ ✗
7		✓ ✗	27		✓ ✗
8		✓ ✗	28		✓ ✗
9		✓ ✗	29		✓ ✗
10		✓ ✗	30		✓ ✗
11		✓ ✗	31		✓ ✗
12		✓ ✗	32		✓ ✗
13		✓ ✗	33		✓ ✗
14		✓ ✗	34		✓ ✗
15		✓ ✗	35		✓ ✗
16		✓ ✗	36		✓ ✗
17		✓ ✗	37		✓ ✗
18		✓ ✗	38		✓ ✗
19		✓ ✗	39		✓ ✗
20		✓ ✗	40		✓ ✗

Total Score		Band Score	

ed:m IELTS

Please complete all required fields.

Candidate Name

ID

Module (shade one box) :   Academic ☐   General Training ☐

Test date

D   D   M   M   Y   Y   Y   Y

Teacher

Current score

Target score

Submission date

Use time

Do not write below this line

ed:m IELTS

Please complete all required fields.

IELTS Writing Answer Sheet - TASK 2

Candidate Name		ID	

Module (shade one box):   Academic ☐   General Training ☐

Test date [D] [D] [M] [M] [Y] [Y] [Y] [Y]

Teacher	
Current score	
Submission date	

Target score	
Use time	

_____

_____
_____
_____
_____
_____
_____
_____
_____
_____
_____
_____
_____
_____
_____
_____
_____
_____
_____
_____
_____
_____
_____
_____
_____
_____
_____
_____
_____
_____
_____
_____
_____

Note

232

Note

Note

Note